DIE GROSSE VOLLKOMMENHEIT

Dzogchen-Unterweisungen zur Essenz des Tibetischen Buddhismus

Seine Heiligkeit der Dalai Lama

DIE GROSSE VOLLKOMMENHEIT

Dzogchen-Unterweisungen zur Essenz des Tibetischen Buddhismus

---

Eine Sammlung von Dzogchen-Belehrungen
Seiner Heiligkeit des Dalai Lama
im Westen

Vorwort von Sogyal Rinpoche

Übersetzt von
Geshe Thupten Jinpa und Richard Barron (Chökyi Nyima)
Bearbeitet von Patrick Gaffney

Theseus Verlag

Theseus im Internet: www.theseus-verlag.de.

Die Originalausgabe
Dzogchen, The Heart Essence of the Great Perfection
erschien bei Snow Lion Publications
P.O. Box 6483, Ithaca, New York 14851, USA

Bibliografische Information der Deutschen Bibliothek
Die Deutsche Bibliothek verzeichnet diese Publikation
in der deutschen Nationalbibliografie;
detaillierte bibliografische Daten sind im Internet über
http://dnb.ddb.de abrufbar.

ISBN 978-3-7831-9545-3

Übersetzung aus dem Englischen: Karin Behrendt

Umschlaggestaltung: Morian & Bayer-Eynck, Coesfeld,
www.mbedesign.de, unter Verwendung eines Fotos von
© Mark Blinch/Reuters/Corbis
Gestaltung und Satz: Ingeburg Zoschke, Berlin
Druck: CPI – Clausen & Bosse, Leck
Printed in Germany

Gedruckt auf alterungsbeständigem Papier mit
chlorfrei gebleichtem Zellstoff

INHALT

Vorwort von Sogyal Rinpoche 9

Einleitung 15

Teil Eins: GRUND, PFAD UND FRUCHT
Paris, 1982

Der Hintergrund 23
Der Fünfte Dalai Lama
Seine Heiligkeit der Dalai Lama 29
Die reinen Visionen • Die Bedeutung einer Ermächtigung • Grund, Pfad und Frucht im Dzogchen • Die Rolle eines authentischen Guru

Teil Zwei: DAS TREFFEN DER ESSENZ IN DREI WORTEN
London, 1984

Der Hintergrund 43
Das Treffen der Essenz in Drei Worten
Seine Heiligkeit der Dalai Lama 52
Einleitung • Die besonderen Merkmale des Dzogchen • Befreiung durch Kontakt • Die Verse • »Die besondere

Belehrung des weisen und glorreichen Königs« • I. Die direkte Einführung des Angesichts von Rigpa in sich selbst • II. Entscheide dich für Eines, und Eines allein • III. Direkte Zuversicht in die Befreiung entstehender Gedanken • IV. Kolophon

Teil Drei: DZOGCHEN UND DAS BUDDHA-DHARMA
Helsinki, 1988

Der Hintergrund 109
Seine Heiligkeit der Dalai Lama 112
Die Vier Wahrheiten, Die Vier Siegel und Dzogchen • Die Vier Edlen Wahrheiten • Bedingte Phänomene sind vergänglich • Unreine Phänomene sind von Natur aus leidvoll • Alle Phänomene sind leer von eigenständiger Existenz • Nirvāṇa ist wahrer Frieden • Der wahre Feind • Der »Grund« und die Praxis des Dzogchen

Teil Vier: DER GIPFEL ALLER YĀNAS
San José, 1989

Der Hintergrund 133
Die Dzogchen-Belehrungen in San José
Seine Heiligkeit der Dalai Lama 141
Die reine Motivation • Der traditionelle Ansatz • 1. Die Vorrangstellung des Geistes • Gültige Erkenntnis • Verschiedene Klassen von Phänomenen • Der Geist • Leid und das Ende des Leids • Abhängiges Entstehen • 2. Der Geist ist frei von Geist • Endgültige und konventionelle Wahrheit •

Leerheit verstehen • Das geschickte Mittel des Bodhichitta • Wie man Bodhichitta entwickelt • Das Ablegen des Bodhichitta-Gelübdes • Die Vereinigung von Methode und Weisheit • Höchstes Yogatantra • Fragen und Antworten • 3. »Die Natur des Geistes ist klares Licht« • Klares Licht im Höchsten Yogatantra • Die Einzigartigkeit des Dzogchen • Essentielles Rigpa und strahlendes Rigpa • Selbst-entstehende Weisheit • Die drei Arten von Befreiung • Die Wichtigkeit der vorbereitenden Untersuchung • Die Stellung der analytischen Meditation • Zwei Arten, Rigpa einzuführen • Abschließender Rat

Anhang: Ein Geschenk an die Welt 239
Eine Belehrung von Nyoshul Khenpo Jamyang Dorje

Mitgefühl, das Herz der Erleuchtung . . . 253
Reflexionen über die Relevanz des Mitgefühls von Seiner Heiligkeit dem Dalai Lama

Anmerkungen 270

Glossar 291

Bibliographie 298

Index 306

Danksagung 317

VORWORT

von

Sogyal Rinpoche

Seine Heiligkeit der Dalai Lama ist das höchste Oberhaupt des tibetischen Buddhismus und ein außergewöhnlicher buddhistischer Meister. Für die Tibeter war er ein Licht der Orientierung, das sie in den Kämpfen und Mühen der letzten fünfzig Jahre leitete, und für zahllose andere auf der ganzen Welt war und ist er ein mitfühlender Anwalt des Friedens, mit einer Botschaft voller Trost und Inspiration. Er hat viel erreicht und Großes geleistet, doch die weitreichendsten Auswirkungen hat meines Erachtens das, was er für die buddhistische Tradition Tibets bewirkt hat. Manchmal denke ich, die Dinge hätten sicher einen ganz anderen Lauf genommen, wäre er nicht gewesen – mit seinem Mut, seiner Geduld und seiner Vision, den tibetischen Buddhismus und seinen Fortbestand in einer so unsicheren Phase seiner Geschichte zu schützen, und ihm so zu der Integrität und Lebendigkeit zu verhelfen, die er heute besitzt.

Durch seine Belehrungen und Schriften nimmt der Dalai Lama auch eine immer wichtigere Rolle für diejenigen ein, die den Buddhismus im Westen praktizieren und studieren. Da er selbst Belehrungen aus allen buddhistischen Schulen Tibets erhalten und studiert hat, ist Seine Heiligkeit eine Autorität auf dem gesamten Gebiet der Lehren und Praktiken der verschiedenen Traditionen. Während seiner Reisen in den Westen lehrte er zu vier verschiedenen Anlässen über Dzogchen, die kostbaren innersten Lehren, die im Herzen des alten Nyingma-Ordens bewahrt werden, und jene Ereignisse sind in diesem Buch festgehalten.[1] Solche Belehrungen von Seiner Heiligkeit zu erhalten ist meines Erachtens etwas ganz Besonderes, und die Tatsache, dass er diese Dzogchen-Belehrungen gab und sich darüber hinaus dazu entschloss, die Padmasambhava-Ermächtigung aus den reinen Visionen des fünften Dalai Lama zu gewähren, ist gewiss nicht nur ein wunderbarer Segen, sondern von sehr tiefer Bedeutung. Als er diese Ermächtigung 1982 in Paris zum allerersten Mal im Westen übertrug, zeigte er sich hoch erfreut darüber, wie glückverheißend alles gewesen sei. Als er sie 1989 im Rahmen seiner Dzogchen-Belehrungen in San José noch einmal gab, verlieh der Lauf der Geschichte selbst dem ganzen Ereignis eine besondere Bedeutung – durch die Nachricht, dass ihm der Friedensnobelpreis verliehen wurde.

Durch sein Wissen, seine Gelehrtheit und seine Erfahrung weisen die Dzogchen-Erläuterungen Seiner Heiligkeit eine Weitsicht und Fülle auf, die einzigartig sind. Natürlich zeichnete er sich schon immer durch seine ausgesprochen offene Haltung gegenüber allen buddhistischen Traditionen aus, genauer gesagt gegenüber allen Glaubensrichtungen. Wenn ich daran denke, mit welcher Offenheit und Unvoreingenommenheit Seine Heiligkeit das Dharma betrachtet, kann ich nicht umhin, mich an meinen Meister Jamyang Khyentse Chökyi Lodrö zu erinnern, der sein ganzes Leben im Geiste des Rime verbrachte, jener ökumenischen oder nicht-sektiererischen Bewegung, die sein Vorgänger Jamyang Khyentse Wangpo und andere Lamas des neunzehnten Jahrhunderts mit großer Sorgfalt aufgebaut hatten. Ich werde nie den Tag vergessen, an dem ich 1955 mit meinem Meister zum ersten Mal Seiner Heiligkeit begegnete. Kurz zuvor, im selben Jahr, hatte Jamyang Khyentse beschlossen, sein Kloster in Dzongsar in Kham zu verlassen, da sich die Bedingungen in Osttibet zusehends verschlechterten; wir waren langsam zu Pferd nach Zentraltibet gereist und hatten unterwegs an den großen heiligen Plätzen des tibetischen Buddhismus Halt gemacht. Als wir in Lhasa ankamen, wurde Jamyang Khyentse fast auf der Stelle gebeten, Seine Heiligkeit aufzusuchen. Ich erinnere mich noch, welche Ehrfurcht und Aufregung mich erfüllte, als wir die Stufen des Potala-Palastes erklommen, und wie mir der Anblick auf jedem Absatz den Atem verschlug.

Mein Meister hatte um eine bestimmte Avalokiteśhvara-Ermächtigung gebeten, und wir wurden in einen Raum geführt, in dem vor dem Thron Seiner Heiligkeit ein kleinerer Thron für Jamyang Khyentse aufgebaut worden war. Ein junger reinkarnierter Lama aus der Geluk-Tradition, der schon lange darauf gewartet hatte, seine Heiligkeit zu sehen, und ich erhielten je einen Platz auf kleinen Teppichen zur Rechten und Linken meines Meisters. Im Laufe der recht lang dauernden Ermächtigung und anschließenden Belehrung warf mir Seine Heiligkeit hin und wieder einen Blick zu und schenkte mir ein Lächeln, das mich völlig dahinschmelzen ließ. Völlig gebannt von seiner Präsenz saß ich da und lächelte zurück. Er war damals zwanzig Jahre alt, und ich erinnere mich, dass mir zwei Dinge ganz besonders auffielen: seine sprühende Wachheit und Intelligenz und die Warmherzigkeit und das Mitgefühl in jenem Lächeln.

Mein Meister wurde zu einem Gespräch mit Seiner Heiligkeit unter vier Augen eingeladen, und so zogen sie sich am Ende der Belehrung in die Privatgemächer des Dalai Lama zurück. Ich wartete auf einem Balkon und schaute gedankenverloren auf Lhasa, als der oberste Leibwächter Seiner Heiligkeit, ein großer, gedrungener Mönch von beeindruckender Präsenz, herauskam, um mich dazu zu holen. Ich setzte mich zu meinem Meister, und als uns Tee gebracht wurde, fragte mich Seine Heiligkeit nach meinem Namen und wie alt ich sei. Dann blickte er mich durchdringend an und schärfte mir ein, fleißig zu studieren. Es war ein Moment, der mir immer in Erinnerung geblieben ist, denn es war wahrscheinlich einer der wichtigsten meines ganzen Lebens.

Ich wusste damals nicht, dass Jamyang Khyentse einmütig dazu erwählt und darum gebeten worden war, dem Dalai Lama die Lehren der Nyingma-, Sakya- und Kagyü-Traditionen zu übertragen. Dazu sollte es jedoch nicht mehr kommen. Mein Meister verstarb 1959 in Sikkim, nur wenige Monate, nachdem Seine Heiligkeit nach Indien ins Exil gegangen war. Tatsächlich wurden die verschiedenen Linien dann von Jamyang Khyentses Schülern an den Dalai Lama weitergegeben, besonders von Kyabje Dilgo Khyentse Rinpoche, der Seiner Heiligkeit Nyingma- und Dzogchen- Belehrungen gab und einer seiner wichtigsten Lehrer wurde.

Während der Jahre, in denen Seine Heiligkeit die Belehrungen gab, die in diesem Buch gesammelt sind, weilten noch wahrlich große Vertreter des Dzogpa Chenpo unter uns – Meister, die Anfang des letzten Jahrhunderts geboren worden waren und deren überragende Verwirklichung die volle Kraft der Weisheit und des Mysteriums der Dzogchen-Lehren verkörperten. Ich denke an Düdjom Rinpoche, Dilgo Khyentse Rinpoche, Tulku Urgyen Rinpoche und Nyoshul Khenpo Jamyang Dorje. Sie alle sind inzwischen von uns gegangen, auch wenn uns ihre Präsenz natürlich immer erhalten bleibt und ihre Weisheit in den Schülern fortlebt, um die sie sich mit so großem Mitgefühl gekümmert haben. Durch diese außergewöhnlichen Meister gelangten die Lehren in den Westen, und sie erfüllten so alle Prophezeiungen, dass die Praxis des Dzogchen hier Fuß fassen würde. Und als sie diese Welt verließen und darum beteten, dass die Lehren des Buddha zahllosen Wesen helfen mögen, bin ich mir sicher, dass sie diese Gebete und all ihr Wünschen und Streben auf Seine Heiligkeit den Dalai Lama übertrugen. Denn jetzt, da es diese Generation von Lehrern nicht mehr gibt, ist ein Lehrer wie Seine Heiligkeit um so kostbarer, und seine Rolle für die Sicherung der Zukunft der Lehren und ihrer Authentizität von umso entscheidender und dringlicher Bedeutung.

Rigpa und meiner Person fiel das große Privileg zu, Seine Heiligkeit 1982 nach Paris, 1984 nach London und 1989 nach San José in Kalifornien einzuladen, um über Dzogchen zu lehren. Der Vollständigkeit halber wurde eine weitere Belehrung über Dzogchen, die er 1988 in Finnland gab, in dieses Buch mit aufgenommen sowie im Anhang eine Belehrung von Nyoshul Khen Rinpoche, die dieser 1989 im Rahmen der Veranstaltung des Dalai Lama spontan gegeben hatte. Wie Sie sehen werden, zeigen sich in diesen historischen Belehrungen Seiner Heiligkeit seine umfassende Kenntnis der buddhistischen Traditionen Tibets, sein leidenschaftliches Interesse an jenem letztlichen Punkt, an dem sie alle zusammenkommen, und sein tiefer Respekt für die Dzogchen-Lehren und ihre verwirklichten Praktizierenden und Meister.

Tatsächlich bringen diese Belehrungen sehr viele verschiedene Elemente und Persönlichkeiten zusammen, die von entscheidender Bedeutung für die Nyingma- und Dzogchen-Tradition sind: den ersten menschlichen Dzogchen-Meister, den Vidyādhara Garab Dorje, den unvergleichlichen Longchen Rabjam, den »Großen Fünften« Dalai Lama mit seinen reinen Visionen, die außergewöhnliche Belehrung Patrul Rinpoches, Meister des Longchen-Nyingtik und der mündlichen Übertragungslinie der Kernanweisungen des Dzogchen, sowie die Schriften des dritten Dodrupchen, Jikme Tenpe Nyima. Und wie von einer großen Sonne, majestätisch und erhaben, sind alle durchstrahlt von der Präsenz Padmasambhavas, des kostbaren Guru und Urvaters des tibetischen Buddhismus.

Hier erscheint uns Seine Heiligkeit also in einem seiner vielen Aspekte – als großer buddhistischer Meister, der aus den innersten Bereichen seiner Tradition spricht. Es gibt viele andere Dalai Lamas: den Verteidiger der Gewaltlosigkeit und der Menschenrechte, den Anwalt der Schutzlosen, den Schützer der Umwelt, das Oberhaupt eines bedrohten Volkes und zunehmend auch eine Führungspersönlichkeit von Weltrang, dem sich Millionen intuitiv zuwenden, als Antwort auf all ihre Träume und Hoffnungen. Man kann sagen, dass Seine Heiligkeit für viele Menschen zu einer lebendigen Metapher für all das geworden ist, was ihnen wahr und heilig ist, ein zentraler Angelpunkt in ihrer

Vision von Menschlichkeit. In ihm sind die Geschichte Tibets und das Schicksal der Welt auf frappierende und hoffnungsvolle Weise miteinander verbunden.

Es ist mir eine ganz besondere Ehre und ein großer Segen, dieses Buch vorzustellen. Seine Heiligkeit schlug mir 1989, am Ende seiner Belehrungen in San José, vor, die Belehrungen, die er in Europa und den Vereinigten Staaten über Dzogchen gegeben hatte, in einem Buch zusammenzustellen, und ich freue mich sehr, dass wir seinen Wunsch erfüllen konnten. Lassen Sie uns hoffen, dass Seine Heiligkeit davon ausgeht, mit seinen Belehrungen ein gewisses Verständnis geschaffen zu haben, und dass er sich dadurch inspiriert fühlen wird, seine Dzogchen-Belehrungen im Westen noch weiter auszuführen.

Während ich dies schreibe, im ersten Jahr des neuen Jahrtausends, besucht Seine Heiligkeit Südfrankreich, um über den »Weg zur Erleuchtung« zu lehren – auf Bitten einer Gruppe buddhistischer Zentren in der Region des Golfs von Lyon, darunter auch Lerab Ling, das wichtigste Retreatzentrum von Rigpa. In Lerab Ling wird er eine Vajrakīlaya-Ermächtigung gemäß der Terma-Enthüllung von Tertön Sogyal, Lerab Lingpa, übertragen. Dieses große Licht der Lehren des Buddha, ein Freund jedes menschlichen Wesens, gibt sich kontinuierlich und unermüdlich seiner außergewöhnlichen Mission der Weisheit und des Mitgefühls hin. Ich bete – und mit mir, wie ich weiß, zahllose andere –, dass er lange leben möge und dass all seine Wünsche und Bestrebungen in Erfüllung gehen.

Sogyal Rinpoche
Lerab Ling, 6. Juli 2000

EINLEITUNG

Die in diesem Buch zusammengestellten Belehrungen wurden alle zwischen 1982 und 1989 gegeben. Sie erstrecken sich damit über fast ein Jahrzehnt, in dessen Verlauf sich unter den Menschen im Westen das aktive Interesse am Buddhismus und an Tibet in ungeahntem Maße veränderte. Für die Tibeter, die sich darum bemühten, die Aufmerksamkeit der Welt zu gewinnen, waren die frühen achtziger Jahre oft ein düsterer und mühseliger Kampf. Doch gegen Ende des Jahrzehnts waren alle möglichen Organisationen entstanden, angetrieben von einer unaufhaltsamen Welle des Interesses an Tibet, seiner Kultur und seinen buddhistischen Traditionen. Das Jahr 1989 wurde zum Höhe- und Wendepunkt, als Seiner Heiligkeit dem Dalai Lama der Friedensnobelpreis verliehen wurde.

In den ganzen achtziger Jahren bereiste Seine Heiligkeit die verschiedensten Länder der Welt, um buddhistische Belehrungen zu geben und seine Philosophie des Friedens zu verbreiten. Seine erste historische Reise in den Westen hatte 1973 stattgefunden und ihn nach Italien, zum Vatikan, in die Schweiz, nach Holland, Belgien, Irland, Norwegen, Schweden, Dänemark und Großbritannien geführt. Doch erst nach 1979 und seiner ersten Reise in die Vereinigten Staaten begann er, häufiger und ausgedehnter zu reisen. Im Laufe seiner Besuche im Westen kam Seine Heiligkeit viermal der Einladung nach, über Dzogchen oder »die Große Vollkommenheit« zu lehren, die letztlichen Belehrungen und das Herz der alten Nyingma-Schule des tibetischen Buddhismus.

Das erste dieser Ereignisse fand 1982 in der Pagode von Vincennes in Paris statt, in der er die Ermächtigung für Guru Padmasambhava und seine acht Manifestationen aus den visionären *Sangwa-Gyachen*-Lehren des »Großen Fünften« Dalai Lama übertrug. Er stellte den allgemeinen Prozess einer Ermächtigung vor und ging dann dazu über, das Verständnis von Grund, Pfad und Frucht im Dzogchen zu umreißen. Als Nächstes widmete Seine Heiligkeit im Sommer 1984 dem Dzogchen während einer einwöchigen Tour durch England und Schottland eine ganztägige Belehrung, im Anschluss an ein zweieinhalbtägiges Seminar über buddhistische Philosophie in London. Er gewährte einen Segen der »Befreiung durch Kontakt« und gab einen Kommentar über das Herz der Dzogchen-Praxis, »Das Treffen der Essenz in drei Worten«, aus einer berühmten und sehr beliebten Belehrung Patrul Rinpoches, des großen Meisters aus dem neunzehnten Jahrhundert.

1988 gab der Dalai Lama auf Bitten einer der Organisatoren seines Finnland-Besuches eine öffentliche Belehrung in Helsinki, mit dem Titel »Dzogchen«. Dort stellte er die Praxis des Dzogchen in den Kontext der »Vier Edlen Wahrheiten« und der »Vier Siegel« des Buddhismus. Im folgenden Jahr, im Oktober 1989, gab Seine Heiligkeit in San José in Kalifornien in einer zweitägigen Belehrung seine ausführlichste Präsentation des Dzogchen im Westen. Die historische und glückverheißende Bedeutung dieses Ereignisses wurde noch dadurch gesteigert, dass Seine Heiligkeit nur drei Tage zuvor zum diesjährigen Friedensnobelpreisträger erklärt worden war. Er basierte seine Belehrung auf Longchenpas *Schatz des Dharmadhātu*, ließ sich von Dodrupchen Jikme Tenpe Nyimas Schriften inspirieren und schloss mit der Ermächtigung für Guru Padmasambhava und seine acht Manifestationen aus den reinen Visionen des fünften Dalai Lama.[2]

Dieses Buch enthält auch eine Belehrung von Nyoshul Khen

Rinpoche, »Ein Geschenk an die Welt«, die er 1989 an einem Abend in San José gab, nachdem Seine Heiligkeit gelehrt hatte. Khen Rinpoche war zu seiner Zeit eine der führenden Autoritäten des Dzogchen und ein Lehrer, vor dem Seine Heiligkeit höchsten Respekt hatte. In seiner Erläuterung der Essenz des Buddha-Dharma spiegelte sich die mühelose Tiefe und Gelassenheit des Dzogpa Chenpo, die er selbst in so großer Vollendung verkörperte.

In diesen Belehrungen Seiner Heiligkeit versammeln sich all seine einzigartigen Qualitäten – sein gesamtes Wissen aus jahrelangem Studium, seine präzise Einsicht, seine Neugierde, sein Humor und sein Mitgefühl sowie die offenbar unendliche Subtilität seines Geistes. Während der Belehrungen gab es Momente von ansteckender Heiterkeit, in denen Seine Heiligkeit in schallendes Gelächter ausbrach, sei es, weil er über einen unorthodoxen Gebrauch von Vajra und Glocke spekulierte oder sich amüsierte, wie der finnische Übersetzer langwierig und umständlich nach Worten rang. Es gab Momente der Bescheidenheit, in denen er sein eigenes Verständnis und seine Auffassung der Lehren herunterspielte, Momente der Reflexion, der intensiven Konzentration und einer transzendenten, durchscheinenden Stille. Und wie immer gab es in Gegenwart Seiner Heiligkeit herzergreifende Momente voller Warmherzigkeit und Zärtlichkeit.

Wir können feststellen, dass einige Themen in diesen Belehrungen mehrmals auftauchen. Seine Heiligkeit erklärt, warum Dzogchen der »Gipfel aller Fahrzeuge« genannt wird, obwohl alle abschließenden Belehrungen sämtlicher buddhistischen Traditionen Tibets letztlich auf den gleichen Punkt hinauslaufen: das klare Licht. Seine Heiligkeit gesteht, dass kaum ein Thema sein Interesse so sehr anfache wie dieses. Dieses Motiv zieht sich durch sämtliche Belehrungen, in denen er die subtilen Ähnlichkeiten und Unterschiede zwischen dem Dzogchen und den Lehren und Praktiken der anderen Schulen des tibetischen Buddhismus enthüllt.

Seine Heiligkeit scheint sehr darauf bedacht zu sein, die Missverständnisse zu beseitigen, die durch einen allzu leichtfertigen Vergleich der Traditionen entstehen können. Während seiner Belehrung in London im Jahre 1984 zitierte er die bemerkenswerte Aussage Jamyang Khyentse Chökyi Lodrös (1893–1959), welche die unterschiedlichen Ausprägungen der Lehren der verschiedenen Schulen erhellt:

> In einer mündlichen Überlieferung des großen Lamas Jamyang Khyentse Chökyi Lodrö heißt es: Wenn der große Nyingma-Meister Longchen Rabjam eine Darstellung der Grundlagen, Pfade und Früchte gibt, so tut er dies vorwiegend aus der Perspektive des erleuchteten Zustands des Buddha, während die Sakya-Darstellung hauptsächlich aus dem Blickwinkel der spirituellen Erfahrung eines Yogi auf dem Pfad erfolgt, und die Darstellung der Gelugpa vor allem aus der Perspektive vorgenommen wird, wie Phänomene den gewöhnlichen Wesen erscheinen. Seine Behauptung scheint es wert zu sein, dass man sie sorgfältig reflektiert; dadurch können viele Missverständnisse beseitigt werden.[3]

Natürlich spricht Seine Heiligkeit in diesen Belehrungen an vielen Stellen über das reine, ursprüngliche Gewahrsein von Rigpa. Dodrupchen Jikme Tenpe Nyima erklärt hierzu: »Im Allgemeinen gibt es unendlich viele tiefgründige und besondere Aspekte in den Anweisungen des Dzogchen. Der Schlüsselpunkt ist jedoch die Unterscheidung zwischen dem gewöhnlichen Geist und Rigpa. Jikme Lingpa drückt dies in seinem *Schatz erleuchteter Eigenschaften* so aus:

> Rigpa, das den gewöhnlichen Geist überschreitet,
> ist das besondere Merkmal des natürlichen Dzogpa
> Chenpo.«[4]

Seine Heiligkeit kommt hier immer wieder darauf zurück, wie wichtig es für jeden Praktizierenden ist, eine umfassende Kenntnis der Gesamtstruktur der buddhistischen Lehre zu erwerben. Gleichzeitig unterstreicht er die Notwendigkeit zu wissen, wie die spezifischen Begriffe in den verschiedenen Schulen und Ausprägungen des Buddhismus zu verstehen sind. Und obwohl er einerseits auf einem eher strengen Ansatz besteht, wenn es um das Studium der Quellen des Buddhismus geht, nutzt Seine Heiligkeit jede Chance, um Hinweise und Anweisungen zu geben, wie wir spezifische Punkte auf unser alltägliches, geschäftiges Leben anwenden können. Wenn er Belehrungen wie diese gibt, wird deutlich, dass das Ziel Seiner Heiligkeit ist, die Basis des Buddha-Dharma unter den Praktizierenden im Westen zu stärken, indem er ihr Verständnis klärt und vertieft und dabei die zukünftige Stabilität und Authentizität des Dharma im Westen im Auge behält.

Die Belehrungen Seiner Heiligkeit sind in diesem Buch in chronologischer Reihenfolge abgedruckt. Jeder wird ein kurzer Überblick über ihren Hintergrund vorangestellt, um dem Leser eine Vorstellung von Ort und Zeit zu geben, sowie einen Einblick in die Interessen und das Leben Seiner Heiligkeit zu gewähren – denn diese Belehrungen und die sie begleitenden Ereignisse sind im wahrsten Sinne Teil der Biographie des Dalai Lama. Einige der wichtigen Quellen oder Meister, auf die Seine Heiligkeit Bezug nimmt, werden in den Anmerkungen aufgeführt, wobei es nicht notwendig ist, das Leben der hier erwähnten Meister der Dzogchen-Linie ausführlich zu behandeln: Garab Dorje, Guru Padmasambhava, Longchen Rabjam, Jikme Lingpa, Jikme Gyalwe Nyugu, Patrul Rinpoche, Dodrupchen Jikme Tenpe Nyima, Jamyang Khyentse Chökyi Lodrö und Dilgo Khyentse Rinpoche – da ihr Leben so authentisch und in großer Schönheit von Tulku Thondup Rinpoche in seinem *Masters of Meditation and Miracles* (Meister der Meditation und Wunder) beschrieben wird.

Die Belehrungen aus den Jahren 1988 und 1989 wurden von Geshe Thupten Jinpa übersetzt, die von 1982 und 1984 von Richard Barron (Chökyi Nyima). Für die Zusammenstellung dieses Buches griffen wir auch auf die ursprünglichen Tonaufnahmen und tibetischen Transkripte der Worte Seiner Heiligkeit zurück; dem folgten mehrere Durchsichten und Überarbeitungen. Da die Belehrungen in den Jahren 1982, 1984 und 1989 auf Bitten von Rigpa und Sogyal Rinpoche gegeben wurden, wurde der große Segen der Zusammenstellung und Bearbeitung dieser Belehrungen zu einem Buch – wie Seine Heiligkeit es vorgeschlagen hatte – Mitgliedern von Rigpa zuteil.

Die hier enthaltene Übersetzung der *Besonderen Belehrung des weisen und glorreichen Königs* basiert auf einer Übersetzung, die Sogyal Rinpoche 1984 während eines Retreats in Loch Lomond in Schottland machte, unter Einbeziehung einiger klärender Anmerkungen von Alak Zenkar Rinpoche sowie bestimmter Einsichten aus einer Reihe von ausgezeichneten Übersetzungen dieses Textes durch Tulku Thondup Rinpoche, Sarah Harding, Erik Pema Kunsang, John Reynolds und Richard Barron.

Eine Anmerkung hinsichtlich der Sprache: Da dieses Werk die Arbeit mehrerer Übersetzer repräsentiert und die Belehrungen einen beträchtlichen Bearbeitungsprozess durchlaufen haben, werden gewisse Begriffe auf mehrfache Art übersetzt, was sich auch im Glossar widerspiegelt. Gleichzeitig haben wir uns um Einheitlichkeit bemüht und Begriffe gewählt, die bereits seit einiger Zeit in den Übersetzungen der Belehrungen Seiner Heiligkeit gebräuchlich sind.

TEIL EINS

GRUND, PFAD UND FRUCHT

Paris, 1982

GRUND, PFAD UND FRUCHT

Der Hintergrund

Im nasskalten Oktober des Jahres 1982 besuchte Seine Heiligkeit der Dalai Lama zum ersten Mal Frankreich. Über einen Zeitraum von zwölf Tagen gab er in Paris, Straßburg, Toulouse and Digne buddhistische Belehrungen und Interviews und traf mit Würdenträgern und Honoratioren aller Art zusammen. Während dieser Zeit ließ er alle Berührungspunkte zwischen der französischen und tibetischen Kultur anklingen, auf eine Weise, die für seine zukünftigen Besuche in verschiedenen Ländern richtungsweisend sein sollte. Er traf 1982 auf ein Frankreich, das von einer gewissen Unsicherheit geprägt war, mit einer neuen sozialistischen Regierung, terroristischen Anschlägen in Paris und steigenden Preisen für Brot, Benzin und öffentliche Verkehrsmittel. Doch es war auch ein Frankreich mit einem tiefen und ernsthaften Interesse an allem Tibetischen, in dem der Besuch Seiner Heiligkeit in der Öffentlichkeit begeisterten Anklang fand. *Le Monde* veröffentlichte gleich drei groß aufgemachte Artikel, fasziniert und verblüfft ob der Entdeckung seiner »aufrüttelnden, einnehmenden Persönlichkeit«, die »entwaffnend« und »immer gut gelaunt« wirke. Anlässlich seines öffentlichen Vortrags in Paris, »Universelles Mitgefühl und die Weltkrise« drängten sich Hunderte von Menschen, die keinen Einlass in den Saal finden konnten, über die Gehsteige, während die Polizei versuchte, das geräuschvolle Getümmel wieder aufzulösen.

Die Pagode von Vincennes im äußersten Südosten von Paris bildete den Schauplatz für die Ermächtigung, die Seine Heiligkeit auf Einladung von Rigpa und Sogyal Rinpoche gewährte. Dieser exotische Bau entstand 1931 anlässlich einer Kolonialausstellung, mit der die zivilisierenden Tugenden der französischen Kolonialgeschichte in Asien, Afrika und Ozeanien gefeiert werden sollten. Der Kamerun-und Togo-Pavillon wurde einer Stammeshütte nachgebildet, doch mit seinen sechzig Metern Breite und Länge und etwa zweiundzwanzig Metern Höhe sowie einem Dach aus 180.000 Schindeln aus Kastanienholz entstand ein wesentlich aufwendigeres Bauwerk als sein ursprüngliches Vorbild. Nachdem es vierzig Jahre als Holzmuseum gedient hatte, stand es leer, bis Jean Sainteny, ehemaliger französischer Abgeordneter in Kambodscha, 1977 die Stadt Paris darum bat, es als Standort für ein internationales Institut im Interesse aller ethnisch-buddhistischen Gruppen Frankreichs nutzen zu können. Es wurde ein Wettbewerb für eine große, international wirkende Buddha-Statue ausgeschrieben, den ein jugoslawischer Bildhauer, François Mozes, gewann. Sein Buddha wurde im Atelier des katalanischen surrealistischen Malers Joan Miró modelliert und besteht aus Fiberglas, das mit 23-karätigem Gold beschichtet wurde. Sein Gesicht trägt eindeutig europäische Züge. Die Pagode wurde im Oktober 1977 von Jacques Chirac, dem damaligen Bürgermeister von Paris, eingeweiht und ist seitdem ein einzigartiger und bedeutender Veranstaltungsort für größere buddhistische Ereignisse. Bis 1982 waren dort bereits große Belehrungen und Ermächtigungen von Meistern wie Kyabje Düdjom Rinpoche, Kyabje Dilgo Khyentse Rinpoche und Kyabje Kalu Rinpoche gegeben worden. Und hier versammelten sich am Donnerstag, dem 7. Oktober, um 14 Uhr Hunderte von Menschen, um die Ermächtigung und Belehrung Seiner Heiligkeit zu empfangen.

Der Fünfte Dalai Lama

Wie er selbst erklärte, hatte sich Seine Heiligkeit dazu entschieden, die Ermächtigung für Padmasambhava und seine acht Manifestationen aus dem Zyklus der tiefgründigen reinen Visionen des »Großen Fünften« Dalai Lama, Ngawang Lobsang Gyatso, zu gewähren. Der fünfte Dalai Lama wurde 1617 als Sohn von Nachfahren des königlichen Hauses von Sahor geboren und war einer der dynamischsten, kundigsten und einflussreichsten Persönlichkeiten der tibetischen Geschichte. Aus dem chaotischen Zentralasien des siebzehnten Jahrhunderts ging er 1642 als Herrscher eines von Ladakh bis Tachienlu geeinten Tibet hervor. Zehn Jahre später wurde er von Kaiser Shun-chih nach Beijing eingeladen, wo man ihn als ebenbürtig behandelte und ihm einen kaiserlichen Erlass in goldener Schrift überreichte, der ihn mit »Dalai Lama, Vajra-Halter und Meister der Lehren« betitelte.

Der fünfte Dalai Lama errichtete den Potala-Palast und leitete die Verquickung von spiritueller und weltlicher Macht in Tibet ein; zudem schreibt man ihm den Aufbau eines landesweiten Gesundheitssystems und Bildungsprogramms zu. Er war ein sehr produktiver Schriftsteller; seine historischen und autobiographischen Schriften bilden eine wesentliche Quelle für Historiker dieses Zeitraums. 1682 verstarb er im Potala-Palast, inmitten einer meditativen Versenkung in Kurukullā, eine Gottheit, die für Macht und Anziehungskraft steht. Dies wurde als glückverheißendes Zeichen für die zukünftige Macht seiner erleuchteten Aktivität gedeutet.

Ngawang Lobsang Gyatso hält einen wichtigen Platz in der Übertragung der Nyingma-Lehren inne; Düdjom Rinpoche räumt ihm in seinem berühmten Werk *History of the Nyingma School* einen Platz unter den Tertöns ein.[5] Das ist besonders seiner Enthüllung der »reinen Visionen« des *Gyachen Nyer Nga* zuzuschreiben – der »fünfundzwanzig versiegelten Belehrungen«. In bestimmten Termas wurde der fünfte Dalai Lama als Emanation der erleuchteten Aktivität König Trisong Detsens prophezeit. Er spürte eine tiefe Verbindung zur Nyingma-Tradition Guru Padmasambhavas und hatte einige wichtige Nyingma-Lehrer, wie zum Beispiel Surchen Chöying Rangdrol, Khöntön Paljor Lhundrup und Terdak Lingpa Minling Terchen Gyurme Dorje.[6] Er stand besonders den Meistern der »Nördlichen Schatz-Linie« des Rigdzin Gödem nahe, die häufig in seinen Visionen erscheinen. In seiner Autobiographie spricht er auch von Pema Rigdzin, dem ersten Dzogchen Rinpoche, den er drängte, das Dzogchen-Kloster in Kham zu gründen; er nennt ihn »den großen Dzogchenpa, der das Nyingtik vollständig verstanden hat«. Düdjom Rinpoche schreibt:

> Besonders interessant ist die Art und Weise, in der der Dalai Lama die Lehren der »Tiefgründigen Reinen Visionen« empfing, wie es in den Termas des glorreichen Tashi Topgyal prophezeit wurde:[7]
>
> > Du, der du nun König der schwarzköpfigen Rasse bist,
> > durch reines Bestreben wird deine fünfte Inkarnation
> > »Fünfundzwanzig« enthüllen – mit fünf besonderen
> > Geistes-Schätzen.
>
> Als der fünfte Dalai Lama zum glorreichen Samye ging, entstanden tatsächlich die für ihn günstigen Bedingungen zur Enthüllung von Termas. Doch aufgrund der Zeit, des Ortes und der Situation nahm er sie nicht in Besitz. Später, als ihm die unzähligen Gottheiten der drei Wurzeln in Übereinstimmung mit den Prophezeiungen und Ermächtigungen, die er erhielt, in Visionen erschienen, schrieb er die fünfundzwanzig Abschnitte der Belehrung namens *Sangwa-Gyachen* – »mit dem Siegel der Verschwiegenheit« – nieder. Mit seinen zusätzlichen mündlichen Kommentaren umfassen sie insgesamt zwei Bände. Er übertrug alle damit

> verbundenen Ermächtigungen und Anweisungen einer Gruppe hervorragender Wesen, in erster Linie den Haltern der Tradition der alten Übersetzungsschule, wie dem Herrn des Dharma Terdak Lingpa und dem Vidyādhara Pema Trinle. Infolgedessen verbreiteten sie sich weit und breit, und ihre Linie überdauerte, ungebrochen, bis zum heutigen Tag.[8]

Vom sechsten Lebensjahr an hatte der fünfte Dalai Lama eine Fülle von Visionen, die sich fast ohne Unterbrechung sein ganzes Leben lang fortsetzten. Aufzeichungungen darüber finden sich in seinen autobiographischen Schriften.[9] Im siebenten Monat des Feuer-Affen-Jahres 1656 bereitete der damals vierzigjährige Dalai Lama die am zehnten Tag jeden Monats übliche Opferzeremonie an Padmasambhava vor, indem er eine außergewöhnliche Gruppe von neun Terma-Darstellungen Guru Padmasambhavas zusammensammelte – Entdeckungen von Nyangral Nyima Öser, Guru Chöwang, Sangye Lingpa, Ratna Lingpa, Kunkyong Lingpa und Trango Sherab Öser. Seine Praxis mit den Mönchen des Namgyal-Kollegs hatte kaum begonnen, als sich eine Vision zu materialisieren begann, in der Guru Rinpoche erschien und ihm eine Ermächtigung gab. Seine Heiligkeit erlebte, wie alle acht Manifestationen Padmasambhavas im Maṇḍala tanzten und sich dann in ihn auflösten. Yeshe Tsogyal erschien und geleitete ihn in den Palast des Großen Guru, dem er dort inmitten seiner acht Manifestationen begegnete. Diese Vision war die Quelle der Ermächtigung, die Seine Heiligkeit der Dalai Lama in Paris geben wollte.

Wie Seine Heiligkeit in seinen einleitenden Worten erklärt, ist die Ermächtigung für Padmasambhava und seine acht Manifestationen[10] das Sādhana des Guru – *Ladrup* – aus dem *Sangwa-Gyachen*-Zyklus. Dies war das erste Mal, dass Seine Heiligkeit diese Ermächtigung im Westen gab, und er sollte sie 1989 noch einmal in Kalifornien geben. Im Januar 1992 begann er auf

Bitten des siebten Dzogchen Rinpoche anlässlich der Einweihung des neuen Dzogchen-Klosters in Kollegal, Südindien, den gesamten Zyklus der Ermächtigungen des *Sangwa-Gyachen* zu übertragen. Während er die Kagye- und Dorje-Drolö-Ermächtigung gab, stellte er folgende faszinierende Überlegung an:

> Ich war recht jung, als ich die vollständigen Lehren der geheimen Visionen des fünften Dala Lama empfing. Obwohl ich damals nicht allzusehr darauf achtete, erinnere ich mich an einige sehr gute Träume, und so scheint es, als hätten wir eine besondere Verbindung. Später traf ich in Lhasa auf die Werke des fünften Dalai Lama, die, so glaube ich, in erster Linie von den späteren Dalai Lamas bewahrt wurden. Darunter befanden sich die sehr geheimen Lehren, die in Form illustrierter Manuskripte existieren. ... Später erwarb ich diese Schriften in Indien und verbrachte einige Monate im Retreat, um Kagye, Hayagrīva, Avalokiteśhvara und anderes zu praktizieren. Was mich anbelangt, kann ich mich sehr glücklich schätzen: Direkt vom fünften Dalai Lama an habe ich mich aufgrund von Wünschen und Gebeten in der langen Linie derer befunden, die den Namen des Lotus-Halters tragen. Und anscheinend gibt es eine ganz spezielle Verbindung mit dem fünften Dalai Lama.

Vor Beginn der Ermächtigung in Vincennes 1982 erklärte Seine Heiligkeit die Bedeutung einer Ermächtigung und gab dann einen Überblick über Grund, Pfad und Frucht im Dzogchen.[11] Hier enthüllte er ein Thema, das sich durch all diese Belehrungen zieht: die geistige Verwandtschaft, Unterschiedlichkeit und letztendliche Einheit der Sicht und Praxis des Höchsten Yogatantra der neuen Übersetzungsschulen und der alten Dzogchen-Tradition. Er betonte auch die Wichtigkeit der Einführung in das reine Gewahrsein des Rigpa und bereitete damit in gewisser Weise auf die Lehren von 1984 und 1989 vor.

Seine Heiligkeit saß direkt vor der großen, goldenen Figur des ehrenwerten Buddha, vor ihm die überfüllte Pagode und die Vielzahl der Lamas, die alle buddhistischen Traditionen vertraten: Nyoshul Khen Rinpoche, Lama Yeshe, der Begründer des FPMT, Dagpo Rinpoche, Taklung Tsetrul Pema Wangyal Rinpoche, Sogyal Rinpoche sowie Geshes und Lamas aller buddhistischen Zentren in Frankreich. Zwei Tage später kehrte Seine Heiligkeit in die Pagode zurück, um eine kurze Belehrung für die buddhistische Gemeinde zu geben. Jacques Chirac saß an diesem Tag in der Mitte der ersten Reihe. Am Ende der Sitzung beugte sich Seine Heiligkeit vor und bat ihn leise, nie zu vergessen, sich um die Menschen in Paris zu kümmern.

Seine Heiligkeit der Dalai Lama

Die reinen Visionen

Diese heutige Ermächtigung gebe ich auf Wunsch von Sogyal Rinpoche. Er bat mich vor einiger Zeit darum, auf meinen Europa-Reisen einige seiner Zentren zu besuchen und Ermächtigungen zu geben, speziell aus dem so genannten *Sangwa-Gyachen*-Zyklus – »mit dem Siegel der Verschwiegenheit« – und ich willigte ein, soweit es sich zeitlich einrichten ließe. Da mich meine Reisen nun nach Europa und Frankreich geführt haben, hat mich Sogyal Rinpoche noch einmal darum gebeten, in Paris zu lehren. Von all den verschiedenen Ermächtigungen des *Sangwa-Gyachen*-Zyklus habe ich mich für die Ermächtigung des »Geist-Sādhana« entschieden, auf tibetisch *Tukdrup Yang Nying Kundü* – »Die Vereinigung aller innersten Essenzen« –, da sie mir am angemessensten erscheint.

Wie viele unter Ihnen bereits wissen, ist der *Sangwa-Gyachen*-Zyklus Teil einer größeren Tradition, der Geheimen Mantrayana-Lehren der Nyingma- oder alten Schule des tibetischen

Buddhismus. Die Rituale und Praktiken dieser Schule werden auf drei Weisen übertragen – durch die lange *Kama*-Linie, die kürzere *Terma*-Linie und die tiefgründige Übertragung durch reine Visionen – *Dak nang*. Der *Sangwa-Gyachen*-Zyklus besteht aus einer Reihe von Übertragungen, die ihren Ursprung in diesen reinen Visionen haben.

Reine Visionen können unter zwei Gesichtspunkten betrachtet werden. Zum einen gibt es meditative Erfahrungen eher vergänglicher Natur, auf tibetisch *Nyam*. Dann gibt es reine Visionen, in denen ein Meister die Übertragung von einer Gottheit in einem reinen Bereich erfährt, und dies betrachtet man als etwas, das sich von einem meditativen Erlebnis sehr unterscheidet. Der *Sangwa-Gyachen*-Zyklus reiner Visionen wurde vom fünften Dalai Lama bis zu uns weitergegeben. Das Bemerkenswerte an diesen Visionen ist, dass sie bei weitem keine einfachen meditativen Erfahrungen sind, die während der Praxis auftauchten, sondern empfangen wurden, während der fünfte Dalai Lama tatsächlich reine Weisheitsbereiche besuchte und hier die Übertragungen erhielt, die in diesen Ermächtigungen verschlüsselt sind. Für einen Yogin seines Formats, der in der Lage ist, erleuchtete Formen oder Kāyas sowie Weisheitsbereiche direkt wahrzunehmen, gehören die auftauchenden reinen Visionen ganz selbstverständlich zu dieser Kategorie.

Im Falle des »Großen Fünften« Dalai Lama erwachte die aus früheren Leben vorhandene Veranlagung in sehr jungem Alter, und so konnte er im Laufe seines Lebens eine Unmenge solch reiner Visionen erleben. Die außergewöhnlichsten finden sich im *Sangwa-Gyachen*-Zyklus, der aus fünfundzwanzig Abschnitten besteht, die jeweils unterschiedliche Visionen behandeln. Berichte über die reinen Visionen, die der fünfte Dalai Lama erlebte, finden sich in seiner geheimen Autobiographie.

Unter den fünfundzwanzig Abschnitten konzentriert sich der wichtigste auf das Kagye, oder die »Acht Befehle«, in dem alle Gottheiten in einem einzigen Maṇḍala erscheinen. Es existieren auch gesonderte Praktiken für jede dieser Gottheiten. Der ganze *Sangwa-Gyachen*-Zyklus enthält etliche Ermächtigungen, Segnungen und autorisierende Zeremonien für verschiedene Gottheiten, sowohl friedvolle als auch zornvolle, von denen ich für heute die Ermächtigung der »Vereinigung aller innersten Essenzen« ausgewählt habe. Diese Ermächtigung basiert auf dem Maṇḍala des Guru als Vidyādhara. Es ist eine Ermächtigung, die leicht auszuführen ist und doch gleichzeitig enormen Segen und das Potential für große spirituelle Verwirklichung überträgt. Im Allgemeinen kann es bei sehr tiefgründigen Belehrungen eine beträchtliche Zeit dauern, bis der Lehrer sie übertragen und der Schüler sie aufgenommen hat. Hier haben wir den Vorteil, dass diese Ermächtigung recht kurz und leicht zu übermitteln ist und dennoch diese Tiefgründigkeit besitzt. Doch auch wenn ich dies sage, ist mir dabei bewusst, dass die Durchführung normalerweise drei bis vier Stunden dauern würde, wenn wir die Zeit dafür hätten. Heute nachmittag steht uns nur ungefähr eine Stunde zur Verfügung, und so werden wir sogar noch zügiger vorgehen, als es normalerweise der Fall wäre.

Der Meister, von dem ich die Übertragung für diesen außergewöhnlichen *Sangwa-Gyachen*-Zyklus erhielt, war Taktra Rinpoche.[12] Das wichtigste Sādhana aus diesem Zyklus, das ich selbst praktiziert habe, steht in Verbindung mit dem Maṇḍala, welches die acht Kagye-Gottheiten vereint. Ich habe mich auch zu einem gewissen Maße auf einige der anderen Praktiken konzentriert, zum Beispiel auf Vajrakīlaya, Hayagrīva und Avalokiteśhvara. Allgemein gesagt sollte man, wenn man Ermächtigungen für einen Lehrzyklus in der Nyingma-Tradition gibt, idealerweise Retreats aller Gottheiten der drei Wurzeln dieses Zyklus abgeschlossen haben. Als ich diese Ermächtigungen von meinem Lehrer empfing, erhielt ich jedoch gleichzeitig die Erlaubnis, sie an andere weiterzugeben, wenn dies von Nutzen für sie sein würde. Darüber hinaus wurde mir erklärt, dass die Kagye-Praxis der Hauptschwerpunkt aller fünfundzwanzig Abschnitte des

Sangwa-Gyachen-Zyklus sei und die Minimal-Anforderung an einen Vajra-Meister sei daher, ein vollständiges Retreat dieser Praxis abzuschließen, um die Ermächtigung auf andere übertragen zu können. Auch wenn ich also nicht die Möglichkeit hatte, die anderen Abschnitte dieses Zyklus eingehender zu praktizieren, habe ich doch den Kagye-Abschnitt abgeschlossen und erfülle damit die Voraussetzungen, um die *Sangwa-Gyachen*-Ermächtigung zu geben.

Die Bedeutung einer Ermächtigung

Was Ermächtigungen im Allgemeinen angeht: Was bedeutet der Begriff *Wang* oder Ermächtigung? Erst einmal ist unsere grundlegende Natur – was wir »Buddha-Natur« oder *Tathāgatagarbha* nennen, die wahre Natur unseres Geistes – als natürliche Eigenschaft in uns inhärent vorhanden. Dieser unser Geist, mit dem wir uns hier beschäftigen, hat sich von Urbeginn an durch alle Zeiten fortgesetzt, und dasselbe gilt für die subtilere Natur dieses Geistes. Die Kontinuität dieser subtilen Natur unseres Geistes bildet die Basis für unsere Kapazität, Erleuchtung zu erlangen. Dieses Potential nennen wir »Keim der Buddhaschaft«, »Buddha-Natur«, »die grundlegende Natur«, oder »Tathāgatagarbha«. Wir alle besitzen diese Buddha-Natur, jeder Einzelne von uns. Diese wunderschöne Statue des ehrenwerten Buddha zum Beispiel, in deren Gegenwart wir uns gerade befinden, repräsentiert und würdigt einen Menschen, der Buddhaschaft erreicht hat. Er erwachte in diesen Zustand der Erleuchtung, weil seine Natur Buddha-Natur war. Wir haben dieselbe Natur, und so wie Buddha in der Vergangenheit Erleuchtung erlangte, können auch wir in Zukunft ebenfalls Buddhas werden.

Wenn wir zu einem zukünftigen Zeitpunkt Buddhaschaft erlangen, wird das subtile Kontinuum unseres Gewahrseins in einen Zustand von Allwissenheit erwachen, der *Dharmakāya* genannt wird. Die Natur des Geistes wird an diesem Punkt *Svābhāvikakāya* genannt. Die Tatsache, dass er von Natur aus völlig rein ist, ist einer der Aspekte des Svābhāvikakāya – der Aspekt vollständiger und natürlicher Reinheit. Die Tatsache, dass zeitweilige, wesensfremde Verdunklungen beseitigt wurden und diese wahre Natur nicht mehr verhüllen, ist ein weiterer Aspekt des Svābhāvikakāya – der Aspekt des Gereinigtseins von vorübergehenden Verdunklungen.[13]

Uns allen wohnt jedenfalls dieses Potential inne, das uns ermöglicht, zur Buddhaschaft zu erwachen und Allwissenheit zu erlangen. Der Prozess der Ermächtigung legt dieses Potential frei und lässt es zu Tage treten und sich vollständiger ausdrücken. Wenn Sie eine Ermächtigung erhalten, ist die Natur Ihres Geistes – die Buddha-Natur – die Grundlage, auf der die Ermächtigung Sie zur Reife bringen kann. Durch die Ermächtigung werden Sie in die Essenz der fünf Buddha-Familien ermächtigt. Insbesondere werden Sie innerhalb der speziellen Familie »zur Reife gebracht«, die Ihrer persönlichen Veranlagung zum Erlangen der Buddhaschaft entspricht.

Wenn Sie – mit diesen glückverheißenden Umständen im Sinn – über das reflektieren, was geschieht, und die verschiedenen Visualisationen aufrechterhalten, dann sind die richtigen Bedingungen geschaffen, um die Essenz der Ermächtigung in Ihnen zu erwecken: ein Zustand der Weisheit, voller Glückseligkeit und doch leer – ein ganz besonderer Zustand, die Einheit von grundlegendem Raum und Gewahrsein. Wenn Sie Ihre Hingabe auf solche Weise ausrichten, kann diese besondere Qualität des Geistes – man könnte es eine neue Fähigkeit nennen – erwachen. Es gibt drei äußere Faktoren, die dies unterstützen: die rituellen Gegenstände, die auf der äußeren Ebene verwendet werden, die Mantras, die der Vajra-Meister rezitiert, und der *Samādhi* oder die meditative Versenkung des Vajra-Meisters. Wenn diese drei Faktoren zusammentreffen, bilden sie die Basis, auf welcher der Geist sich konzentrieren und so zur Reife gelangen kann.

Da diese drei Faktoren so wichtig sind, sollten wir sie ein wenig näher betrachten. Die äußeren rituellen Gegenstände, wie zum Beispiel die Vase, stehen bereits auf dem Schrein, an ihrem richtigen Platz. Was die Mantras angeht, kann ich zwar nicht behaupten, ich hätte sie alle in reinem Sanskrit gelesen, doch ich habe mein Bestes getan, als ich sie las und rezitierte. Das Wichtigste für den weiteren Teil der Ermächtigung ist die meditative Versenkung. Ich für meinen Teil werde tun, was ich kann, um einen Zustand des Samādhi aufrechtzuerhalten, und so sollte gleichzeitig jeder von Ihnen seinen Geist Schritt für Schritt auf die Erklärungen konzentrieren, die ich geben werde, und so weit wie möglich in einem ähnlichen Zustand von Samādhi-Meditation ruhen.

Grund, Pfad und Frucht im Dzogchen

Lassen Sie uns nun die Lehren betrachten, durch die sich das Geheime Mantra-Fahrzeug der frühen Übertragungsschule der Nyingma-Tradition auszeichnet, und schauen, was diese Belehrungen über die drei Phasen von Grund, Pfad und Frucht aussagen. Die Art und Weise, wie der *Grund* des Seins verweilt, erschließt sich im Verständnis und den Beschreibungen der Nyingma-Lehren eindeutig aus seiner Essenz, Natur und Energie oder seinem Mitgefühl. Speziell die ersten beiden Aspekte definieren für die Nyingma-Schule den Grund, mit seiner Essenz von ursprünglicher Reinheit oder *Kadak* und seiner Natur der spontanen Präsenz oder *Lhundrup*. Nāgārjuna erklärt in seiner *Grundlegenden Abhandlung über den Mittleren Weg, »Weisheit« genannt:*[14]

> Das Dharma, das von den Buddhas gelehrt wird,
> stützt sich vollständig auf zwei Ebenen der Wahrheit:
> die weltliche, konventionelle Ebene der Wahrheit,
> und die endgültige Ebene der Wahrheit.

Alles, was wir wissen und erkennen können – alle Phänomene und alles, was im Bereich von Körper und Geist eines Individuums liegt –, befindet sich innerhalb dieser zwei Ebenen der Wahrheit, der konventionellen und der endgültigen. Im Dzogchen-Kontext würde man dies in Begriffen wie »ursprüngliche Reinheit« und »spontane Präsenz« erklären, und dies findet in einer Passage der Schriften seine Entsprechung:

> Es ist der Geist selbst, der das Aufgebot der Myriaden von Wesen hervorruft, als auch die Welt, in der sie sich befinden.[15]

Halten wir nach der treibenden Kraft, dem Schöpfer von Saṃsāra und Nirvāṇa, Ausschau, kommen wir letztlich auf den Geist. *Das Sūtra über die zehn Ebenen* erklärt: »Diese drei Bereiche sind nur der Geist.«[16] Im Kommentar zu seinem eigenen Werk, *Das Betreten des Mittleren Weges*,[17] führt Chandrakīrti dieses Zitat aus, indem er erklärt, es gebe keine andere schöpferisch wirkende Kraft als den Geist.

Wird der Geist vom Standpunkt der Belehrungen des Höchsten Yogatantra und des Mantra-Weges aus erklärt, werden viele verschiedene Ebenen oder Aspekte des Geistes erörtert, einige von gröberer, andere von subtilerer Natur. Doch an der Wurzel, der fundamentalen Ebene innerhalb dieser Lehren, befindet sich der Geist als die grundlegende, angeborene Natur des Geistes. An dieser Stelle kommen wir zur Unterscheidung zwischen dem, was auf tibetisch *Sem* genannt wird, dem »gewöhnlichen Geist«, und *Rigpa*, dem »reinen Gewahrsein«. Im Allgemeinen sprechen wir, wenn wir das Wort Sem benutzen, von einem Geist, der vorübergehend von Gedanken verdunkelt und verzerrt ist, die auf der dualistischen Wahrnehmung von Subjekt und Objekt basieren. Sprechen wir von reinem Gewahrsein, authentischem Bewusstsein oder einem Gewahrsein, das frei von solch entstellenden Gedankenmustern ist, wird der Begriff Rigpa verwendet. In einer Belehrung, die als die »Vier Stützen« oder auch »Vier Verlässlichkeiten« bekannt ist, heißt es: »Verlasse dich nicht auf das gewöhnliche Bewusstsein, sondern stütze dich auf Weisheit.«[18] Hier bezeichnet der Begriff *Namshe* oder gewöhnliches Bewusstsein einen Geist, der in dualistische Wahrnehmungen verwickelt ist. *Yeshe* oder Weisheit steht für einen Geist frei von dualistischer Wahrnehmung. Auf dieser Basis kann eine Unterscheidung zwischen gewöhnlichem Geist und reinem Gewahrsein vollzogen werden.

Wenn wir sagen, der Geist sei die verantwortliche Wirkungskraft, die das Universum ins Leben ruft, sprechen wir vom Geist im Sinne von Rigpa und speziell von seiner Qualität spontaner Präsenz. Gleichzeitig ist die Essenz dieses spontan präsenten Rigpa jenseits von Zeit, leer und ursprünglich rein – von Natur aus völlig rein –, es gibt also eine Vereinigung von ursprünglicher Reinheit und spontaner Präsenz. Die Nyingma-Schule unterscheidet zwischem dem Grund selbst und dem Grund, der sich durch die »acht Pforten spontaner Präsenz« in Form von Erscheinungen manifestiert, und so erklärt sich diese Schule alle Wahrnehmungen, die im Geist entstehen, seien sie rein oder unrein. Ohne je vom grundlegenden Raum abzuweichen, erscheinen diese Manifestationen und deren Wahrnehmung auf reine oder unreine Weise in all ihrer Vielfalt. So stellt sich der Grund aus der Sicht der Nyingma-Schule dar.

Wenn wir auf der Grundlage dieses wesentlichen Punktes über den *Pfad* sprechen und dabei das spezielle Vokabular der Dzogchen-Tradition verwenden und uns auf ihre eigenen außergewöhnlichen Praktiken beziehen, ist der Pfad von zweifacher Natur: *Trekchö* und *Tögal*. Die Herangehensweise des Trekchö basiert auf der ursprünglichen Reinheit des Geistes, Kadak, während der Tögal-Ansatz auf seiner spontanen Präsenz, Lhundrup, beruht. In der Dzogchen-Tradition entspricht dies dem, was üblicherweise als der Pfad der Vereinigung von geschickten Mitteln und Weisheit beschrieben wird.

Wenn die *Frucht* mithilfe dieses zweifachen Pfades von Trekchö und Tögal erlangt ist, führt die »innere Lichtheit« der ursprünglichen Reinheit zum Dharmakāya, während die »äußere Lichtheit« der spontanen Präsenz zum Rūpakāya führt. Dies entspricht der gewöhnlichen Beschreibung des Dharmakāya als dem Nutzen, der einem selbst erwächst, und dem Rūpakāya als dem Nutzen für andere. Die Terminologie ist unterschiedlich, doch die Bedeutung der Begriffe ist vergleichbar. Wenn der latente, innere Zustand der Buddhaschaft für die oder den Praktizierende/n völlig offensichtlich wird, spricht man von »innerer Lichtheit«, und das ist der Zustand der ursprünglichen Reinheit, der Dharmakāya. Wenn die natürliche Ausstrahlung des Geistes sich zum Wohle anderer manifestiert, ist seiner mitfühlenden Energie die gesamte Vielfalt der sich manifestierenden Formen zuzuschreiben, ob rein oder unrein, und dies wird als »äußere Lichtheit« bezeichnet, der Zustand spontaner Präsenz, die den Rūpakāya bildet.

Im Rahmen des Pfades gelangen sowohl diese Erläuterungen der ursprünglichen Reinheit und spontanen Präsenz als auch das, was die neueren Schulen des Höchsten Yogatantra erörtern, zum selben letztendlichen Punkt: dem grundlegenden, angeborenen Geist klaren Lichts.

Was ist dann das tiefgründige und besondere Merkmal der Dzogchen-Lehren? Um diesen grundlegenden, ursprünglichen Geist klaren Lichts deutlich hervortreten zu lassen, sprechen die neueren Traditionen des tibetischen Buddhismus, die als *Sarma*-Schulen des Geheimen Mantra-Fahrzeugs bekannt sind, von der Notwendigkeit, die gröberen Ebenen des gewöhnlichen Geistes, die in Gedanken und Konzepten verfangen sind, durch Yogas zu bändigen, zum Beispiel durch den Yoga der subtilen Energien, *Prāṇayoga*, oder den Yoga der inneren Hitze, *Tummo*. Auf der Grundlage dieser yogischen Übungen und als Folgeerscheinung der Bändigung und Reinigung der zeitweiligen, wesensfremden Gedankenmuster des gewöhnlichen Geistes tritt der grundlegende, angeborene Geist klaren Lichts – »Geist« in diesem Sinne – vollständig hervor.

Aus der Sicht des Dzogchen ist die wesensfremde, flüchtige Ebene des Geistes, die in Konzepten und Gedanken verfangen ist, von Natur aus von reinem Gewahrsein durchdrungen. Ein authentischer Meister kann einem Schüler oder einer Schülerin die tatsächliche Natur seines oder ihres Geistes direkt, in Form einer Erfahrung, als reines Gewahrseins vorstellen. Ist der Meister in der Lage, diese direkte Einführung herbeizuführen, erlebt der Schüler auch die wesensfremden Schichten konzeptueller Gedanken als von reinem Gewahrsein ihrer eigentlichen Natur durchdrungen, so dass diese Schichten nicht als gewöhnliche Gedanken und Konzepte weiterbestehen müssen. Stattdessen erlebt der Schüler die Natur, die sie durchzieht, als den grundlegenden, angeborenen Geist klaren Lichts, der sich völlig unverstellt ausdrückt. Das ist das Prinzip und die Vorgehensweise der Praxis auf dem Pfad des Dzogchen.

Die Rolle eines authentischen Guru

Im Dzogchen verlangt die direkte Einführung in Rigpa also, dass wir uns auf einen authentischen Guru oder Meister stützen, der diese Erfahrung bereits gemacht hat. Diese direkte Einführung erfolgt, wenn der Segen des Guru in unseren Geistesstrom einfließt. Dies ist jedoch kein einfacher Prozess. In der frühen Übersetzungsschule der Nyingmas, das heißt in den Dzogchen-Lehren, ist die Rolle des Meisters daher von entscheidender Bedeutung.

In der Herangehensweise des Vajrayāna und besonders im Kontext des Dzogchen ist es notwendig, dass die Anweisungen von einem qualifizierten Meister gegeben werden. Daher nehmen wir bei dieser Herangehensweise neben der Zuflucht zu Buddha, Dharma und Saṅgha auch Zuflucht zum Guru. In gewisser Hinsicht reicht es nicht aus, einfach nur Zuflucht zu den drei Quellen der Zuflucht zu nehmen; ein viertes Element, das der Zuflucht zum Guru, kommt hinzu. Und so sagen wir: »Ich nehme Zuflucht zum Guru, ich nehme Zuflucht zum Buddha, ich nehme Zuflucht zum Dharma, ich nehme Zuflucht zur Saṅgha.« Das bedeutet nicht, dass der Guru in irgendeiner Weise von den Drei Juwelen getrennt oder verschieden wäre, sondern eher, dass es von bestimmtem Wert ist, den Guru separat zu erwähnen. Einer meiner deutschen Freunde sagte mir einmal: »Ihr Tibeter scheint den Guru wichtiger zu nehmen als den Buddha.« Das erstaunte ihn. Doch so sollte man das nicht verstehen. Der Guru wird keinesfalls als getrennt von den Drei Juwelen betrachtet, doch aufgrund der entscheidenden Rolle unserer Beziehung zum Guru in solch einer Praxis und Belehrung misst man dem Guru besondere Bedeutung bei.

Das setzt jedoch voraus, dass der Meister qualifiziert und authentisch ist. Ist der Meister authentisch, gehört er oder sie entweder zur Saṅgha derer, die keine weitere Ausbildung mehr benötigen, oder zumindest zur Saṅgha derer, die sich noch weiterbilden müssen, aber bereits eine fortgeschrittene Ebene von Verwirklichung erreicht haben. Ein authentischer Guru, und ich betone hier das Wort »authentisch«, muss einer dieser beiden Kategorien angehören. Die Rolle des Guru wird in dieser Tradition deswegen so stark betont, weil die Anweisungen nur von einem qualifizierten und authentischen Guru gegeben werden können, der eine solche Verwirklichung besitzt. Dies hat vielleicht zu falschen Vorstellungen geführt, so dass der tibetische Buddhismus aufgrund dieser Betonung der Rolle des Guru manchmal als eine getrennte Schule der Praxis bezeichnet wurde, als so genannter Lamaismus. An sich wird jedoch nur gesagt, dass es wichtig ist, einen Meister zu haben, und dass dieser Meister authentisch und qualifiziert sein muss. Selbst im Falle eines authentischen Guru ist es von großer Wichtigkeit, dass der Schüler das Verhalten und die Lehren des Guru untersucht. Sie werden sich daran erinnern, dass ich vorhin die »Vier Verlässlichkeiten« erwähnt habe. Diese können wie folgt dargelegt werden:

> Verlassse dich nicht auf die Person, sondern auf die Lehre.
> Was die Lehren angeht, verlasse dich nicht nur auf die Worte, sondern auf die Bedeutung, die ihnen zugrundeliegt.
> Was die Bedeutung angeht, verlasse dich nicht nur auf die vorläufige Bedeutung, sondern auf die endgültige Bedeutung.
> Und was die endgültige Bedeutung angeht, verlasse dich nicht auf gewöhnliches Bewusstsein, sondern auf Weisheits-Gewahrsein.

Ein Schüler sollte einen Lehrer also prüfen, indem er diese vier Verlässlichkeiten anwendet. Unser Lehrer, der ehrenwerte Buddha, sagte:

> Oh Bhikṣhus und Weise,
> so wie ein Goldschmied sein Gold prüfen würde,
> indem er es erhitzt, schneidet und reibt,
> so solltet auch ihr meine Worte untersuchen und akzeptieren,
> jedoch nicht aus bloßer Ehrfurcht vor mir.[19]

All die vorangegangenen Kommentare sollten dazu dienen, Ihnen den Hintergrund dieser Ermächtigung vorzustellen. Das Wichtigste während solch einer Ermächtigung ist also: als Buddhisten legen wir großen Wert auf die Zufluchtnahme; als Mahāyāna-Buddhisten legen wir großen Wert auf das Bodhisattva-Gelübde und das Erwecken von Bodhichitta, und als Vajrayāna-Praktizierende verringern wir unsere Fixierung auf die gewöhnliche Wahrnehmungsweise der Dinge und stützen uns auf reine Wahrnehmung. So sollten Sie eine Ermächtigung empfangen.

TEIL ZWEI

DAS TREFFEN DER ESSENZ IN DREI WORTEN

London, 1984

DAS TREFFEN DER ESSENZ IN DREI WORTEN

Der Hintergrund

Die Ankunft Seiner Heiligkeit in Schottland hatte etwas Prachtvolles. Die Strahlen der Nachmittagssonne brachen genau in dem Moment durch, als sein Auto vor dem Hotel, einem Gebäude aus dem siebzehnten Jahrhundert in der Nähe von Edinburgh, vorfuhr. Es folgte eine Kaskade von Bildern und Klängen: ein einsamer Dudelsack-Spieler, der langsam den Pfad entlang schritt, im Hintergrund eine Weide voller urtümlicher Hochland-Rinder, die getragenen Schreie zweier Pfauen, die sich mit dem durchdringenden Pfeifen des Dudelsacks mischten, und ganz in der Ferne der uralte Vulkanfelsen, König Arthurs Sitz. Seine Heiligkeit nahm dies alles in Sekundenschnelle auf, strahlte vor Dankbarkeit und durchschritt dann den Torbogen aus grauem Stein. Sein erster Besuch in Schottland hatte seinen Anfang genommen.

Der Name des Dalai Lama wird mittlerweile mit Gewaltlosigkeit, Frieden und Vergebung gleichgesetzt, und Frieden war 1984 während seiner zweiwöchigen Tour in Großbritannien das vorherrschende Thema – ein Thema, das überall auf begeisterte Zustimmung traf. Kaum ein Bild hätte eindringlicher sein können als der Anblick Seiner Heiligkeit in schweigendem Gebet in den Ruinen der Coventry-Kathedrale auf dieser »Pilgerfahrt des Friedens«, wie sie später genannt wurde. Ein Großteil von Coventry, darunter auch die Kathedrale, wurde am 14. November 1940 durch einen Luftangriff zerstört. Schon am nächsten Tag fällte man die Entscheidung, die Kathedrale wieder aufzubauen, und zwar nicht aus Trotz, sondern als Zeichen des Glaubens, Vertrauens und der Hoffnung für die Zukunft der Welt, und um so die Bewohner der Stadt vor Verbitterung und Hass zu bewahren. Die Ruinen des alten Gebäudes wurden stehen gelassen und formen mit der neuen Kathedrale ein lebendiges Ganzes, ein Mahnmal und aufsehenerregendes Symbol für Coventrys späteren weltweiten Appell für Frieden und Versöhnung. Zweitausend Menschen füllten die Kathedrale, um Seine Heiligkeit über den »Beitrag des Einzelnen zum Weltfrieden« sprechen zu hören. »Frieden durch menschliches Verständnis« lautete der Titel seines öffentlichen Vortrags in Edinburgh, wo er mit grenzenlosem Enthusiasmus gefeiert wurde und viele in der eng gefüllten städtischen Musikhalle keinen Platz mehr fanden. Zum Abschluss drängten sich fünftausend Menschen in die Royal Albert Hall in London, wo Seine Heiligkeit über »Friedvollen Geist, friedvolle Handlung« sprach.

Eines der wichtigsten Leitmotive im Leben des Dalai Lama ist sein Bestreben, Respekt und Verständnis zwischen den Religionen der Welt aufzubauen. Sein erster Halt in Großbritannien war das Benediktiner-Kloster und -Kolleg von Ampleforth in Yorkshire, wo er mit den dortigen Mönchen und Studenten zusammentraf. Er stattete auch einem Mitglied der Gemeinde, Dom Aelred Graham, einen Besuch ab, der im Alter von siebenundsiebzig Jahren schwer erkrankt seinem Ende entgegensah. Mit seinen Büchern *Conversations: Christian and Buddhist* (Gespräche: Christ und Buddhist) und *Zen Catholicism* (Zen-Katholizismus) hatte Aelred Graham als einer der Ersten die christliche Welt auf den Buddhismus aufmerksam gemacht, und es war ihm zu verdanken, dass Thomas Merton während seiner Asien-Reise 1968 dem Dalai Lama begegnen konnte. Seine Heiligkeit kam sichtlich gerührt aus Dom Aelreds Zimmer. In ihm, so sagte er später, habe er gesehen, wie ein Mensch – selbst geschwächt von Krankheit und angesichts des Todes – durch seinen Glauben und seine spirituelle Praxis Frieden und Zuversicht finden könne.

In London wohnte der Dalai Lama bei seinem guten Freund Edward Carpenter, dem Dekan von Westminster, mit dem er einige Momente großer Nähe verbrachte, sei es auf der Feier seines neunundfünfzigsten Geburtstags oder als Sprecher an seiner Seite in der Abteikirche von Westminster. Dort nannte der Dekan das Leben und die Arbeit Seiner Heiligkeit »ein Evangelium für die heutige Zeit« und bediente sich, auf der Suche nach passenden Worten, die die Beständigkeit und Tiefe seines Mitgefühls beschreiben könnten, eines Zitats von Shakespeare:

> Lieb' ist nicht Liebe,
> die, in der Zeiten Wechsel wechselvoll,
> unwandelbar nicht stets im Wandel bliebe.
> Ein Zeichen ist sie fest und unverrückt,
> das unbewegt auf Sturm und Wellen schaut,
> der Stern, zu dem der irre Schiffer blickt,
> des Wert sich keinem Höhenmaß vertraut.[20]

Während der Tage in Westminster ging Seine Heiligkeit der gemeinsamen Basis der Religionen weiter auf den Grund. Dies geschah in drei verschiedenen Zusammenkünften: mit westlichen tibetisch-buddhistischen Mönchen und Nonnen, mit Theravada-Mönchen sowie mit Benediktiner-Äbten und -Mönchen, unter denen sich einige bereits sehr für den intermonastischen Dialog und den Austausch mit tibetischen Klöstern engagierten.

Die anhaltende Faszination des Dalai Lama für die Wissenschaft ist wohlbekannt, und in London traf er seinen Freund, den großen Physiker David Bohm. Am 3. Juli besuchte er das Old Royal Observatory in Greenwich, das auf einem Hügel mit Blick über die Themse liegt. Es wurde 1675, zu Lebzeiten des fünften Dalai Lama, von Charles dem II. gegründet, und hier erhielt der erste »königliche Observator«, John Flamsteed, vom König den Auftrag, die »geographische Länge der Orte« herauszufinden – ein Problem, das Astronomen und Seefahrern jahrhundertelang zu schaffen gemacht hatte. Seine Heiligkeit war fasziniert davon, wie ein Ort am Stadtrand von London zum Mittelpunkt der Welt werden konnte – dem Ort mit Null Grad Länge, an dem Zeit und Raum zusammenlaufen. Tatsächlich wurde in jenem Jahr Greenwichs hundertjähriges Jubiläum gefeiert. 1884, auf einer Konferenz in Washington, wurde der Greenwich-Meridian bei einer Abstimmung mit zweiundzwanzig zu einer Stimme als »erster Meridian der Länge« angenommen. Das Observatorium steht heute unter der Obhut des Nationalen Schiffahrts-Museums, und Seine Heiligkeit befragte dessen Leiter für Astronomie und Navigation und seinen Direktor genauestens, bevor er dann Airys Meridiankreis untersuchte, das Instrument, mit dem dieser den Meridian bestimmt hatte, sowie das Teleskop mit seiner 28 Inch (71,12 cm) Linse. Er beschloss seinen Besuch mit einem Schritt über den Null-Meridian, einen im Hof verlegten Bronzestreifen, der Ost und West zu trennen scheint.

Das Treffen der Essenz in Drei Worten

Im nüchternen, funktionellen Saal des Camden-Zentrums in London, gegenüber der St. Pancras-Station in ihrem triumphalen viktorianischen Stil, hielt Seine Heiligkeit ein zweieinhalbtägiges Seminar über buddhistische Philosophie ab, das auf einer Erklärung der zwölf Glieder des abhängigen Entstehens aufbaute. Er durchleuchtete die verschiedenen Ebenen der Praxis des Mahāyāna und Vajrayāna und schloss mit einem Vergleich der Sichtweisen der vier Schulen des tibetischen Buddhismus ab, der bestimmte Punkte anklingen ließ, die er 1989 in seinen Belehrungen in San José noch einmal aufgreifen sollte. Seine Vorträge wurden von Professor Jeffrey Hopkins übersetzt und 1992 unter dem Titel *The Meaning of Life from a Buddhist Perspective* veröffentlicht.[21]

Am nächsten Tag, dem 7. Juli, gab Seine Heiligkeit auf Bitten von Rigpa und Sogyal Rinpoche eine Dzogchen-Belehrung. Als Vorbereitung übertrug er den neunhundert Anwesenden einen *Takdrol*-Segen – »Befreiung durch Kontakt oder Berührung«[22] – und erklärte, dass solch einer Dzogchen-Belehrung unbedingt eine Ermächtigung vorausgehen sollte. Seine Heiligkeit hob einige der besonderen Merkmale des Dzogchen hervor und ließ weitere Erklärungen und Anweisungen in das kurze Ritual einfließen.

Seine Heiligkeit hatte sich dazu entschieden, die Dzogchen-Belehrung in Form eines Kommentars zu Patrul Rinpoches berühmter Belehrung über *Tsik Sum Ne Dek* – »Das Treffen der Essenz in drei Worten« – zu geben.[23] Diese Anweisung ist das letzte Vermächtnis des ersten menschlichen Dzogchen-Meisters Garab Dorje, oder Prahevajra. Die Überlieferung der Dzogchen-Linie berichtet, wie sich Garab Dorjes Körper, als er Nirvāṇa erlangte, inmitten einer großen Wolke aus Regenbogenlicht in den Raum auflöste, die Erde erbebte und wundersame Klänge ertönten.[24] Sein Schüler Mañjuśhrīmitra, der fünfundsiebzig Jahre lang die Nyingtik-Lehren mit ihm studiert hatte, sah ihn im Himmel, umgeben von Licht, und flehte ihn an: »Oh weh, oh weh! Oh unermessliche Ausdehnung! Wenn dies Licht – unser Lehrer – erlöscht, wer wird dann die Dunkelheit der Welt vertreiben?« Es heißt, dass daraufhin Garab Dorjes rechte Hand und sein Unterarm erschienen, mit einem goldenen Kästchen von der Größe eines Daumennagels, das Mañjuśhrīmitra dreimal umkreiste und das dann in seine geöffnete Hand sank. Darin fand er *Das Treffen der Essenz in drei Worten*, Garab Dorjes letztes Vermächtnis, das in Tinte aus flüssigem Lapislazuli auf einem Blatt aus fünf kostbaren Substanzen geschrieben war. Allein durch dessen Anblick erreichte Mañjuśhrīmitra dieselbe Verwirklichung wie sein Meister. Tatsächlich hinterließen alle vier ersten Vidyādharas der Dzogchen-Linie – Garab Dorje, Mañjuśhrīmitra, Śhrī Siṅgha und Jñānasūtra – ihren Schülern ähnlich geartete Vermächtnisse, durch die der Geist des Schülers und der Weisheitsgeist des Meisters untrennbar wurden. *Das Treffen der Essenz in drei Worten* wurde über Jahrhunderte von Meistern und Praktizierenden in Ehren gehalten, da man seine Schlüsselpunkte als wahre Verkörperung der Essenz des Dzogchen-Pfades betrachtet.

Patrul Rinpoches *Besondere Belehrung des weisen und glorreichen Königs*, eine Ausführung des *Treffens der Essenz in drei Worten* mit eigenem Kommentar, wird als äußerst entscheidende Anleitung für die Dzogchen-Praxis geschätzt. Kurz, doch ausgesprochen tiefgründig, spiegelt sie das Verständnis der Trekchö-Praxis wider und ist »der unfehlbare Schlüsselpunkt des Pfades der ursprünglichen Reinheit im natürlichen Dzogpa Chenpo«. Patrul Rinpoche (1808–1887) spielte eine große Rolle in der Übertragung des *Longchen-Nyingtik*, des Lehrzyklus, den Jikme Lingpa (1730–1798) als Geistesschatz enthüllte. Dieser erlangte grenzenlose Verwirklichung, nachdem ihm der große Dzogchen-Meister Longchen Rabjam (1308–1363) dreimal in Visionen erschienen war. Patrul Rinpoche ruft diese beiden Meister sowie seinen Wurzel-Guru Jikme Gyalwe Nyugu (1765–1843) in seiner *Besonderen Belehrung des weisen und glorreichen Königs* an.

Als einer der beliebtesten Meister der tibetisch-buddhistischen Geschichte war Patrul Rinpoche für seine erstaunliche Gelehrsamkeit, Weisheit, Einfachheit und geistige Reinheit bekannt. Er trug wesentlich zur Renaissance des Buddhismus im Tibet des 19. Jahrhunderts bei und war prägend für seine Zeit.[25] Man betrachtete ihn als die Sprach-Emanation von Jikme Lingpa, und er studierte unter unzähligen großen Meistern, wie Jikme Gyalwe Nyugu, Do Khyentse, Gyalse Shyenpen Thaye und dem vierten Dzogchen Rinpoche, Mingyur Namkhe Dorje. Die vorbereitenden Übungen der Longchen-Nyingtik-Lehren erhielt er von Jikme Gyalwe Nyugu fünfundzwanzig Mal und fasste sie in seinem berühmten *Kunsang Lame Shyalung*, »Die Worte meines vollendeten Lehrers«, zusammen, auf das sich Seine Heiligkeit 1989 am Ende seiner Belehrung bezog. Er schrieb dies in einer Höhle hoch über dem Dzogchen-Kloster, in einer Gegend, in der er viele Jahre des Studiums und der Praxis verbrachte und später auch lehrte. Zenkar Rinpoche schreibt: »Während er lange Zeit in den abgelegenen Einsiedeleien Rudams in der Nähe des Dzogchen-Klosters verbrachte, wie der Yamāntaka- und der Langlebens-Höhle, verwandte er all seine Energie auf die Praxis der Meditation und erreichte eine Verwirklichung, so weit und unermesslich wie der Raum.«[26]

Patrul Rinpoches Geisteshaltung inspirierte Generationen von Praktizierenden bis zum heutigen Tag. Seine Heiligkeit der Dalai Lama spricht oft mit tiefer Bewunderung von ihm, besonders wenn er die *Bodhicharyāvatāra* erläutert, das Werk, das ihm selbst so am Herzen liegt. Als er 1991 in der Dordogne in Frankreich die ersten acht Kapitel kommentierte, verwies Seine Heiligkeit auf Patrul Rinpoches besondere Art, die zehn Kapitel der *Bodhicharyāvatāra* mit den Zeilen dieses berühmten Gebets in Bezug zu setzen:

> Oh kostbares, erhabenes Bodhichitta:
> Möge es in jenen erwachen, in denen es noch
> nicht erwacht ist;
> möge es niemals abnehmen, wo es entstanden ist;
> möge es immerfort anwachsen, weiter und weiter!

Dazu merkte er an: »So erklärte es Patrul Rinpoche, und ich finde es sehr tiefgründig.«[27] Als er 1993 im Vajrayogini-Institut in Frankreich über das neunte Kapitel lehrte, rief er sich den Meister ins Gedächtnis, von dem er die *Bodhicharyāvatāra* empfangen hatte, Khunu Lama Tenzin Gyaltsen (1885–1977). Dieser war ein Halter der Linie Patrul Rinpoches und hatte sie von einem der großen Khenpos des Dzogchen-Klosters erhalten. Seine Heiligkeit erinnerte sich:

> Dsa Patrul Rinpoche war ein Meister, der drei Qualitäten in sich vereinte: Gelehrtheit, ethisches Verhalten und Güte. Er war eine außergewöhnliche Persönlichkeit, ein Gelehrter, der die höchste spirituelle Verwirklichung erlangte. Nach eingehendem Studium der Bodhicharyāvatāra machte er Bodhichitta zum Mittelpunkt seiner Praxis und war bald weit und breit als überragender und vollständig verwirklichter Meister bekannt. Später ging seine Linie auf Khunu Lama Rinpoche über, … der so außerordentlich war, dass wir es uns nicht einmal vorstellen können. Auch er hatte Bodhichitta zum Mittelpunkt seiner Praxis gemacht, und von ihm erhielt ich die Übertragung.[28]

Als Vorbereitung für die Ermächtigungen des *Sangwa-Gyachen*-Zyklus gab Seine Heiligkeit 1992 im Dzogchen-Kloster eine Belehrung zu Patrul Rinpoches *Das Gute am Anfang, das Gute in der Mitte, das Gute am Ende*,[29] wobei er anmerkte:

> Dsa Patrul Rinpoche war ein großer Meister und Gelehrter, der Bodhichitta zu seiner Herzenspraxis gemacht hatte, und vor allem die *Bodhicharyāvatāra*. Wenn er die *Bodhicharyāvatāra* lehrte, erblühten besondere Blumen, denen man den Namen »Bodhicharyāvatāra-Blumen« gab. Das wurde mir von Khunu Rinpoche erzählt. Es ist eine Geschichte, die die Einzigartigkeit dieser Bodhichitta-Praxis unterstreicht.[30]

Die *Besonderen Belehrungen des weisen und glorreichen Königs* lassen Patrul Rinpoches Größe als Lehrer erkennen.

In einer Rezension seiner Schriften kommentiert Zenkar Rinpoche: »Er schrieb nicht so ausführlich, um mit seinem Wissen zu prahlen, sondern um die Dinge so zu erklären, dass es den Fähigkeiten der Schüler gerecht wird. Der außergewöhnliche und besondere Charakter dieser Belehrungen wurde von Dodrupchen Jikme Tenpe Nyima in seiner Biographie Patruls beschrieben:

> Für einen Weisen, der sie untersucht, sind sie sehr bedeutungsvoll. Für einen Dummkopf, der sie hört, sind sie leicht zu verstehen. Da sie die wesentlichen Punkte zusammenfassen, kann man sich leicht an sie erinnern. Sie haben genau die richtige Länge, und alles ist von Anfang bis Ende stimmig und zusammenhängend. Es ist eine Freude, sie zu hören, und welche Worte er auch benutzt, harte oder sanfte, sie sind von ›gleichem Geschmack‹ wie die Anweisungen selbst und fesseln so den Geist eines jeden, sei er weise, verwirrt oder keines von beidem.«[31]

Man kann dieser Belehrung über *Das Treffen der Essenz in drei Worten* wohl gar nicht genug Bedeutung beimessen. Dilgo Khyentse Rinpoche sagte: »Stellen Sie sich vor, Sie hätten alle vierundachtzigtausend Belehrungen des Buddha gehört und über sie kontempliert. Sie würden feststellen, dass es letztendlich nichts gibt, was einem über *Das Treffen der Essenz in drei Worten* hinaus vorgestellt werden müsste. Vergleichen Sie diese »drei Worte« mit den Lehren der hunderttausend Paṇḍitas oder tausend Siddhas; und jene könnten Sie nichts lehren, was dies übertrifft. Der allwissende Longchen Rabjam hatte die Bedeutung der drei Kategorien und neun Räume des Dzogpa Chenpo vollständig verwirklicht und wurde untrennbar eins mit dem ursprünglichen Buddha Samantabhadra. Doch angenommen, Sie würden ihm von Angesicht zu Angesicht begegnen, so gäbe es nichts, was er Ihnen über *Das Treffen der Essenz in drei Worten* hinaus beibringen könnte. Rigdzin Jikme Lingpa, Jikme Gyalwe Nyugu und alle Vidyādharas und Meister der drei Linien – sie könnten uns unmöglich etwas lehren, das diese eine Anweisung übertrifft.«

Seine Heiligkeit der Dalai Lama

Einleitung

Heute gebe ich den Segen für das sogenannte *Takdrol* – das, was »Befreiung durch Kontakt bewirkt«. Es basiert auf einem Text, dem *Tantra, das Befreiung durch Kontakt bewirkt* und das Mantras und andere Dinge enthält, die man am Körper tragen sollte. Es gibt viele solcher Takdrols, jedes mit seinem eigenen, spezifischen Inhalt, und das, was ich heute übertragen werde, stammt aus dem *Changter* oder der Nördlichen Schatz-Tradition.[32] Der Segen wird durch eine Berührung mit dem Text übertragen, in dem diese *Dhāraṇī*-Mantras[33] geschrieben stehen, oder indem man sie am Körper trägt. Wer diesen Segen erhält, sollte in der Tat bereits eine Ermächtigung in die höchste Ebene des Tantra erhalten haben. Diejenigen unter Ihnen, die vor zwei Jahren meine Übertragung des Geist-Sādhana aus dem *Sangwa-Gyachen*-Zyklus erhalten haben, *Die Vereinigung aller innersten Essenzen*, haben damit bereits eine solche Ermächtigung erhalten. Alle anderen sollten auf jeden Fall eine Ermächtigung in die höchste Ebene des Tantra erhalten haben.

Der Guru, der solch eine Ermächtigung gewährt – das heißt, der den Segen überträgt –, sollte natürlich jemand sein, dessen Verwirklichung ziemlich fortgeschritten ist. Erst dann kann der Segen vom Geistesstrom des erfahrenen Guru auf den Geist des Schülers übertragen und in ihm verankert, beziehungsweise erweckt werden. Doch das findet man selten, oder? Was mich angeht, praktiziere ich zwar und habe Vertrauen in diesen Weg, doch es fiele mir schwer zu behaupten, ich wäre in irgendeiner Weise verwirklicht.

Die besonderen Merkmale des Dzogchen

In der frühen Übersetzungsschule der Nyingma wird ein System von neun Yānas gelehrt. Drei davon, der Śhrāvaka-, Pratyekabuddha- und Bodhisattva-Pfad, zählen zur Sūtra-Tradition, während die tantrische Tradition aus sechs Stufen besteht – den drei äußeren und den drei inneren Tantras. Die Tradition des Dzogchen oder Atiyoga wird als der Gipfel dieser neun Yānas betrachtet. Die anderen, niedrigeren Yānas werden als philosophische Systeme bezeichnet, die auf dem gewöhnlichen Bewusstsein beruhen, und so basiert auch ihr Pfad auf diesem gewöhnlichen Bewusstsein. Man unterscheidet hier zwischen dem gewöhnlichem Geist – *Sem* – und reinem Gewahrsein – *Rigpa.* Das majestätischste, das neunte Yāna geht über das gewöhnliche Bewusstsein hinaus, denn sein Pfad basiert auf Rigpa, nicht auf dem gewöhnlichen Geist.

Seit anfangsloser Zeit war in uns allen immer ein reines Gewahrsein vorhanden – dieses uns innewohnende Rigpa, das im Atiyoga in all seiner Nacktheit hervorgerufen wird und die Grundlage der Praxis ist. Mit anderen Worten: Im Dzogchen beruht der ganze Pfad auf diesem Rigpa – zuerst bekommt man es direkt vorgestellt, und dann setzt man es in die Praxis um. Daher auch der Name »müheloses Yāna«. Solche Terminologie hat nun ihre eigene, spezielle Bedeutung und muss auf bestimmte Weise verstanden werden. »Mühelos« bedeutet hier nicht »völlig ohne jegliche Bemühung«; es wäre ziemlich unangemessen zu meinen, man bräuchte nur herumzuliegen und zu schlafen.[34] In dieser Tradition gibt es sehr wohl eine Praxis, und sie besteht darin, sich einzig und allein auf Rigpa auszurichten – das heißt, man praktiziert nur auf der Basis von Rigpa.

Wie ich zuvor erwähnte, betrachten alle Quellen des Höchsten Yogatantra diesen Punkt übereinstimmend als ihren letztendlichen Sinn und Zweck.[35] Der *Grund* für alle Phänomene in Saṃsāra und Nirvāṇa ist der grundlegende, angeborene Geist klaren Lichts, und die Phänomene selbst sind seine Ausstrahlung oder Entfaltung. Während wir uns auf dem *Pfad* befinden, gibt es kein anderes Mittel, um die unreinen Aspekte unserer Erfahrung auf Basis dieses Rigpa – oder dieses grundlegenden, angeborenen Geistes klaren Lichts – zu reinigen, als diesen grundlegenden und angeborenen Zustand selbst, der daher die Essenz des Pfades ist. Wenn die *Frucht* am Ende völlig zu Tage tritt, besteht das Erreichen der Frucht aus nichts anderem als eben diesem grundlegenden, angeborenen Geist klaren Lichts, frei von Verdunklungen. Alle Tantras des Höchsten Yogatantra stimmen dieser Erklärung zu.

Man muss der gesamten Vielfalt der Phänomene, die auf konzeptueller Fabrikation basieren, also gestatten, sich in den weiten, offenen Raum des grundlegenden, angeborenen Geistes klaren Lichts aufzulösen. Wenn sich uns im Moment des Todes der Zustand des klaren Lichts offenbart, lösen sich tatsächlich all unsere Wahrnehmungen von Erscheinungen, die auf konzeptueller Fabrikation basieren, in die offene Weite des reinen Zustands klaren Lichts auf. Dies geschieht durch die so genannten drei Visionen: »Erscheinen«, »Anwachsen« und »Vollendung«. Aufgrund der Kraft unseres Karmas läuft dieser Auflösungsprozess automatisch ab. Wir sind nicht in der Lage, in diesem reinen Zustand zu verbleiben, und so erstehen aus ihm noch einmal sämtliche Phänomene, die auf konzeptueller Fabrikation basieren. Das *Guhyasamāja-Tantra* erklärt diese beiden Prozesse – den Auflösungsprozess in seinem üblichen, schrittweisen Verlauf und den Prozess des Wiederentstehens, der in umgekehrter Reihenfolge abläuft.

Um nun auf das zurückzukommen, worüber ich zuvor gesprochen habe: wie können wir, genau jetzt, Rigpa zur Grundlage des Pfades machen? Jeglicher Bewusstseinszustand ist vom klaren Licht des reinen Gewahrseins des Rigpa durchdrungen. Wie fest Eis auch sein mag, es verliert nie seine wahre Natur, nämlich die des Wassers. Genauso sind selbst die offensichtlichsten Konzepte so beschaffen, dass ihr »Platz«, der Ort, an dem sie letztendlich zur Ruhe kommen, sich nicht außerhalb der weiten Ausdehnung des Rigpa befindet. Sie entstehen innerhalb der Weite des Rigpa, und genau dorthin lösen sie sich wieder auf. Was diesen Punkt betrifft, sagt Dodrupchen Jikme Tenpe Nyima, dass alle Objekte des Wissens von klarem Licht durchzogen sind, so wie ein Sesamsamen von seinem Öl.[36] Selbst wenn die sechs Bewusstseinsarten[37] in ihren gröberen Zuständen am Werke sind, kann daher ihr subtiler Aspekt – der Aspekt klaren Lichts – durch den Segen und die Kernanweisungen direkt mithilfe jener Zustände selbst vorgestellt werden.

Hier liegt die außergewöhnliche und tiefgründige Implikation der Dzogchen-Lehren. Wenn man den Pfad auf dem grundlegenden, angeborenen Geist klaren Lichts begründet, wird man geschickte Mittel anwenden, um die groben und subtilen Energie- und Geistes-Zustände abzuwehren, woraufhin der Zustand des klaren Lichts zu Tage tritt, und darauf begründet man seinen Pfad. Doch im Dzogchen kann man, selbst wenn die sechs Bewusstseinsarten gerade tätig sind, in der eigenen, unmittelbaren Erfahrung durch eben diese Zustände direkt in ihren subtilen Aspekt des klaren Lichts eingeführt werden und dann meditieren, indem man sich einsgerichtet auf diesen Aspekt konzentriert. Wenn man auf diese Weise meditiert und in diesem konzeptfreien Zustand ruht, wird die Erfahrung des klaren Lichtes immer tiefgründiger werden, während gröbere Gedanken und Konzepte dahinschwinden.

Die schwierigste Aufgabe besteht darin, zwischen gewöhnlichem Geist und Rigpa zu unterscheiden. Es ist ein Leichtes, darüber zu reden. Man kann zum Beispiel sagen, dass Rigpa nie verwirrt war, wohingegen der gewöhnliche Geist unter den Einfluss von Konzepten geraten und im Sumpf der Verwirrung steckengeblieben ist. Doch in die direkte Erfahrung der Essenz von Rigpa eingeführt zu werden, ist alles andere als einfach. Und so sagt Dodrupchen[38], dass, auch wenn Ihre Arroganz Sie glauben lässt, dass Sie über die letztendliche Bedeutung von Rigpa meditieren, die Gefahr besteht, dass »Sie am Ende nur über die Qualitäten von Klarheit und Leere ihres gewöhnlichen Geistes meditieren, wozu selbst nicht-buddhistische Praktizierende in der Lage sind«. Er mahnt uns also zur Vorsicht.

Was jedoch Sicht, Meditation und Handlung betrifft – sobald man die Erfahrung der Sicht gemacht hat, braucht man keine zusätzliche Technik der Meditation oder Handlung. Stattdessen hält man seine Praxis aufrecht, indem man die Erfahrung der weiten Ausdehnung oder des grundlegenden, offenen Raums der Sicht beibehält. Die Dzogchen-Lehren sprechen von *vier Chokshyaks* – »Zuständen unerschütterlicher Ruhe« oder »Weisen, den Geist in seiner natürlichen Einfachheit zu lassen«.[39] Es heißt unter anderem:

- *Die Sicht* ist ein Zustand unerschütterlicher Ruhe – wie ein Berg, denn ein Berg ist bewegungslos.
- *Meditation* ist ein Zustand unerschütterlicher Ruhe – wie ein Ozean, denn wie viele Wellen sich auch auf der Oberfläche befinden mögen, die Tiefe des Ozeans bleibt ruhig und still. In dieser Meditation gibt es eine so genannte natürliche und echte Achtsamkeit. Ist man erst einmal direkt in die Erfahrung des Rigpa eingeführt worden, erhebt sich diese echte Achtsamkeit, genau wie Sonnenstrahlen aus der Sonne scheinen. An diesem Punkt braucht man keine Achtsamkeit, die Bemühung von Seiten des gewöhnlichen Bewusstseins verlangt.
- *Handlung* ist ein Zustand unerschütterlicher Ruhe angesichts der Wahrnehmungen. Sie wurden also in die Sicht und in Rigpa eingeführt und haben diese Erfahrung. Solange Sie den Sinnesobjekten oder den sich anschließenden Konzepten nicht nachgehen und sich nicht in sie verwickeln lassen, sondern in der lebendigen Unmittelbarkeit des Rigpa verweilen, werden Ihre Handlungen nicht darauf begründet sein, dass Sie einige Dinge annehmen und andere ablehnen. Handlung ist

> also ein Zustand unerschütterlicher Ruhe angesichts der Sinneswahrnehmungen, jenseits von Unterdrücken oder Nachhängen, von Hoffnung oder Furcht.

Dies sind die besonderen Merkmale des Dzogchen-Ansatzes.

In den Quellen der Nyingma-Schule werden drei Linien unterschieden: die ausführliche Linie, *Kama* genannt, die kürzere Linie, *Terma*, und die tiefgründigen Übertragungen, die man *Dak nang* oder »reine Visionen« nennt. Die ausführliche Kama-Linie besteht aus den Lehren, die von Indien nach Tibet gebracht wurden. Die Terma-Linie stammt in erster Linie vom Großen Meister, Padmasambhava. Zum Wohle derer, die in zukünftigen Generationen das glückliche Karma besitzen würden, von ihm angeleitet zu werden, verbarg er diese tiefgründigen Schatz-Lehren. Wie viele Hunderte oder sogar Tausende von Jahren auch vergangen sein mögen – wenn es an der Zeit ist, werden diese Lehren enthüllt werden. Dies haben wir mehreren Faktoren zu verdanken: dem natürlichen Mitgefühl des Großen Meisters, unserem eigenen Verdienst als seine Schüler sowie dem Karma und den Wünschen und Bemühungen des *Tertön*, des Meisters, der das Terma enthüllt. Auch wenn die Zeitspanne, die dazwischen liegt, recht lang sein mag, ist die Übertragung vom Großen Meister äußerst direkt, und so spricht man von der kurzen Linie des Terma. Was die tiefgründigen Übertragungen durch reine Visionen angeht, gibt es drei Arten solcher Visionen: Visionen, die als meditative Erfahrungen entstehen, solche, die aus der Vorstellungskraft des Geistes erwachsen, und Visionen, die direkt vor dem Sinnesbewusstsein erscheinen. Es ist diese dritte Art von Visionen, die sich direkt vor den Sinnen erhebt, auf der die Linie der tiefgründigen, reinen Vision beruht.

Befreiung durch Kontakt

Was jetzt die Gegenstände angeht, die im Laufe der Ermächtigung benutzt werden, ist da erst einmal der Text des *Tantra, das Befreiung durch Kontakt bewirkt.* Wenn es die Zeit erlaubt, liest der Meister den Text laut vor, aber dazu fehlt uns heute die Zeit. Dann haben wir den Kristall; in den Dzogchen-Zyklen ist er eine Metapher, die die Einheit von Rigpa und Leerheit veranschaulicht und so zu ihrem Verständnis führt. In einigen Traditionen wird eine Pfauenfeder über dem Kristall befestigt, und in solch einem Fall symbolisiert der Kristall in erster Linie die Praxis des Trekchö, die Pfauenfeder die Praxis des Tögal.

Die rituellen Gegenstände, die der Meister benutzt, sind einfach nur Vajra und Glocke, sonst nichts. Sie sind jedoch von großer Bedeutung. Der Vajra symbolisiert geschickte Mittel oder Upāya und die Glocke Weisheit oder Prajñā. Man sagt, dass sie zusammen ein Sinnbild für die ursprüngliche Einheit von Upāya und Prajñā sind, der Essenz des endgültigen Bodhichitta. Diese Einheit kann unter dem Blickwinkel der Sūtra-Tradition, der tantrischen Tradition und der allerhöchsten Lehren verstanden werden. Es gibt also sich steigernde Ebenen von Verständnis, und die Vereinigung von geschickten Mitteln und Weisheit kann vom Gesichtspunkt der Erscheinungen oder vom Standpunkt der Leerheit gedeutet werden und so weiter. Ein Meister sollte sich bei der Anwendung dieser Gegenstände ihrer Bedeutung bewusst sein, sonst hätte das Schlagen der Glocke einzig den Sinn, diejenigen aufzuwecken, die gerade eindösen. Vielleicht sollte ich die Glocke benutzen, um Sie aufzuwecken, und den Vajra, um mich selbst aufzuwecken!

[An diesem Punkt erklärte Seine Heiligkeit, wie alle Teilnehmer für die Durchführung der Ermächtigung eine Verbindung mit dem Vajra-Meister herstellen und ihn als Lama Rigdzin visualisieren sollten, die Verkörperung aller Buddhas.[40] *Sie sollten sich vorstel-*

len, wie sie, während er die folgenden Verse zitiert, direkt in Rigpa eingeführt werden:]

Die Verse

Sieh da! Phänomene sind, ausnahmslos,
innerhalb des Kontinuums des selbst-entstehenden Rigpa
vollkommen.

Die Verse beginnen also mit: »Sieh da!«, einem Ausdruck des Erstaunens. Denn keines der Phänomene in Saṃsāra und Nirvāṇa ist seiner letztendlichen Natur nach etwas, das plötzlich und neu durch Ursachen und Bedingungen erschaffen wäre. Ihr natürlicher Zustand ist – innerhalb des Kontinuums des selbst-entstehenden, reinen Gewahrseins – von ursprünglicher und natürlicher Vollkommenheit, das heißt, sie sind alle in seiner umfassenden Weite enthalten. Im niedrigeren Sinne hängen die Phänomene des Saṃsāra vom gewöhnlichen Geist ab, im höheren Sinne hängen die Phänomene des Nirvāṇa hingegen von Rigpa ab.

In den neueren Schulen des Vajrayāna in Tibet bezeichnet man den grundlegenden, angeborenen Geist klaren Lichts als *Sugatagarbha* oder Buddha-Natur. In den Textquellen der Dzogchen- und Mahāmudrā-Traditionen wird er »nicht-zusammengesetztes klares Licht« genannt. Dieser Ausdruck »nicht-zusammengesetzt« oder »nicht aus einzelnen Komponenten bestehend« kann auf unterschiedliche Weise verstanden werden. Im Allgemeinen bezeichnet er etwas, das nicht von Ursachen und Bedingungen abhängt. Aber er kann auch bedeuten, »etwas, das weder vorübergehend noch neu künstlich erschaffen ist«, also etwas, das von Anfang an präsent ist – ein »kontinuierlicher und dauerhafter Zustand«. Nehmen wir zum Beispiel die erleuchtete Aktivität der Buddhaschaft: *Das Ornament der Klaren Erkenntnis* beschreibt sie als »dauerhaft«, das heißt, als einen kontinuierlichen, dauerhaften Zustand; diese Bezeichnung »dauerhaft«

bezieht sich jedoch darauf, dass diese Aktivität keinerlei Unterbrechung erlebt:[41]

> Da ihre erleuchteten Handlungen so umfassend sind,
> kann Buddhaschaft daher eindeutig als alles-durchdringend bezeichnet werden,
> und da ihre Handlungen nicht dem Verfall unterworfen sind,
> können sie in der Tat als »dauerhaft« bezeichnet werden.

In ähnlicher Weise ist klares Licht von Urbeginn an so, wie es ist; es ist anfangslos und nicht künstlich neu erschaffen. Es ist etwas, das kontinuierlich oder »dauerhaft« fortbesteht. Das ist *eine* Art, wie der Begriff »nicht-zusammengesetzt« ausgelegt werden kann. Solche Begriffe müssen in ihrem Zusammenhang verstanden werden. So stellen zum Beispiel einige Gelehrte die Behauptung auf: »Alles, was existiert, ist notwendigerweise zusammengesetzt.« Das bedeutet, dass die Dinge auf der Basis von Konzepten notwendigerweise »zusammengefügt« sein müssen und in dieser Hinsicht »zusammengesetzt« sind.[42]

Doch selbst-entstehendes Rigpa liegt völlig jenseits des gewöhnlichen Bewusstseins. Konzepte wie »zusammengesetzt« oder »nicht-zusammengesetzt«, »entstehend« oder »vergehend« gehören immer noch den Konzepten des gewöhnlichen Geistes an. Da die Natur des selbst-entstehenden Rigpa über den gewöhnlichen Geist hinausgeht, können die von unserem gewöhnlichen Bewusstsein erschaffenen Konventionen nicht damit übereinstimmen. Denn Rigpa übertrifft jegliche Vorstellung oder Begrifflichkeit.

Ich persönlich finde dieses Thema überaus interessant, und ich spreche aus dem Grund darüber, weil viele Gelehrte davon ausgehen, dass die vier Schulen des tibetischen Buddhismus – Sakya, Geluk, Kagyü und Nyingma – alle an einem bestimmten Punkt und mit derselben Intention zusammenfinden. Diese Behauptung stößt auch auf Widerspruch und bietet Anlass zu mancher Debatte. Doch man kann wohl davon ausgehen, dass die Gelehrten, die sagen, es gäbe diesen Punkt identischer Intention, an dem alle Schulen zusammenkommen, dies behaupten, weil es tatsächlich einen solchen Punkt *gibt* und nicht nur, weil sie sich selbst gerne reden hören. Ich denke viel über diese Frage nach und erwähne sie aufgrund meines persönlichen Interesses an diesem doch grundlegenden Thema. Natürlich wird ein unterschiedliches Vokabular benutzt, um dies zu diskutieren, und jede Schule hat ihre eigenen, einzigartigen Auslegungen, doch das sind nur unterschiedliche Arten, diese Wahrheit zum Ausdruck zu bringen, und jede ist in sich stimmig und bedeutsam und kann zu einer außergewöhnlichen Stufe von Verständnis führen.

Im Guhyasamāja-Zyklus wird die selbst-entstehende Weisheit von Rigpa als »grundlegender, angeborener Geist klaren Lichts« bezeichnet; der Kālachakra-Zyklus nennt sie »alles-durchdringenden Vajra-Raum«, und im *Hevajra-Tantra,* sowie seinem erläuternden Tantra, dem *Vajra Zelt*[43] und damit verbundenen Texten wird sie »kostbarer Geist« genannt, wie im folgenden Vers:

> Außer dem kostbaren Geist gibt es keinen Buddha, kein
> gewöhnliches Wesen.

In der Dzogchen-Tradition wird der Begriff *Thamal gyi Shepa*, »gewöhnliches Gewahrsein« verwendet, und oft auch *Rigpa*, »reines Gewahrsein«. Um dies weiter auszuführen, werden auch Begriffe wie *rang drol*, *cher drol* und *sangthal* benutzt – »selbst-befreiend«, »nackt und frei« und »unbehindert«.

Die Verse im Text weisen also darauf hin, dass dieses selbstentstehende Rigpa der Urgrund der Phänomene von Saṃsāra und Nirvāṇa ist. Sie fahren fort:

> Dies ist der Pfad der Herz-Essenz, wo eines zu wissen
> alles befreit.

Wenn dieser eine, wesentliche Punkt auf der Basis Ihrer eigenen, persönlichen Erfahrung erklärt wird, kann es Ihnen Freiheit hinsichtlich vieler anderer Schlüsselpunkte bringen, und daher ist es »der Pfad der Herz-Essenz, auf dem eines zu wissen alles befreit.«

> Tantras, Kommentare und Kernanweisungen sind alle
> hierin enthalten.

Diese Begriffe – Tantra, Kommentar und Kernanweisung[44] – können unterschiedliche Deutungen und Auslegungen erfahren, doch hier entsprechen sie Mahāyoga, Anuyoga und Atiyoga.

> Dreifache Weisheit ist die Erfahrung der Reinheit,

Da dies eine Dzogchen-Belehrung ist, wird »dreifache Weisheit« als Essenz, Natur und Energie beziehungsweise mitfühlende Energie verstanden. Man könnte das wohl als »ursprüngliche Weisheit des Rigpa, die die Essenz ist«, »ursprüngliche Weisheit des Rigpa, die die Natur ist« und »ursprüngliche Weisheit des Rigpa, die die Energie ist« erklären. Diese Zeile, »Dreifache Weisheit ist die Erfahrung der Reinheit«, steht für Trekchö. Dann heißt es:

> die vier Visionen sind der höchste Pfad.

Diese Zeile symbolisiert die Tögal-Praxis und bezieht sich auf die vier Visionen.

> Buddhaschaft ist erreicht, in gleichzeitiger Erkenntnis und
> Befreiung.

Wenn eine Person mit äußerst großen Fähigkeiten, unterstützt durch ihren Verdienst, diesen Schlüsselpunkt verstehen kann, können Erkenntnis und Befreiung gleichzeitig auftreten, wie im

Fall von König Indrabhuti. Während einer Ermächtigung können manche Individuen zum Beispiel das Erwachen der Weisheit in ihrem Geistesstrom erfahren, was die wahre Bedeutung und der Sinn der Ermächtigung ist. Gleichzeitige Erkenntnis und Befreiung wie diese rufen ein sehr schnelles Erwachen zur Buddhaschaft hervor, und so ist dies ein sehr außergewöhnlicher Pfad. Da er daraus besteht, den Zustand von Rigpa aufrechtzuerhalten, gibt Ihnen die nächste Zeile des Textes den Rat, es direkt, ohne jegliche Ablenkung, anzuschauen:

> Also schau, ohne Ablenkung, direkt auf die Essenz von Rigpa.

Und weiter:

> A A A

Die Verse schließen mit einem dreifachen »A« ab, der alleinigen Silbe der Vollendung der Weisheit, der Prajñāpāramitā.[45]

Während ich dies langsam durchlese, sollten Sie mit möglichst aufrechtem Körper dasitzen und sich nicht ablenken lassen. Eine Methode, von der in der Dzogchen-Tradition gesprochen wird, ist, »den Geist in die Augen zu lenken, und die Augen in den offenen Raum zu richten«.[46] Das ist nützlich, da unser visuelles Bewusstsein sehr kraftvoll ist. Das bedeutet nicht, dass man etwas in der äußerlichen Welt *an*schaut, sondern eher, dass man den Blick in den offenen Raum zwischen sich selbst und den äußeren Phänomenen lenkt.

Trotz meiner Erklärungen haben Sie vielleicht immer noch Ihre Zweifel; doch an diesem Punkt sollten Sie sich nicht mit Ihrem gewöhnlichen Bewusstsein alle möglichen konzeptuellen Gedanken machen, wie: »Das ist dies, das ist jenes.« Stattdessen sollte Ihr Geist unbeeinflusst von jeglichem Greifen sein: einfach klar, einfach gewahr. Versuchen Sie, standhaft im Zustand von

Rigpa selbst zu verbleiben – im Grunde von Natur aus leer, einfach klar, einfach gewahr, ursprünglich rein in seiner Essenz.

> Sieh da! Phänomene sind, ausnahmslos,
> innerhalb des Kontinuums des selbst-entstehenden Rigpa vollkommen.
> Dies ist der Pfad der Herz-Essenz, wo eines zu wissen alles befreit.
> Tantras, Kommentare und Kernanweisungen sind alle hierin enthalten.
> Dreifache Weisheit ist die Erfahrung der Reinheit,
> die vier Visionen sind der höchste Pfad.
> Buddhaschaft ist erreicht, in gleichzeitiger Erkenntnis und Befreiung.
> Also schau, ohne Ablenkung, direkt auf die Essenz von Rigpa.
> A A A

»Die besondere Belehrung des weisen und glorreichen Königs«

Zuerst einmal gibt es da meines Erachtens etwas, das wir alle wissen sollten. Vom buddhistischen Standpunkt aus wird in den Lehren im Grunde keine Trennung zwischen Theorie und Praxis vorgenommen. Es gibt nicht einige Lehren, die auf theoretischer Ebene erklärt, und andere, die praktiziert werden müssen. Doch die Betonung kann natürlich unterschiedlich sein. Es *gibt* Lehren, die die Stufen der Praxis betonen, und andere, deren Schwerpunkt darauf liegt, zu einer eher theoretischen Schlussfolgerung im eigenen Geist zu gelangen. Nehmen wir zum Beispiel die Schriften der großen und gelehrten Meister aus Indien. In Nāgārjunas *Sechs Sammlungen der Beweisführung* sehen wir, dass die Betonung darauf liegt, zu dieser eindeutigen Schlussfolgerung zu gelangen. In Werken wie Śhāntidevas *Bodhicharyāvatāra* hingegen liegt die Betonung auf den Stufen der Praxis. Nichtsdestotrotz ist selbst in diesem Text das neunte Kapitel, das über Weisheit spricht, für jene gedacht, die in Bezug auf die Sicht keine Gewissheit ohne solch eine eindeutige Schlussfolgerung erlangen können. In seiner *Sammlung von Lobpreisungen* erklärt Nāgārjuna die Dinge jedoch auf eine etwas andere Weise. Es heißt, dass diese Loblieder, wie *Lobpreisung des Dharmadhātu,* sich mit Buddhas letzter Serie von Belehrungen befassen, dem dritten Drehen des Dharmarades, um das sich auch das *Erhabene Kontinuum,* eine der fünf Abhandlungen Maitreyas, dreht. Diese Werke sind Kommentare zu den Tathāgatagarbha-Sūtras, die in dieser letzten Serie von Belehrungen zu finden sind.

In diesem Zusammenhang sind die *Dohās* – Gesänge der Erfahrung – der Mahasiddhas von Bedeutung, die in gewisser Hinsicht Kommentare zum Pfad des Anuttarayoga sind, der höchsten Ebene des Vajrayāna. Sie sind ein spontaner Ausdruck direkter, persönlicher Erfahrung, ohne großen Wert auf komplizierte Formulierung zu legen. In den Schriften der großen Meister aller buddhistischen Schulen in Tibet – Sakya, Geluk, Kagyü und Nyingma – betonen einige ihrer Werke das Erreichen einer theoretischen Entscheidung und andere betonen persönliche Erfahrung. Dieser Text von Dsa Patrul Rinpoche, *Das Treffen der Essenz in drei Worten*, gehört zu dieser spontanen, auf Erfahrung basierenden Gattung von Belehrungen.

Obgleich er äußerst gelehrt und ein unglaublicher Bodhisattva war, blieb Dsa Patrul Rinpoche doch immer sehr bescheiden und zurückhaltend. Einmal versammelte sich eine große Anzahl von Schülern an dem Ort, an dem er wohnte. Voller Sehnsucht nach einem ruhigeren Ort machte er sich unbemerkt in ein völlig anderes Tal auf, wo er bei einer Familie unterkam. Tatsächlich wurde er zum Diener der alten Dame, die die Mutter des Hauses war, und erledigte alle möglichen Aufgaben für sie; er leerte sogar ihren Nachttopf. Seine Schüler suchten ihn überall und fragten jeden, der ihnen begegnete: »Wo ist Patrul Rinpoche?« Zu guter Letzt gelangten sie zu dem Haus, in dem diese Familie lebte, und fragten die Mutter, die antwortete: »Nein, hier gibt es keinen Lama. Das Einzige, was wir haben, ist ein alter Mann, der immer in Lumpen gekleidet ist. Er arbeitet als mein Diener.« Die Schüler brauchten nicht lange, um die Wahrheit zu erraten, und sie erzählten der alten Dame, was es mit ihrem Diener in Wirklichkeit auf sich hatte. Als sie erkannte, dass solch ein großer Meister sie bedient hatte, war sie so beschämt und verlegen, dass sie sich auf dem Absatz umdrehte und floh. Diese Geschichte wurde mir von Khunu Lama Tenzin Gyaltsen erzählt, dem Lehrer, mit dem ich die *Bodhicharyāvatāra* studiert habe.

Lassen sie mich nun den Wurzeltext verlesen:

> Hierin ist *Die Besondere Belehrung des weisen und glorreichen Königs* enthalten, zusammen mit seinem Kommentar.[47]
> Verehrung dem Meister!
> Die Sicht ist Longchen Rabjam: grenzenlose, unermessliche Weite.
> Meditation ist Khyentse Öser: Strahlen der Weisheit und Liebe.
> Handlung ist Gyalwe Nyugu, die der Bodhisattvas.
> Wer auf diese Weise praktiziert,
> kann durchaus Erleuchtung in diesem jetzigen Leben erlangen,
> und selbst wenn nicht – welch Glück! Welche Freude!
> Was die Sicht betrifft, Longchen Rabjam,
> treffen drei Worte den entscheidenden Punkt.
> Zuerst, entspanne und löse deinen Geist,
> weder zerstreut noch konzentriert, ohne Gedanken.
> Während du in diesem ausgeglichenen Zustand ruhst, ganz gelassen,

stoße plötzlich ein Geist-erschütterndes »Phäṭ!« aus,
energisch, kraftvoll und abrupt. Erstaunlich!
Da ist nichts: Gebannt vor Verwunderung,
verblüfft und betroffen, und doch ist alles durchscheinend
und klar.
Frisch, rein und unvermittelt, daher unbeschreibbar:
Erkenne dies als das reine Gewahrsein des Dharmakāya.
Der erste entscheidende Punkt ist: die direkte Einführung
des Angesichts von Rigpa in sich selbst.

Dieser Text behandelt also Sicht, Meditation und Handlung. Tatsächlich wird die Sicht selbst in drei »Worten« oder »Aussagen« präsentiert, und das erste davon ist »die direkte Einführung des Angesichts von Rigpa in sich selbst«. Wie ich bereits erwähnte, bedeutet Sicht in diesem Kontext, zu einer gewissen Entschiedenheit zu gelangen.

Dann, ob im Zustand der Bewegung oder Stille,
der Wut oder Verhaftung, des Glücks oder Leids,
jederzeit, in allen Situationen,
erkenne jenen Dharmakāya, den du zuvor erkanntest,
und Mutter- und Kind-klares-Licht, bereits miteinander
vertraut, werden sich wieder vereinen.
Ruhe im Aspekt des Gewahrseins, jenseits aller
Beschreibung.
Stille und Glückseligkeit, Klarheit und Denken:
unterbrich sie wieder und wieder
mit einem plötzlichen Ausstoß der Silbe von
geschickten Mitteln und Weisheit.
Ohne Unterschied zwischen Meditation und
Nach-Meditation,
keine Trennung zwischen Sitzungen und Pausen,
verbleibe immer in diesem unteilbaren Zustand.
Doch bis Stabilität erlangt ist,

ist es unabdingbar zu meditieren, fern aller Ablenkung und Geschäftigkeit,
und die Praxis in formelle Meditationssitzungen aufzuteilen.
Jederzeit, in allen Situationen,
verbleibe im Fluss dessen, was einfach der Dharmakāya ist.
Entscheide mit absoluter Überzeugung, dass es nichts anderes gibt als dies –
der zweite entscheidende Punkt ist: Entscheide dich für Eines, und Eines allein.

An diesem Punkt – ob Anhaftung oder Ablehnung, Glück oder Leid –
bleibt von allen flüchtigen Gedanken, ausnahmslos,
im Moment des Erkennens keine einzige Spur.
Erkenne den Dharmakāya, in den sie befreit sind,
und genau wie auf Wasser Geschriebenes verschwindet,
wird Entstehen und Befreiung selbstverständlich und unaufhörlich.
Und was immer entsteht, ist Nahrung für die nackte Rigpa-Leerheit;
was immer sich im Geist regt, ist die innere Kraft des Dharmakāya-Königs,
keine Spur hinterlassend und von Natur aus rein. Welche Freude!
Die Art, wie Dinge entstehen, mag so sein wie zuvor,
doch der Unterschied liegt darin, wie sie befreit werden: Das ist der Schlüssel.
Ohne dies ist Meditation nichts als der Pfad der Verblendung,
mit ihm ist selbst, wenn man nicht meditiert, der Zustand des Dharmakāya präsent –
der dritte entscheidende Punkt ist: Direkte Zuversicht in die Befreiung entstehender Gedanken.

Dann folgt der Kolophon:

> Für die Sicht, die die drei entscheidenden Punkte enthält,
> ist Meditation, die Vereinigung von Weisheit und Liebe,
> begleitet von der Handlung, die allen Bodhisattvas
> gemeinsam ist.
> Würden alle Buddhas sich beraten,
> fänden sie keine Anweisung großartiger als diese,

Und jetzt wird der historische Kontext vorgestellt:

> hervorgebracht als Schatz aus der Tiefe transzendenter
> Einsicht,
> durch den Tertön des Dharmakāya, die innere Kraft des
> Rigpa,
> nicht vergleichbar mit gewöhnlichen Schätzen aus Erde
> und Stein,
> denn es ist das letzte Vermächtnis von Garab Dorje,
> die Essenz des Weisheitsgeistes der drei Übertragungen.
> Es ist meinen Herzensschülern anvertraut, unter dem Siegel
> der Verschwiegenheit.
> Es ist von tiefgründiger Bedeutung, die Worte meines
> Herzens.
> Es ist mein Herzenswort, der entscheidende Schlüsselpunkt.
> Diesen entscheidenden Punkt: Schätze ihn nie gering.
> Lass niemals zu, dass diese Anweisung dir verloren geht.
> Das ist die besondere Belehrung des weisen und
> glorreichen Königs.

Jetzt werde ich zum Anfang des Textes zurückkehren und den Kommentar erklären.

> Verehrung dem unvergleichlichen Herrn des Mitgefühls, meinem Wurzelmeister, in all seiner Güte!

> Hier wird in wenigen entscheidenden Punkten erklärt, wie man sich die Sicht, Meditation und Handlung zu Herzen nimmt und sie praktiziert. Zuerst einmal, da der Meister Buddha, Dharma und Saṅgha vollständig verkörpert, bedeutet, allein nur ihm Verehrung zu erweisen, allen Quellen der Zuflucht, überall, Verehrung zu erweisen. Und daher: »**Verehrung dem Meister!**«

Wie ich zuvor sagte, ist im Kontext des Vajrayāna die Verbindung zum Meister generell von entscheidender Bedeutung. Das gilt besonders im Dzogchen, da Hingabe zum Meister eine ausschlaggebende Rolle spielt, wenn man direkt in das selbst-entstehende Rigpa eingeführt werden und es dann in die Praxis umsetzen will. Daher erweist der Text dem Meister als Verkörperung aller Quellen der Zuflucht seine Ehre.

> Was das Hauptthema angeht: Nimmst du dir die Praxis zu Herzen und erkennst dabei, dass die Wurzel- und Linien-Meister alle nicht von der wahren Natur deines Geistes zu trennen sind, verkörpert das die eigentliche Praxis von Sicht, Meditation und Handlung. Sicht, Meditation und Handlung werden hier also erklärt, indem man sie mit der Bedeutung der Namen der Wurzel- und Linien-Meister in Beziehung setzt.

Aufgrund der Bedeutung des Meisters benutzt Patrul Rinpoche die Namen seiner Lamas, um die drei Punkte von Sicht, Meditation und Handlung zu erklären. Zuerst spricht er von Longchen Rabjam, der einer der Lamas in der Linie ist.

Als Nächstes spielt er auf Jikme Lingpa an, einen weiteren Linien-Meister, unter einem seiner weiteren Namen, Khyentse Öser. Als Letztes ruft er den Namen seines eigenen Wurzelguru, Gyalwe Nyugu, wach, Dsa Trama Lama Jikme Gyalwe Nyugu. Patrul Rinpoche setzt die Namen dieser drei Meister ein, um die jeweilige Essenz von Sicht, Meditation und Handlung zu beschreiben.

> Erstens: Die Sicht ist die Erkenntnis, dass all die unendlichen Erscheinungen (*Rabjam*) von Saṃsāra und Nirvāṇa in ihrer Gesamtheit in der all-umfassenden Weite der unermesslichen Ausdehnung (*Longchen*) der Buddha-Natur – der wahren Natur der Wirklichkeit, frei von Fabrikation – vollständig enthalten und von Natur aus gleichwertig sind. Daher: **»Die Sicht ist Longchen Rabjam: grenzenlose, unermessliche Weite.«**

Der Dharmadhātu, der frei von jeglicher Fabrikation ist, wird auch »Tathāgatagarbha« genannt. Alle Schulen des Vajrayāna, sowohl die älteren als auch die aus jüngerer Zeit, sprechen über diese Buddha-Natur, die Weisheit des klaren Lichts. Da man ihr keine wahre Existenz oder Autonomie beimessen kann, wird sie als »frei von Fabrikation« bezeichnet. In ihrer Essenz ist sie ursprünglich rein, von ihrer Natur her ist sie spontan präsent. Diese Buddha-Natur ist es, die dem ganzen Saṃsāra und Nirvāṇa als Basis dient, eine unermesslich weite Ausdehnung, in der alle Fabrikationen – die Phänomene Saṃsāras und Nirvāṇas – entstehen und vergehen. Von Natur aus rein, ist sie das, was wir als Sicht bezeichnen – eine umfassende Weite, die alles durchzieht und in der alles enthalten und vollständig ist.

> Meditation ist die Vereinigung von Leerheit und Mitgefühl: mit der Weisheit (*Khyen*) der Einsichts-Praxis von Vipaśhyana die Natur der Sicht der Freiheit von Fabrikationen eindeutig zu erkennen und einsgerichtet in dieser Leerheit, vereint mit den geschickten Mitteln des Śhamatha des liebenden Mitgefühls (*Tse*), zu ruhen. Und so: **»Meditation ist Khyentse Öser: Strahlen der Weisheit und Liebe.«**

Haben wir einmal die Sicht, erhebt sich in uns ganz automatisch Mitgefühl für die Wesen, die sich der Essenz dieser Sicht nicht bewusst sind. Ich habe das Gefühl, dass dies gemeint ist, wenn es heißt, Meditation sei »Khyentse Öser: Strahlen der Weisheit und Liebe«.

> Handlung bedeutet, von solch einer Sicht und Meditation durchdrungen zu sein und dann die sechs Volkommenheiten zu praktizieren, um anderen zu nutzen, wie es dem Weg der Bodhisattvas, »den neuen Sprösslingen der Buddhas«, entspricht. Daher: **»Handlung ist Gyalwe Nyugu, die der Bodhisattvas.«**

Wenn Sie von dieser Vereinigung von geschickten Mitteln und Weisheit durchdrungen sind, bildet dies die Basis, auf der die Handlung eines Bodhisattvas, die den Nutzen für andere sicherstellt, erfolgen kann. So sagt der Text: »Handlung ist Gyalwe Nyugu, die der Bodhisattvas.«

> Um zu zeigen, wie glücklich sich jemand schätzen kann, der solch eine Sicht, Meditation und Handlung praktiziert: **»Wer auf diese Weise praktiziert, ...«**

> Diejenigen, die in der Lage sind, sich in die Abgeschiedenheit eines Retreat zurückzuziehen, die weltlichen Belange und Aktivitäten dieses Lebens beiseite zu legen und mit einsgerichtetem Geist zu praktizieren, werden – in diesem jetzigen Leben – im Urgrund ursprünglicher Reinheit Befreiung erlangen. Daher: **»... kann durchaus Erleuchtung in diesem jetzigen Leben erlangen.«**

Ist Ihre Praxis authentisch und von diesen Schlüsselpunkten der Sicht, Meditation und Handlung durchdrungen, wird es Ihnen möglich sein, Buddhaschaft in diesem Leben zu erlangen.

Doch selbst wenn nicht, wenn du nur deinen Geist solch einer Sicht, Meditation und Handlung zuwendest, wirst du wissen, wie du alle Schwierigkeiten des Lebens in den Pfad verwandeln kannst; du wirst weniger Hoffnung und Furcht hinsichtlich der Sorgen dieses Lebens haben und im nächsten Leben von Glück zu Glück schreiten. Daher: **»Und selbst wenn nicht, welch Glück! Welche Freude!«**

Vielleicht mag es Ihnen in diesem Leben nicht gelingen, Buddhaschaft zu erlangen, doch wenn Ihre Praxis durch die Verbindung von geschickten Mitteln und Weisheit zu einer stabilen Erkenntnis führt, in die Sie Zuversicht haben, werden Sie sich von negativen Umständen nicht mehr beeinträchtigen lassen, sondern in der Lage sein, sie in den Pfad einzubeziehen. Außerdem wird Ihnen die Kraft dieser Praxis in zukünftigen Leben zu immer größerem Glück verhelfen. Das ist also etwas, worüber Sie sich wirklich freuen können. Um es zusammenzufassen: In diesem Leben werden Sie Hoffnung, Furcht und anderen negativen Umständen nicht zum Opfer fallen, sondern sie in den Pfad verwandeln, und in zukünftigen Leben werden Sie sich immer glücklicher und glücklicher fühlen.

Um nun Schritt für Schritt solch eine vorteilhafte Sicht, Meditation und Handlung zu beschreiben, möchte ich zuerst etwas ausführlicher darlegen, wie man sich die Sicht zu Herzen nimmt und sie praktiziert. Und: **»Was die Sicht betrifft, Longchen Rabjam.«**

Die gesamte Bedeutung liegt in dieser Anweisung zu den drei Worten, denn wenn sie die Essenz der Praxis treffen, wird der Verblendung ein Ende bereitet. Daher: **»... treffen drei Worte den entscheidenden Punkt.«**

Die Sicht wird in drei Worten behandelt, die die wesentliche Bedeutung ansprechen beziehungsweise »treffen«.

I. Die direkte Einführung des Angesichts von Rigpa in sich selbst

Als erstes kommt die Methode, die Sicht vorzustellen, die bisher noch nicht enthüllt wurde. Allgemein gesprochen gibt es viele Wege, die Sicht zur Verwirklichung zu bringen. Auf dem Sūtrayāna-Pfad der Dialektik wird die *Lung rig*-Methode[48] angewandt; das heißt, man verwendet die Autorität der Schriften der Lehren Buddhas und der großen Meister und gelangt durch Logik und Beweisführung zur Verwirklichung der Sicht. Im gewöhnlichen Ansatz des Geheimen Mantrayana wird man mittels der Weisheit des Beispiels in der dritten Ermächtigung der echten, endgültigen Wahrheit in der vierten Ermächtigung vorgestellt. Hier, im besonderen Ansatz der großen Meister der Praxislinie, wird die Natur des Geistes, das Angesicht von Rigpa, genau in und zum Zeitpunkt der Auflösung des konzeptuellen Geistes eingeführt.

Inmitten der aufgewühlten Wellen verblendeten Denkens verdunkeln die groben entstehenden Gedanken, die den Objekten der Wahrnehmung hinterherlaufen, das tatsächliche Angesicht der wahren Natur des Geistes. Selbst wenn sie also vorgestellt werden würde, würdest du sie nicht erkennen. Daher, um diese groben, schweifenden Gedanken sich setzen und klären zu lassen: **»Zuerst, entspanne und löse deinen Geist, ...«**

Diese Sicht, das selbst-entstehende Rigpa, das Ihnen direkt vorgestellt wird, wird hier direkt aufgezeigt. Was es uns am Anfang schwermacht, in dieses Rigpa eingeführt zu werden, sind die vielen positiven und negativen Gedanken, die einer nach dem anderen in unserem Geist auftauchen. Genauso ist es schwierig, jemanden zu erkennen, den man in einem Gedränge gezeigt bekommt; wurde man der Person aber einmal vorgestellt, kann man sie leicht wiedererkennen, selbst inmitten einer riesigen Versammlung.

Es ist zwar richtig, dass alle Gedanken von der Qualität reinen Gewahrseins durchdrungen sind; doch solange diese Gedanken den Geist fesseln, kann Rigpa nicht in all seiner Nacktheit enthüllt werden. Daher sagt der Wurzeltext: »Zuerst, entspanne und löse deinen Geist«; man gestattet den Gedanken also nicht, diese Art von Störung zu verursachen, und entspannt sich stattdessen.

> Den eigenen Geist entspannt und ungekünstelt zu lassen ist jedoch in sich selbst bereits die Weisheit des klaren Lichts. Pfade, die auf künstliche Konstruktionen zurückgreifen, werden dich also nie zur Verwirklichung deiner wahren Natur bringen, und um zum Ausdruck zu bringen, dass diese ungekünstelte, von Geburt an bestehende Weisheit in dir vorhanden ist: »... **weder zerstreut noch konzentriert, ohne Gedanken.**«

Dieses selbst-entstehende Rigpa ist bereits in uns vorhanden. Es ist sozusagen unsere wahrhafte Natur. Doch der zeitweilige Einfluss der Gedanken verhindert, dass es sichtbar wird. Damit dieser echte und kontinuierliche Zustand des restlos natürlichen Rigpa deutlich werden kann, müssen Sie auf die flüchtigen, wesensfremden Gedanken verzichten. Daher sagt der Wurzeltext: »Weder zerstreut noch konzentriert, ohne Gedanken.«

> Ein Anfänger mag in der Lage sein, den Geist natürlich in sich selbst ruhen zu lassen, und versuchen, das aufrecht zu erhalten. Es wird ihm jedoch unmöglich sein, frei von Fixierung auf die vielen Erfahrungen wie »Glückseligkeit«,

> »Klarheit« und »Abwesenheit von Konzepten« zu sein, die im Zustand der Ruhe und Bewegungslosigkeit entstehen: **»Während du in diesem ausgeglichenen Zustand ruhst, ganz gelassen, ...«**

Es reicht nicht aus, dass der Geist einfach regungslos ruht, denn selbst wenn er das tut, werden Sie den Geschmack von Glückseligkeit und Klarheit sowie Zustände der Abwesenheit von Konzepten erleben, und diese können für Ihr Erkennen des Rigpa zum Hindernis werden.

> Um dich vom Kokon der Anhaftung an Erfahrung zu befreien, lege das alles-durchdringende Rigpa bloß und enthülle in aller Deutlichkeit seinen wahren Zustand: **»... stoße plötzlich ein Geist-erschütterndes ›Phäṭ!‹ aus, ...«**

> Da es entscheidend ist, den Fluss entstehender Gedanken zu durchschneiden, und Meditation, die vom Geist erzeugt ist, zu zerstören, sollte der Laut »Phäṭ!« energisch, kraftvoll und abrupt sein: **»... energisch, kraftvoll und abrupt. Erstaunlich!«**

Um also alle Gedanken, die solch eine Geschäftigkeit im Geist verursachen, plötzlich zu vertreiben, benutzt man den Laut »Phäṭ!« – energisch, kraftvoll und abrupt. Wenn man ihn auf diese Weise benutzt, hat er den Effekt, den Geist plötzlich aufzuschrecken. Wenn ein Boot sich durchs Wasser bewegt, entsteht für einen ganz kurzen Moment ein leerer Raum hinter dem Heck. Auf gleiche Weise entsteht eine Lücke zwischen dem vorherigen Gedanken, der plötzlich vertrieben wurde, und einem neuen Gedanken, der noch entstehen muss.

> In diesem Moment bist du frei von allen festen Vorstellungen, was der Geist sein könnte, und Befreiung selbst

> ist verwirklicht: »**Da ist nichts: Gebannt vor Verwunderung, ...**«

Als Mittel, um Gedanken zu vertreiben – indem man den vorherigen Gedanken daran hindert, sich fortzusetzen, und einen neuen Gedanken davon abhält zu entstehen – benutzt man den kraftvollen Laut »Phäṭ!«. Alle Bruchstücke von Gedanken verschwinden spurlos, und der Geist verbleibt einfach klar und gewahr. An diesem Punkt ist der Geist wie verblüfft oder erstaunt. Es ist ein bisschen schwer zu erklären, was hier zum Ausdruck gebracht wird, doch stellen Sie es sich folgendermaßen vor: Die kontinuierliche Erfahrung des Geistes als Ālaya, der Basis aller gewöhnlichen Erfahrung, wird von der scharfen Klinge des Rigpa durchschnitten. Die übliche Erfahrung des gewöhnlichen Geistes verblasst, und in der Lücke, bevor das Greifen einsetzt, kann – für einen kurzen Augenblick – nacktes Rigpa wahrgenommen werden.

Mangtö Ludrup Gyatso[49] zitiert viele Schriften zu diesem Punkt. In einem seiner Texte sagt er: »In der Lücke zwischen dem vorherigen Gedanken und dem nächsten ist lichtvolles Rigpa ohne Unterbrechung.« In anderem Zusammenhang heißt es: »In der Lücke zwischen dem vergangenen und dem folgenden Gedanken setzt Weisheit sich ununterbrochen fort.«[50] Wie es scheint, kann dieses Gewahrsein des gegenwärtigen Augenblicks, das in der Lücke zwischen einem vergangenen und dem nächsten Gedanken erfahrbar wird, durch diesen Ansatz wohl leicht hervorgerufen werden, wodurch man sowohl in der Lage ist, es zu erkennen, als auch die Bedeutung dessen zu verstehen, was man da erkennt.

> In diesem Zustand des Dharmakāya, völlig frei von jeglichen Bezugspunkten oder Stützen, weilt alles-durchdringendes, nacktes Gewahrsein, einfach so, wie es ist, als die Weisheit, die den Geist überschreitet, und so heißt es:

> **»... verblüfft und betroffen, und doch ist alles durchscheinend und klar.«**

In der Lücke zwischen einem vergangenen und dem folgenden Gedanken ist es also einfacher, das selbst-entstehende Rigpa direkt vorzustellen, und es wird leichter deutlich.

> Dieses alles-durchdringende, ungehinderte Gewahrsein ist der Schlüsselpunkt der natürlichen, innewohnenden Weisheit, die man nicht in Worte fassen kann und die über alle Extreme wie Entstehen und Vergehen, Existieren und Nicht-Existieren hinausgeht, sich also jenseits von Worten und außerhalb der Reichweite geistiger Untersuchung befindet. Also: **»Frisch, rein und unvermittelt, daher unbeschreibbar: ...«**

Da dies über gewöhnliche Konzepte wie Existenz oder Nicht-Existenz, Entstehen oder Vergehen hinausgeht, und es sich nicht in Worte fassen lässt, sagt der Wurzeltext: »Frisch, rein und unvermittelt, daher unbeschreibbar.«

> Der Schlüssel ist hier, dass Rigpa, das im Grund des Dharmakāya ruht, die ursprüngliche Reinheit des Pfades der Yogins ist, die absolute Sicht der Freiheit von aller Fabrikation. Bis du diesen einen Punkt erkannt hast, wirst du, egal welche Meditation oder Praxis du auch ausführst, nie über eine künstliche, vom Geist erzeugte Sicht und Meditation hinausgelangen. Es liegt ein himmelweiter Unterschied zwischen dieser und dem Ansatz des natürlichen Dzogpa Chenpo, da sie den wesentlichen Punkt nicht besitzt – den unaufhörlichen Fluss des klaren Lichts, das heißt die Nicht-Meditation. Daher ist es am Wichtigsten, zuerst einmal dies und nur dies zu erkennen, also: **»... Erkenne dies als das reine Gewahrsein des Dharmakāya.«**

Man sagt, dass Rigpa in diesem Sinne, also der Dharmakāya, nur auf der Basis persönlicher Erfahrung erkannt werden kann. Wenn Sie nicht direkt eingeführt wurden und es daher nicht als solches erkennen können, haben Sie keine Dzogchen-Sicht. Wie Sie sich sicher erinnern, bedeutet die Sicht im Kontext des Dzogchen ja, sich einzig und allein auf Rigpa zu konzentrieren und diese Erfahrung zur Meditation werden zu lassen.

In dieser Hinsicht sagt Dodrup Jikme Tenpe Nyima: Sobald man verstanden hat, dass alle Phänomene die Energie oder Entfaltung dieses selbst-entstehenden Rigpa sind, ist es ein Leichtes zu erkennen, dass alle Phänomene nur als Resultat von Konzepten zu existieren scheinen, nur weil man sie eben als solche bezeichnet.[51] Im vorliegenden Fall spricht man also von Sicht, wenn man direkt in Rigpa eingeführt wird, und man praktiziert, indem man dieses Erkennen aufrechterhält. Hat man bereits eine direkte Einführung in Rigpa erhalten, muss man nicht unbedingt den vorbereitenden Prozess der Untersuchung des Entstehens, Verbleibens und Vergehens der Gedanken durchlaufen, um »den verborgenen Makel des Geistes« zu Tage zu bringen und so zu einer eindeutigen Schlussfolgerung darüber zu gelangen.[52] Im Madhyamaka-Ansatz der Sūtra-Tradition sind all diese Schritte jedoch notwendig.

> Dies ist also das erste der drei Worte, die die Essenz treffen. Wurde die Sicht nicht vorgestellt und erkannt, gibt es nichts, das in der Meditation aufrechtzuerhalten wäre. Daher ist es so wichtig, zuerst einmal in die Sicht eingeführt zu werden. Dann – da dir die natürliche, innewohnende Weisheit als natürlich und dir innewohnend vorgestellt wurde – musst du nirgendwo sonst nach ihr suchen, noch ist sie etwas, das du zuvor nicht gehabt hättest und das nun neu in deinem Geist entstehen würde. Daher: **»Der erste entscheidende Punkt ist: die direkte Einführung des Angesichts von Rigpa in sich selbst.«**

Solch eine Sicht ist die direkte Einführung in das Angesicht von Rigpa in sich selbst, auf der Basis Ihrer persönlichen Erfahrung. Danach müssen Sie darüber meditieren, oder besser gesagt, einsgericht darin verweilen. Ihnen wird also, auf Basis Ihrer eigenen Erfahrung, direkt das Rigpa vorgestellt, das bereits in Ihnen präsent ist. Darüber hinaus gibt es nichts, was der Geist neu erschaffen oder worüber er seine Schlüsse ziehen müsste. Es ist einfach die wahre Natur, die jeder von uns bereits besitzt, so wie sie ist. Da dies direkt vorgestellt wird und Sie genau darin verweilen, lautet die erste Essenz: »Der erste entscheidende Punkt ist: die direkte Einführung des Angesichts von Rigpa in sich selbst.«

Was diese direkte Einführung in die Sicht betrifft, kann sie, wie ich bereits sagte, nur geschehen, wenn ein Meister, der die authentische Erfahrung hat, auf einen Schüler trifft, der Vertrauen und Hingabe besitzt. Es ist kaum möglich, dass es unter anderen Umständen geschieht.

II. Entscheide dich für Eines, und Eines allein

Ist man einmal in solch eine Sicht eingeführt worden, gibt es ein Mittel, um diese Erfahrung aufrechtzuerhalten, nämlich den Prozess der Meditation.

> Um nun eine ausführlichere Erklärung zu geben, wie man sich die Praxis der Meditation zu Herzen nimmt:
> In einem natürlichen Zustand der Ruhe, zu allen Zeiten und in jeder Situation, ist deine Meditation wie das kontinuierliche Dahinströmen eines Flusses. Ohne Stille zu fördern oder die Gedankenbewegung zu unterdrücken, bleibe einfach bei folgender Erkenntnis: Wenn Stille herrscht, ist es das Angesicht des Dharmakāya selbst, und wenn Bewegung entsteht, ist es die innewohnende Kraft der Weis-

> heit. Und: »**Dann, ob im Zustand der Bewegung oder Stille, …**«

Wurde Ihnen Rigpas Angesicht selbst einmal vorgestellt, ist es nicht nötig, auf entstehende Gedanken – welcher Art auch immer – zu reagieren, indem Sie einige ermutigen und andere abwehren. Wie es heißt: Wenn Gedanken entstehen, entstehen sie innerhalb der offenen Weite von Rigpa und vergehen auch in diesem offenen Raum. Solange Sie also diesen natürlichen Zustand von Rigpa aufrechterhalten können, kann keiner dieser Gedanken, wie immer er auch aussehen mag, eine Bedrohung darstellen.

Wenn Rigpa direkt eingeführt wurde, ist es nicht notwendig, die Gedanken, die sich in diesem Zustand erheben – seien sie positiv oder negativ – mithilfe spezieller und bewußt angewandter Mittel am Entstehen zu hindern oder auf diese Weise zu vermeiden, ihnen nachzuhängen. Halten Sie sich einfach an den natürlichen Zustand von Rigpa – das Angesicht Rigpas in sich selbst – das vorgestellt wurde, ohne jemals diesen Kontext zu verlieren. Selbst wenn dann Gedanken entstehen, können sie dies nur innerhalb der offenen Weite von Rigpa tun. Und wohin sonst sollten sie gehen, wenn sie sich auflösen?

> Aus der Energie des Denkens des Geistes entstehen negative Emotionen wie Wut und Anhaftung, die die Wahrheit des Entstehens des Leids verkörpern, sowie Gefühle von Glück und Leid, die der Wahrheit des Leids selbst entsprechen. Doch welche Erfahrungen auch entstehen, wenn du erkennen kannst, dass die wahre Natur dieser Gedanken und Emotionen nichts als die Natur der Wirklichkeit selbst ist, werden sie einfach zum Fluss des Dharmakāya. Und daher: » **… der Wut oder Verhaftung, des Glücks oder Leids, …**«

> Doch das ist noch nicht alles. Allgemein gesagt, selbst wenn du die Sicht erkannt haben magst, wenn du sie nicht in der Meditation stärkst und stattdessen in die gewöhnliche, sich schnell vermehrende Verblendung abgleitest, werden dich dieselben, alten Gedankenmuster an Saṃsāra fesseln. Als Ergebnis werden das Dharma und du sich trennen, und du bist am Ende nichts anderes als ein gewöhnlicher Mensch. Darum solltest du dich nie von diesem unvergleichlichen Zustand des natürlichen Ruhens in Nicht-Meditation trennen, und so: **»... jederzeit, in allen Situationen, ...«**
>
> Ob der Geist also still ist, aktiv oder was auch immer, es geht nicht darum, jede einzelne negative Emotion und jeden Gedanken durch sein eigenes, spezielles Gegenmittel zu überwinden. Stattdessen ist die einzige Abhilfe bei jeglichen Gedanken oder Emotionen, die auftreten mögen – das alleinige Heilmittel für alles – die Erkenntnis jener Sicht, die zuvor vorgestellt wurde, und sie allein. Also: **»... erkenne jenen Dharmakāya, den du zuvor erkanntest, ...«**

Zu allen Zeiten und in jeglicher Situation müssen Sie – ungeachtet der Vielfalt der entstehenden Gedanken – nicht jeweils auf ein entsprechendes Gegenmittel für jeden einzelnen Gedanken und jede Emotion zurückgreifen. Stattdessen erkennen Sie einfach die Dharmakāya-Weisheit, die zuvor direkt vorgestellt wurde. Das erinnert mich an einen der Gesänge Jetsün Milarepas, in dem er davon singt, wie die Wolken in der offenen Weite des Himmels entstehen und sich wieder in seine Ausdehnung hinein auflösen.[53] Es gibt noch andere Beispiele: Eis, das schmilzt und wieder zu Wasser wird; Wasser, das sich trübt, je mehr man es aufrührt, doch klar wird, wenn man es in Ruhe lässt. Genauso ist Rigpa die wahre Natur aller Gedanken, die sich im Geist regen; ruhen Sie in Rigpa, und in diesem Zustand werden alle Gedanken einfach verschwinden.

Hier muss man einen wichtigen Unterschied machen. Die vorherrschende Tradition der Madhyamaka-Philosophie arbeitet der Tendenz des Geistes entgegen, Dinge als wahrhaft existent zu begreifen. Diese Tendenz ist Unwissenheit, das erste der zwölf Glieder des abhängigen Entstehens, diese anfängliche Ignoranz, die uns dazu führt, Dinge als wahr zu begreifen. Im vorliegenden Fall liegt der Schwerpunkt jedoch auf dem, was nie zum Greifen geneigt war, wodurch sich dieser Ansatz von anderen ziemlich unterscheidet.

> Was auch immer an Gedanken oder Emotionen auftauchen mag, ist in sich selbst nichts anderes als die Weisheit des Dharmakāya, und die wahre Natur dieser Gedanken und Emotionen ist in Wirklichkeit das klare Licht des Grundes des Dharmakāya. Wenn du das erkennst, ist es das so genannte »Mutter-klare-Licht, das als Grund gegenwärtig ist«. Deine eigene Natur in der Sicht des klaren Lichts des selbsterkennenden Rigpa zu erkennen, das zuvor vom Meister vorgestellt wurde, nennt man »Pfad-klares-Licht der Praxis«. In dem Zustand zu verbleiben, in dem die beiden, das klare Licht des Grundes und des Pfades, untrennbar sind, bezeichnet man als »das Treffen des Mutter- und Kind-klaren-Lichts«. Daher: »**... und Mutter- und Kind-klares-Licht, bereits miteinander vertraut, werden sich wieder vereinen.**«

Grundsätzlich gilt: Ganz gleich, wer wir sind und ob wir meditieren oder nicht, die selbst-entstehende Weisheit des Rigpa ist bereits von Anfang an vorhanden, und wir haben uns nie davon getrennt. Dann gibt es Rigpa, wie es uns direkt vom Meister vorgestellt wird, auf der Basis unserer persönlichen Praxis. Die Natur des Rigpa ist in beiden Fällen dieselbe – es ist ungekünsteltes Rigpa – doch im einen Fall ist Rigpa einfach so, ohne dass es direkt vorgestellt wurde, während wir im anderen Fall unsere wahre Natur als das erkennen, was sie ist. Man kann also auf zwei Weisen über Rigpa sprechen. In Wirklichkeit gibt es jedoch keine zwei Dinge, eines, das sich wiedervereint und eines, das wiedervereint wird. Die direkte Einführung in das, was als Urgrund des Seins natürlich präsent ist, wird metaphorisch »Wiedervereinigung von Mutter und Kind« genannt.

In anderen Traditionen steht dieser Ausdruck »Wiedervereinigung« oder manchmal auch »Verschmelzen« des Mutter- und Kind-klaren-Lichts in Verbindung mit dem Erscheinen des Grund-klaren-Lichts im Moment des Todes, das auch ganz normale Menschen erfahren, wenn sie sterben. Genau gesagt beschreibt dieser Ausdruck die Fähigkeit eines Praktizierenden, diese Erfahrung durch die Kraft des Yoga im Moment ihres Entstehens in die Essenz des Pfades zu verwandeln. Und das ist es, was mit dem Wiedervereinigen von Mutter- und Kind-klarem-Licht gemeint ist, wobei das Mutter-klare-Licht das ist, was auch ganz normalen Menschen im Tod erscheint und was in den Pfad verwandelt wird.

Mit Mutter-klarem-Licht kann auch der Zustand der Leerheit gemeint sein und mit Kind-klarem-Licht der Geist – in diesen speziellen Traditionen nicht wirklich als Rigpa betrachtet –, der sich kontinuierlich dieser Leerheit bewusst ist. In diesen Traditionen bezieht sich die »Wiedervereinigung von Mutter und Kind« darauf, wie der Geist (das Kind) die Leerheit (die Mutter) erlebt.

> Erinnere dich auf diese Weise immer an die Sicht, das klare Licht, das du in dir als deine wahre Natur erkannt hast, und ruhe in diesem Zustand. Darüber hinaus ist es entscheidend, die Gedanken und Emotionen, die die Energie des Rigpa sind, weder auf irgendeine Weise zu unterdrücken noch ihnen nachzuhängen, sie weder anzunehmen noch abzulehnen: **»Ruhe im Aspekt des Gewahrseins, jenseits aller Beschreibung.«**

Patrul Rinpoche beschreibt, wie Sie das Erkennen von Rigpa aufrechterhalten können – auf der Basis Ihrer Erfahrung der direkten Einführung des Angesichts von Rigpa in sich selbst. Das ist mit »Ruhe im Aspekt des Gewahrseins, jenseits aller Beschreibung« gemeint.

In anderen Texten, wie denen der Tradition des Höchsten Yogatantra, wird der Begriff »klares Licht« im Sinne eines subtilen Geisteszustands benutzt, der gleichzeitig mit dem Sein auftaucht. Das entspricht dem, was in der Dzogchen-Tradition als »Grund-Rigpa« bezeichnet wird – denn es wird ein Unterschied zwischen dem »Grund« und der »Manifestation des Grundes« gemacht. Wenn Ihnen Rigpa durch die sechs Arten von Bewusstsein direkt vorgestellt wurde, wird dies als »Rigpa in Form von Energie« oder »strahlendes Rigpa« bezeichnet. Auf Basis der Einführung in Rigpa als Energie begegnen Sie dem Grund-Rigpa, von Angesicht zu Angesicht.[54]

> Wenn du diesen Zustand über eine lange Zeit aufrechterhältst, wirst du als Anfänger Erfahrungen von Glückseligkeit, Klarheit oder Abwesenheit von begrifflichem Denken machen, die deine wahre Natur verbergen werden. Befreist du sie also von dieser Hülle des Hängens-an-Erfahrung und legst das tatsächliche Gesicht von Rigpa bloß, wird Weisheit von innen hervorscheinen. Es gibt eine Redensart:
>
> Je öfter sie gestört wird,
> desto besser die Meditation eines Yogin.
> Je tiefer er hinabstürzt,
> desto größer die Kraft eines Wasserfalls.
>
> Daher: **»Stille und Glückseligkeit, Klarheit und Denken: unterbrich sie wieder und wieder …«**

Meditative Erfahrungen von Stille, Glückseligkeit oder Klarheit werden das Rigpa verhüllen, wenn sie entstehen, und daher müssen sie unterbrochen werden.

> »Wie kann man sie unterbrechen?«, fragst du dich vielleicht. Wann immer Erfahrungen von Stille, Glückseligkeit oder Klarheit entstehen und sich verstärken oder Gefühle der Freude, des Vergnügens oder Entzückens, musst du deine Hülle der Anhaftung an Erfahrung zu Staub zermalmen, indem du sie wie von einem Blitzsschlag mit dem kräftigen Laut »Phäṭ!« zerschmetterst, der Kombination von »pha«, der Silbe der geschickten Mittel, die zusammenzieht und sammelt, und »ṭ«, der Silbe der Prajñā, die durchschneidet. Also: **»... mit einem plötzlichen Ausstoß der Silbe von geschickten Mitteln und Weisheit.«**

In solchen Momenten, sagt Patrul Rinpoche, müssen Sie Gedanken mit einem kräftigen Ausruf dieser Silbe »Phäṭ!« vertreiben.

> Wenn du diesen entscheidenden Punkt der persönlichen Erfahrung nicht verlierst und zu allen Zeiten und in jeder Situation dieses unbeschreibbare, alles-durchdringende Rigpa aufrechterhältst, wird es zwischen Meditation und Nach-Meditation keinen Unterschied mehr geben: **»Ohne Unterschied zwischen Meditation und Nach-Meditation, ...«**

In der Formulierung »dieses unbeschreibbare, alles-durchdringende Rigpa« bringt das Wort *Sangthal* – alles-durchdringend – auch ein Gefühl von ungehindert-sein mit sich. Obwohl die manifesten Objekte des Rigpa weiterhin unbehindert entstehen, fixiert sich Ihr Geist äußerlich nicht auf diese Objekte, und innerlich ruhen Sie einfach im Zustand von Rigpa selbst. Ob Sie sich also in Meditation oder Nach-Meditation befinden – das heißt, in den formellen Sitzungen oder der Zeit, die dazwischen liegt –, es gibt keinen wirklichen Unterschied zwischen den beiden.

Daher sind die Meditation, die sich auf die Sitzungen beschränkt, und die Meditation während der Pausen, in denen du aktiv bist, nicht voneinander getrennt: **»... keine Trennung zwischen Sitzungen und Pausen, ...«**

In dieser »großen Meditation, in der es nichts gibt, über das man meditieren könnte«, dem kontinuierlichen, einem Fluss gleichenden Yoga der innewohnenden, gleichmäßigen und alles-durchdringenden Weisheit,[55] gibt es nicht das Geringste, über das man meditieren könnte, noch einen Augenblick der Ablenkung. Das ist mit der Redewendung gemeint:

Weder meditiere ich jemals, noch bin ich je davon
getrennt;
so war ich nie von der wahren Bedeutung der
Nicht-Meditation getrennt.[56]

Und darum: **»... verbleibe immer in diesem unteilbaren Zustand.«**

Ohne eine Trennung zwischen den formellen Praxis-Sitzungen und den Zeiten dazwischen zu machen, sollten Sie in einem kontinuierlichen und lebendigen Zustand von Rigpa ruhen.

Ist jemand ein passendes und empfängliches Gefäß für den einzigartigen Pfad des Dzogpa Chenpo, so wie es in den Lehren selbst vorgesehen ist, und gehört er oder sie zum »unmittelbaren« Typ von Menschen, der beim Hören der Belehrung Befreiung erlangt, dann sind für solch eine Person Wahrnehmung und Gedanken die ideale Grundlage für die Befreiung, und was auch immer geschieht, wird zum Fluss des Dharmakāya. Es gibt nichts, worüber man meditieren müsste, und niemanden, der meditiert. Andere jedoch, die sich weniger glücklich schätzen können und die dem verblendeten Denken immer noch zum Opfer fallen, müssen Stabilität »in langsamen Schritten« erreichen. Bis ihnen das gelungen ist, müssen sie sich mit der Praxis der Meditation befassen. Daher: **»Doch bis Stabilität erlangt ist, ...«**

Diejenigen, für die das Entstehen und die Befreiung eines Gedankens gleichzeitig geschieht, besitzen die allerhöchsten Fähigkeiten. Für Anfänger reicht es jedoch nicht aus, dass Rigpa ihnen direkt vorgestellt wurde; sie müssen meditieren, um diese Erfahrung im Laufe der Zeit zu verlängern, und dies müssen sie »fern aller Ablenkung und Geschäftigkeit« tun.

Diese Meditation muss dort ausgeübt werden, wo alle Bedingungen, die meditative Stabilität begünstigen, vollständig vorhanden sind; nur dann wird wahre Erfahrung entstehen. Wie lange du auch inmitten von Geschäftigkeit und Ablenkung meditieren magst, wahre Meditations-Erfahrung wird nicht entstehen, und daher: **»... ist es unabdingbar zu meditieren, fern aller Ablenkung und Geschäftigkeit, ...«**

Auch während des Meditierens – selbst wenn es keinen Unterschied zwischen formellen Sitzungen und Nach-Meditation gibt – wirst du, wenn du dir nicht zuerst eine gute Grundlage in der Meditation geschaffen hast, nicht in der Lage sein, die Weisheit, die du erfährst, in deine Nach-Meditation einfließen zu lassen. Wie sehr du auch versuchst, dein tägliches Leben in den Pfad zu verwandeln – dein vages und verallgemeinertes Verständnis macht dich anfällig dafür, wieder in deine alten, negativen Muster und Gewohnheiten zu rutschen. Daher: **»... und die Praxis in formelle Meditationssitzungen aufzuteilen.«**

Vielleicht hast du eine Art von Praxis, von der du zuversichtlich weißt, dass du diesen Zustand der Meditation aufrechterhalten kannst, wenn du die Praxis in formelle Sitzungen unterteilst. Wenn du allerdings nicht verstehst, diese Praxis in die Aktivitäten der Nach-Meditation zu integrieren und sie kontinuierlich aufrechtzuerhalten, wird dir diese Praxis kein Hilfsmittel sein, wenn Schwierigkeiten auftauchen. Wenn irgendein schweifender Gedanke dich davonführt, wirst du in ganz gewöhnliche Dinge zurücksinken. Darum ist es so wichtig, nach der Meditation in diesem alles-durchdringenden Zustand des Gewahrseins zu verbleiben: **»Jederzeit, in allen Situationen, ...«**

Genauer gesagt, wenn wir nicht formell praktizieren, sondern andere Dinge tun – zum Beispiel, wenn wir mit anderen Menschen zusammentreffen –, riskieren wir aufgrund unserer starken Gewohnheiten aus der Vergangenheit, unter den Einfluss von starker Anhaftung und Abneigung zu geraten. Darum muss die Erfahrung, die direkt vorgestellt wurde, ohne Unterbrechung stabilisiert werden, »jederzeit, in allen Situationen«, während wir darin fortfahren, Gewissheit darüber zu gewinnen, wieder und wieder.

An diesem Punkt ist es nicht nötig, nach etwas anderem zu suchen, über das du meditieren könntest. Behalte stattdessen in einem Zustand meditativer Ausgeglichenheit, der nie von genau dieser Sicht des Dharmakāya abweicht, eine unbekümmerte, sorglose Gelassenheit gegenüber allen Handlungen und allen Gedanken bei, ohne sie zu unterdrücken oder ihnen nachzuhängen – lass die Dinge kommen und

> gehen, eines nach dem anderen, und lass sie sein: **»... verbleibe beim Fluss dessen, was einfach der Dharmakāya ist.«**

»Verbleibe beim Fluss dessen, was einfach der Dharmakāya ist«, bedeutet, dass, obwohl die verschiedensten Gedanken entstehen und alle möglichen Erfahrungen – angenehme wie unangenehme – herbeiführen können, sich keiner dieser Gedanken außerhalb des weiten Raums des selbst-entstehenden Rigpa zuträgt, der Weisheit des Dharmakāya. Das ist es, woraus sie sich ursprünglich erheben und wohin sie sich am Ende auflösen – in die ausgedehnte Weite des Dharmakāya. In der Zwischenzeit entstehen diese Wahrnehmungen und Erscheinungen in all ihrer Vielfalt, wie Bilder, die wir in unseren Träumen sehen. So sagt der Text praktisch, man solle sie als den Fluss des Dharmakāya verstehen, der auch »Samantabhadra« – »vollständig gut« – und »Geist ohne Anfang oder Ende« genannt wird.

> Eine Praxis wie diese, die untrennbare Vereinigung von Śhamatha and Vipaśhyana, der Yoga des natürlichen Zustands, frei von Fabrikation, ungekünstelt und angeboren, das Verbleiben beim Angesicht der immanenten Natur der Wirklichkeit, ist das Herz der Praxis aller Tantras des Geheimen Mantra-Vajrayāna. Es ist die endgültige Weisheit der vierten Ermächtigung. Es ist die Besonderheit, das wunscherfüllende Juwel der Praxis-Linie. Es ist der makellose Weisheitsgeist aller verwirklichten Meister Indiens und Tibets und ihrer Übertragungs-Linien, sowohl der alten als auch der neuen Traditionen. Entscheide dich also dafür, mit absoluter Überzeugung, und sehne dich nicht nach anderen Kernanweisungen, wobei dir vor unersättlichem Hunger und vor Gier das Wasser im Munde zusammenläuft. Sonst ist es, als würdest du deinen Elefanten zu Hause lassen und nach seinen Fußspuren im Wald suchen. Du

> läufst in die Falle nie enden wollender geistiger Untersuchungen, und dann wird Befreiung nie eine Chance haben. Darum musst du dich für deine Praxis entscheiden, und: **»Entscheide mit absoluter Überzeugung, dass es nichts anderes gibt als dies – …«**

Wenn Ihr Geist, während Sie in sich nach dieser Gewissheit suchen, überall umherschweift und denkt: »Vielleicht wäre dieses besser oder vielleicht jenes …«, und so nach einer Sache nach der anderen greift, werden Sie am Ende gar nichts erreichen. Daher ist es wichtig, dass Sie von Anfang an zu einer Entscheidung kommen und dann auf Basis dieser Entscheidung fortfahren. Sie müssen sich entscheiden, »mit absoluter Überzeugung, dass es nichts anderes gibt als dies«.

> Triff also die Entscheidung, dass diese nackte Weisheit des Dharmakāya, natürlich präsent, der erwachte Zustand *ist*, der nie von Verblendung betroffen war, und verbleibe bei seinem Fluss: Das ist das zweite geheime und ausschlaggebende Wort. Da es von so entscheidender Wichtigkeit ist: **»… der zweite entscheidende Punkt ist: Entscheide dich für Eines, und Eines allein.«**

Bei der Formulierung, »der erwachte Zustand …, der nie von Verblendung betroffen war«, kommen mir zwei Zeilen aus dem *Erhabenen Kontinuum* in den Sinn:[57]

> Er hat Makel, die nur oberflächlich sind,
> doch seine erleuchteten Qualitäten liegen in seiner Natur.

Die erste Zeile, »Er hat Makel, die nur oberflächlich sind«, bedeutet, dass alle entstellenden Makel mithilfe von Gegenmitteln überwunden werden können. Alle Qualitäten der Buddhaschaft, die aus der Verwirklichung entstehen – alle Qualitäten, durch die sich das selbst-entstehende Rigpa, der grundlegende, angeborene Geist des klaren Lichts, auszeichnet – sind jedoch von Anfang an vorhanden. Daher heißt die zweite Zeile: »Doch seine erleuchteten Qualitäten liegen in seiner Natur.«

III. Direkte Zuversicht in die Befreiung entstehender Gedanken

> Wenn es nun in Zeiten wie diesen kein Vertrauen in die Methode der Befreiung gibt und deine Meditation lediglich ein Entspannen in der Stille deines Geistes ist, wirst du nur in den Samādhi der Götter abgleiten und nicht darüber hinauskommen. Solch eine Meditation wird nicht in der Lage sein, deine Anhaftung oder Wut zu überwinden. Sie wird nicht in der Lage sein, dem Fluss karmischer Gestaltungskräfte Einhalt zu gebieten, noch wird sie in der Lage sein, dir die tiefe Zuversicht der direkten Gewissheit zu geben. Daher ist diese Methode der Befreiung von entscheidender Wichtigkeit.
> Mehr noch: Wenn ein brennendes Verlangen nach einem Objekt der Begierde oder heftige Wut gegenüber einem Objekt der Abneigung in dir geweckt wird, wenn du dich über günstige Umstände, materiellen Besitz und ähnliches freust, oder dich aufgrund unglücklicher Umstände und Dinge wie Krankheit sorgst und leidest – ganz gleich, was passiert –, in diesem Moment wird die Kraft deines Rigpa geprüft, und daher ist es entscheidend, die Weisheit, welche die Basis für Befreiung ist, zu erkennen. Daher: **»An diesem Punkt – ob Anhaftung oder Ablehnung, Glück oder Leid – …«**

Wann immer Sie eine starke Anhaftung oder Abneigung beziehungsweise ein intensives Gefühl der Freude oder Traurigkeit verspüren und es Ihnen gelingt, Ihre Praxis auf gute Weise beizubehalten, liegt das daran, dass Sie direkt in Rigpa eingeführt wurden. Denn, wie der Text sagt, »in diesem Moment wird die Kraft deines Rigpa geprüft, und daher ist es entscheidend, die Weisheit, die die Basis für Befreiung ist, zu erkennen.« Es geht hier darum, den Kontext der Weisheit, die die Basis der Befreiung bildet, und des selbst-entstehenden Rigpa, in das Sie direkt eingeführt wurden, nicht zu verlieren.

Wenn deiner Praxis überdies der Schlüsselpunkt der »Befreiung im Moment des Entstehens« fehlt, werden alle subtilen Gedanken, die sich unbemerkt in deinen Geist schleichen, weiteres samsarisches Karma ansammeln. Der entscheidende Punkt ist also, dieses gleichzeitige Entstehen und Befreien mit jedem Gedanken, der sich erhebt – sei er grob oder subtil – aufrechtzuerhalten, so dass er keine Spur hinterlässt. »**... bleibt von allen flüchtigen Gedanken, ausnahmslos, ...**«

Was auch immer für Gedanken daher entstehen, du gestattest ihnen nicht, sich zu einem Wirrwarr subtiler Verblendungen auszuwachsen, während du gleichzeitig keinerlei engherzige, vom Geist fabrizierte Achtsamkeit anwendest. Stattdessen solltest du dich nie von einer natürlichen, echten Achtsamkeit trennen, sondern die wahre Natur aller entstehenden Gedanken erkennen und »diese Befreiung beim Entstehen« aufrechterhalten, die keinerlei Spur hinterlässt, als würde man auf eine Wasseroberfläche schreiben. Also: »**... im Moment des Erkennens keine einzige Spur.**«

Wenn die entstehenden Gedanken an diesem Punkt nicht gereinigt werden und sich nicht auflösen, während sie sich selbst befreien, wird das bloße Erkennen der Gedanken al-

> lein nicht ausreichen, um die Kette des Karma, die die Verblendung aufrechterhält, zu durchschneiden. Im selben Augenblick also, in dem du erkennst, da du die wahre Natur des Gedanken in ihrer Nacktheit siehst, wirst du gleichzeitig die Weisheit erkennen, mit der du inzwischen bereits vertraut bist, und wenn du in diesem Zustand ruhst, werden die Gedanken gereinigt und lösen sich auf, ohne eine Spur zu hinterlassen. Diese Auflösung ist ein entscheidender Punkt. Daher: **»Erkenne den Dharmakāya, in den sie befreit sind, ...«**

> Nehmen wir zum Beispiel das Schreiben oder Zeichnen auf Wasser. Im selben Augenblick, in dem etwas geschrieben wird, löst es sich auf – das Schreiben und sein Verschwinden finden gleichzeitig statt. Genauso findet, sobald ein Gedanke sich erhebt, zur gleichen Zeit Befreiung statt, und so wird es ein ungebrochener Fluss des Selbst-Entstehens und Selbst-Befreiens: **»... und genau wie auf Wasser Geschriebenes verschwindet, ...«**

Wenn Sie Gedanken auf gleiche Weise wie »Schreiben auf Wasser« erfahren, fallen Sie nicht aus dem Zustand von Rigpa, der nichts anderes als die Natur dieser Gedanken ist. Wenn Sie in diesem Zustand verweilen können, wird keiner der auftauchenden Gedanken von Dauer sein, ebensowenig wie ein Schriftzug auf Wasser.

> Und daher: Ohne die Regungen zu unterdrücken, lässt du alles, was entsteht, entstehen, und jegliche Gedanken, die tatsächlich aufkommen, werden zum Pfad der Reinigung in ihre wahre Natur. Das musst du zur Essenz deiner Paxis machen: **»... wird Entstehen und Befreiung selbstverständlich und unaufhörlich.«**

Da Sie in der Erfahrung von Rigpa verbleiben, werden Gedanken – die selbst-entstehend sind – innerhalb dieser offenen Weite von Rigpa befreit. Läuft Ihre Praxis gut, sind jegliche auftauchenden Gedanken einfach nur ein Aufbäumen und Prüfstein der Energie des Rigpa und dienen so als Nahrung, die Ihre Erfahrung der nackten Vereinigung von Rigpa und Leerheit lediglich stärkt und anwachsen lässt. Das ist die Bedeutung von: »Und was immer entsteht, ist Nahrung für die nackte Rigpa-Leerheit«:

> Wenn du dich darin übst, Gedanken als das Spiel des Dharmakāya zu sehen, werden jegliche auftauchenden Gedanken zu einer Übung in der Kraft des Rigpa. Und wie grob die Gedanken der fünf Geistesgifte auch sein mögen, sie werden dem Rigpa, in dem sie befreit werden, umso mehr Klarheit und Schärfe verleihen. **»Und was immer entsteht ist Nahrung für die nackte Rigpa-Leerheit; ...«**

> Wenn jegliche Gedanken, die sich regen, alle aus dem allesdurchdringenden, wahren Antlitz des Rigpa selbst, als seine eigene, innere Kraft, entstehen, verbleibe einfach darin, ohne etwas anzunehmen oder abzulehnen. Dann werden sie genau in dem Moment, indem sie entstehen, befreit sein und sich nie außerhalb des Flusses des Dharmakāya befinden: **»... was immer sich im Geist regt, ist die innere Kraft des Dharmakāya-Königs, ...«**

Wenn Sie also nicht unter den Einfluss der Gedanken geraten, sondern in der Lage sind, Ihr Erkennen der wahren Natur von Rigpa beizubehalten, werden alle auftauchenden Gedanken, wie viele es auch sein mögen, sich als Energie von Rigpa – dem »Dharmakāya-König« – erheben. Selbst-entstehendes Rigpa wird Dharmakāya-König genannt, und Gedanken entstehen als seine Energie oder Entfaltung, wie die Gefolgschaft dieses Königs. Und da Gedanken nicht weitergeführt werden, sagt der

Wurzeltext weiter: »Keine Spur hinterlassend und von Natur aus rein. Welche Freude!«

> Gedanken im Geist, die verblendeten Wahrnehmungen der Unwissenheit, sind in der ausgedehnten Weite des Dharmakāya, der Weisheit des Rigpa, rein. Also sind innerhalb dieser ausgedehnten Weite des ununterbrochenen klaren Lichts alle sich regenden und aufsteigenden Gedanken von Natur aus leer. Daher: **»... keine Spur hinterlassend und von Natur aus rein. Welche Freude!«**

> Wenn du dich über einen langen Zeitraum hinweg daran gewöhnt hast, deine Gedanken auf diese Weise in deinen Pfad zu integrieren, entstehen Gedanken als Meditation; die Grenze zwischen Stille und Bewegung entfällt, und als Resultat schadet oder stört nichts von dem, was entsteht, dein Verweilen im Gewahrsein: **»Die Art, wie Dinge entstehen, mag so sein, wie zuvor, ...«**

Patrul Rinpoche sagt, wenn Sie solch eine Erfahrung gemeistert haben, werden Gedanken immer noch in all ihrer Vielfalt entstehen, genau wie zuvor, doch es gibt einen wesentlichen Unterschied – die Art und Weise, in der sie befreit werden.

> Zu diesem Zeitpunkt mag die Art, wie Gedanken – die Energie von Rigpa – als Freude und Leid, Hoffnung und Furcht aufsteigen, ähnlich sein wie bei einer gewöhnlichen Person. Doch für gewöhnliche Menschen ist es eine sehr massive Erfahrung des Unterdrückens oder Nachhängens, mit dem Resultat, dass sie karmische Gestaltungskräfte ansammeln und Anhaftung und Abneigung zum Opfer fallen. Für einen Dzogchen-Yogin hingegen werden Gedanken im Moment ihres Entstehens befreit:

- zu Beginn werden aufsteigende Gedanken im Moment ihres Erkennens befreit, als begegnete man einem alten Freund
- in der Mitte befreien sich Gedanken von selbst, wie eine Schlange, die sich selbst entknotet
- am Ende werden entstehende Gedanken befreit, ohne Nutzen oder Schaden zu verursachen, wie ein Dieb, der in ein leeres Haus einbricht.

Hier spricht Patrul Rinpoche über die drei Arten der Befreiung, von denen die letzte als die beste betrachtet wird. Die selbst-befreiende Qualität der Gedanken wird mit einem Dieb verglichen, der ein leeres Haus betritt. Das Haus hat nichts zu verlieren, und der Dieb hat nichts zu gewinnen. Das scheint mir zu bedeuten, dass Gedanken, solange Sie »das Angesicht von Rigpa in sich selbst« aufrechterhalten und dessen natürlichen Zustand nicht verlieren, keinen Schaden anrichten können. Sie entstehen, doch sie befreien sich selbst. Und von den vielen Formen, die Befreiung annehmen kann, ist die letzte, die Patrul Rinpoche hier behandelt, die tiefgründigste. Er schließt mit den Worten:

> Der Dzogchen-Yogin besitzt also den entscheidenden Punkt der Methoden der Befreiung wie diese. Und daher: **»Doch der Unterschied liegt darin, wie sie befreit werden: das ist der Schlüssel.«**
>
> Darum heißt es:
>
> Zu wissen, wie man meditiert,
> aber nicht zu wissen, wie man befreit –
> was ist da der Unterschied zur Meditation der Götter?
>
> Das bedeutet, dass diejenigen, die auf eine Meditation vertrauen, der dieser wesentliche Punkt der Methode der Befreiung fehlt und die nichts als ein Zustand geistiger Untä-

tigkeit ist, nur in die Meditationszustände der höheren Bereiche abgleiten werden. Wer behauptet, es sei ausreichend, Stille und Bewegung einfach nur zu erkennen, unterscheidet sich nicht im Geringsten von gewöhnlichen Menschen und ihrem verblendeten Denken. Und was diejenigen angeht, die dies mit allen möglichen Bezeichnungen versehen, wie »Leerheit« und »Dharmakāya«, so offenbart sich die grundlegende Mangelhaftigkeit ihres Gegenmittels, wenn es dem erstbesten Unglück oder der ersten Schwierigkeit, die ihnen begegnet, nicht gewachsen ist. Daher: **»Ohne dies ist Meditation nichts als der Pfad der Verblendung, …«**

»Befreiung beim Entstehen«, »Selbst-Befreiung«, »nackte Befreiung« – wie immer du es auch nennen magst, in dieser Art der Befreiung, in der Gedanken sich selbst befreien und gereinigt werden, ohne eine Spur zu hinterlassen, geht es immer um denselben entscheidenden Punkt, nämlich diese Selbst-Befreiung explizit zu zeigen. Dies ist die außergewöhnliche Besonderheit des natürlichen Dzogpa Chenpo, und wenn du diesen Schlüsselpunkt besitzt, verwandeln sich sämtliche auftauchenden negativen Emotionen oder Gedanken einfach in den Dharmakāya. Alle verblendeten Gedanken werden gereinigt und zu Weisheit. Alle schädlichen Umstände erheben sich als Freunde. Alle negativen Emotionen werden zum Pfad. Saṃsāra wird in seinen eigenen, natürlichen Zustand gereinigt, ohne dass du ihm entsagen musst, und du bist sowohl von den Ketten bedingter Existenz als auch dem Zustand des Friedens befreit. Du hast einen so vollkommenen und endgültigen Zustand erreicht, dass es keine Anstrengung, nichts zu erreichen und nichts mehr zu tun gibt. Und: **»… mit ihm ist selbst, wenn man nicht meditiert, der Zustand des Dharmakāya präsent – …«**

Wenn Sie auf der Grundlage von Kernanweisungen wie dieser, die auf persönlicher Erfahrung beruht, meditieren können, müssen Sie sich nicht geistig anstrengen und etwas konstruieren, wenn Sie meditieren. Sie kommen zu einer eindeutigen Erfahrung im Zustand des Dharmakāya.

> Wenn du nicht die Zuversicht einer solchen Art von Befreiung besitzt, kannst du zwar behaupten, deine Sicht sei hoch und deine Meditation sei tief, doch es wird deinem Geist nicht wirklich helfen, noch wird es sich als Gegenmittel für deine negativen Emotionen erweisen. Daher ist es nicht der wahre Pfad. Wenn du hingegen den Schlüsselpunkt des »Selbst-Entstehens und Selbst-Befreiens« besitzt, dann wird es – ohne die geringste Spur von einer »hohen Sicht« oder einer Vorstellung von einer »tiefen Meditation« – deinem Geist ziemlich unmöglich sein, nicht von den Fesseln des dualistischen Greifens befreit zu werden. Wenn du die legendäre Insel aus Gold besuchst, wirst du keine gewöhnliche Erde oder normalen Steine finden können, so sehr du auch danach suchst. Auf genau die gleiche Weise entstehen Stille, Bewegung und Gedanken jetzt alle als Meditation, und selbst wenn du nach echten, soliden Verblendungen suchst, wirst du keine finden können. Und das allein ist der Maßstab, an dem du messen kannst, ob deine Praxis ins Schwarze trifft oder nicht, daher: **»... der dritte entscheidende Punkt ist: Direkte Zuversicht in die Befreiung entstehender Gedanken.«**

Hier scheint Patrul Rinpoche zu betonen, dass man auf der Basis dieser Erfahrung Zuversicht in die Essenz dieser selbst-befreienden Qualität der Gedanken gewinnen muss.

IV. Kolophon

Diese drei Schlüsselpunkte sind die unfehlbare Essenz, welche die Sicht, Meditation, Handlung und Frucht des natürlichen Dzogpa Chenpo alle im Zustand des alles-durchdringenden Gewahrseins des Rigpa zusammenbringt. Sie beinhalten daher tatsächlich sowohl die Kernanweisungen für Meditation und Handlung als auch für die Sicht.
Dies ist jedoch kein abstraktes Konzept, über das man – um die gängige Dharma-Terminologie der Text-Tradition zu verwenden – nach seiner Auswertung anhand von Schriften, Logik und Beweisführung zu einer definitiven Schlussfolgerung gelangt. Vielmehr, wann immer du tatsächlich die Weisheit selbst erkennst, direkt und in all ihrer Nacktheit, ist das die Sicht der Weisheit von Rigpa. Da all die vielen Sichtweisen und Meditationen nur von »einem Geschmack« sind, gibt es keine Widersprüchlichkeiten, wenn man die drei entscheidenden Punkte als die Praxis der Sicht erklärt. Daher: **»Für die Sicht, die die drei entscheidenden Punkte enthält, ...«**

Eine Praxis wie diese ist der unfehlbare Schlüsselpunkt des Pfades der ursprünglichen Reinheit im natürlichen Dzogpa Chenpo, dem Gipfelpunkt der neun abgestuften Fahrzeuge. Genau wie es einem König unmöglich ist, ohne seinen Hofstaat zu reisen, dienen die Schlüsselpunkte aller Yānas auf gleiche Weise als Stufen und Stützen für den Dzogchen-Pfad.
Noch dazu, wenn du das Antlitz der Lampe der natürlich entstehenden Weisheit – die ursprüngliche Reinheit des Rigpa – erblickst, wird seine Kraft als Einsicht auflodern, die der Meditation entspringt, und dann wird das Ausmaß deiner Weisheit anschwellen wie das Wasser eines Flusses im Sommer, während die Natur der Leerheit als großes

> Mitgefühl aufscheint und dich so mit einem liebenden Mitgefühl erfüllt, das keine Grenzen oder Voreingenommenheit kennt. So ist es, und daher: **»... ist Meditation, die Vereinigung von Weisheit und Liebe ...«**

Patrul Rinpoche sagt hier, dass in Bezug auf die Sicht, die von diesen drei Punkten der Sicht, Meditation und Handlung durchdrungen ist, die Praxis der Meditation Weisheit und Liebe in sich vereinen wird.

Was hier über die Meditation gesagt wird, bezieht sich auch auf die Tögal-Praxis. In der Dzogchen-Tradition wird der Grund aus der Sicht seiner Essenz, Natur und Energie beziehungsweise mitfühlenden Energie erklärt; der Schwerpunkt liegt jedoch auf den ersten beiden: seiner ursprünglichen Reinheit und spontanen Präsenz. Wenn wir die Terminologie berücksichtigen, die in anderen Traditionen verwendet wird, entspricht »ursprüngliche Reinheit« dem Aspekt der Leerheit und »spontane Präsenz« dem Aspekt der Form. Die Vereinigung von Leerheit und Form entspräche dann also der Vereinigung ursprünglicher Reinheit und spontaner Präsenz. Man kann das natürlich auf diese Weise erklären, doch in diesem Fall würde man den Standpunkt vertreten, dass das Endgültige der grundlegende, angeborene Geist klaren Lichts ist. Die *Shyentong*- oder »Leer von Anderem«-Schule des Madhyamaka beschreibt diesen angeborenen Geist als »leer von anderen, vorübergehenden Bedingungen«. Man würde dies als das Endgültige betrachten, mit seinen Aspekten der ursprünglichen Reinheit und spontanen Präsenz. Genau wie mit der Vereinigung von Leerheit und Form könnte dies auch mit der Vereinigung von Weisheit und geschickten Mitteln verglichen werden. Hier, in dieser einzigartigen Dzogchen-Erklärung der zwei Wahrheiten, ist jedoch ihre ursprüngliche Einheit das Endgültige.

Der Begriff »ursprüngliche Reinheit« steht mit der mittleren Serie von Buddhas Belehrungen in Verbindung, und normalerweise bezieht er sich auf diese mittlere Serie, obwohl es vorkommen kann, dass er sich auf Rigpa bezieht. Der Begriff »spontane Präsenz« steht mit der letzten Folge von Belehrungen und der letztendlichen erleuchteten Absicht des Buddha in Verbindung. In der Dzogchen-Tradition wird dieses tiefgründige Thema der spontanen Präsenz nur in den höchsten Lehren behandelt. Ich sollte darauf hinweisen, das gelehrte Meister bezüglich dieses Themas unterschiedlicher Meinung sind.

Sieht man die ursprüngliche Reinheit und spontane Präsenz des Grundes als gegeben an, praktiziert man, wenn es zur Praxis des Pfades kommt, Trekchö auf der Basis des ursprünglich reinen Grundes und Tögal auf der Basis des spontan präsenten Grundes. Das Resultat, das mithilfe dieser beiden Pfade entsteht, wird üblicherweise »ursprüngliche Reinheit als die innere Lichtheit des Dharmakāya« oder »spontane Präsenz als die äußere Lichtheit des Sambhogakāya« genannt.

> Ist dieser Schlüsselpunkt auf dem Pfad, die Einheit von Leerheit und Mitgefühl, einmal direkt erkannt, entstehen die Ozean-gleichen Handlungen der Bodhisattvas, die alle im Pfad der sechs Pāramitās enthalten sind, als ihre eigene, natürliche Energie, wie Strahlen, die von der Sonne ausgehen. Da Handlung mit dem Ansammeln von Verdienst verbunden ist, wird alles, was du tust, zum Wohle anderer sein und dich davon abhalten, Frieden und Glück nur für dich selbst zu suchen und so von der korrekten Sicht abzuweichen. Daher ist sie: **»... begleitet von der Handlung, die allen Bodhisattvas gemeinsam ist.«**

> Solch eine Sicht, Meditation und Handlung ist das Herz der erleuchteten Vision aller Buddhas, die je erschienen sind, die jetzt hier sind oder die jemals kommen werden, und daher: **»Würden alle Buddhas sich beraten, ...«**

> Der höchste Gipfel aller Yānas, der Schlüsselpunkt auf dem Pfad der Vajra-Herz-Essenz des Nyingtik, die Quintessenz aller Ergebnisse – nichts übertrifft dies. Und daher: »**... fänden sie keine Anweisung großartiger als diese, ...**«

Da dies der vortrefflichste spirituelle Rat ist, heißt es: »Würden alle Buddhas sich beraten, fänden sie keine Anweisung großartiger als diese.« Solange Ihr Pfad nicht dieses klare Licht zur Grundlage hat, gibt es kein Erwachen zur Buddhaschaft. Und in den Haupttexten des Dzogchen heißt es, die tiefgründige und schnelle Methode bestehe darin, sich Rigpa als dem Grund durch Rigpa als der Energie dieses Grundes zu nähern.[58]

> Die wahre Bedeutung dessen, was in dieser Anweisung zum Ausdruck kommt, ist die Herz-Essenz der Kernanweisungen der Linie, das ist gewiss; doch selbst die Zeilen, die sie ausdrücken, diese wenigen Worte, sollten ebenso der kreativen Kraft des Rigpa entspringen. Daher: »**... durch den Tertön des Dharmakāya, die innere Kraft des Rigpa, ...**«

Wenn der Wurzeltext sagt: »Hervorgebracht als Schatz aus der Tiefe transzendenter Einsicht, durch den Tertön des Dharmakāya«, ist dies eine Anspielung auf Dsa Patrul Rinpoche selbst.[59]

> Ich habe nicht die geringste Erfahrung von der tatsächlichen Bedeutung dieser Worte als Resultat der »Weisheit, die der Meditation entspringt«. Doch durch das Hören der unfehlbaren mündlichen Übertragung meines heiligen Meisters habe ich alle Zweifel durch »die Weisheit, die dem Zuhören entspringt« ausgeräumt und bin zu einem eindeutigen Verständnis durch »die Weisheit, die aus Kontemplation geboren ist« gelangt, worauf ich dies verfasste. Und so wurde es: »**... hervorgebracht als Schatz aus der Tiefe transzendenter Einsicht, ...**«

Es ist nicht mit gewöhnlichen, weltlichen Schätzen zu vergleichen, die einen einfach vorübergehend von Armut befreien mögen. »... **nicht vergleichbar mit gewöhnlichen Schätzen aus Erde und Stein, ...**«

Diese drei wesentlichen Punkte der Sicht, bekannt als »das Treffen der Essenz in drei Worten«, wurden vom Nirmāṇakāya Garab Dorje bei seinem Verscheiden ins Nirvāṇa aus einer Wolke von Licht am Himmel an den großen Meister Mañjuśhrīmitra gegeben. Dies sind genau die Kernanweisungen, durch die beider Verwirklichung untrennbar eins wurden. »... **denn es ist das letzte Vermächtnis von Garab Dorje, ...**«

Durch sein Vordringen zur essentiellen Bedeutung dieser Anweisung konnte der allwissende König des Dharma, Longchen Rabjam, noch zu Lebzeiten direkt den Weisheits-Geist ursprünglicher Reinheit verwirklichen, in dem alle Phänomene sich erschöpfen, und so zu vollständiger und vollkommener Buddhaschaft erwachen. Er erschien dem Vidyādhara Jikme Lingpa wahrhaftig in seinem Weisheitskörper, und segnete ihn in der Form der »Zeichen-Übertragung der Vidyādharas«. Von diesem wiederum erhielt unser gütiger Wurzelmeister, Jikme Gyalwe Nyugu, durch »die Übertragung von Mund zu Ohr« die Einführung anhand dieser Anweisung und begegnete der wahren Natur der Wirklichkeit von Angesicht zu Angesicht. Und das ist die Anweisung, die ich von Jikme Gyalwe Nyugu gehört habe, als er als der glorreiche Schützer aller Wesen unter uns weilte. Darum ist es: » **...die Essenz des Weisheitsgeistes der drei Übertragungen.**«

Patrul Rinpoche bezieht sich hier auf den siegreichen Longchenpa, den allwissenden Jikme Lingpa und Jikme Gyalwe Nyugu als Verkörperungen der drei Übertragungs-Linien.

> Kernanweisungen wie diese sind wie das reinste Gold, wie das Innerste des Herzens. Es wäre schade, sie jemandem zu vermitteln, der sie nicht in die Praxis umsetzt. Auf der anderen Seite wäre es auch schade, diese Anweisungen einer Person nicht zu vermitteln, die sie wie ihr eigenes Leben zu schätzen weiß, ihre essentielle Bedeutung in die Praxis umsetzt und Buddhaschaft in einem einzigen Leben erlangt. Daher:
>
> **»Es ist meinen Herzensschülern anvertraut,**
> **unter dem Siegel der Verschwiegenheit.**
> **Es ist von tiefgründiger Bedeutung, die Worte**
> **meines Herzens.**
> **Es ist mein Herzenswort, der entscheidende**
> **Schlüsselpunkt.**
> **Diesen entscheidenden Punkt: Schätze ihn nie**
> **gering!**
> **Lass niemals zu, dass diese Anweisung dir**
> **verloren geht!«**
>
> Mit diesem kurzen Kommentar ist die »besondere Belehrung des weisen und glorreichen Königs« an diesem Punkt zum Abschluss gebracht. Tugend! Tugend! Tugend!

Schon seit über einem Jahr hat Sogyal Rinpoche mich darum gebeten, eine Belehrung zu geben, und da wir nicht viel Zeit hatten, dachte ich, es wäre gut, über diesen Text zu lehren, der recht kurz aber sehr gehaltvoll ist. Wir haben die letzten Tage zusammen in diesem Saal verbracht, und es hat mir viel Freude gemacht. Ich denke oder hoffe zumindest, dass es Ihnen genauso geht.

Für spirituelle Praktizierende ist es nun das Wichtigste, dass wir in unserem täglichen Leben praktizieren. Dafür brauchen wir großen Mut, Entschlossenheit und Hoffnung. Außerdem müssen wir unserer eigenen Religion aufrichtig folgen; auch das ist entscheidend. Wir müssen die Religion in uns und nicht nur auf den Lippen tragen. Es macht keinen Sinn, wenn sie lediglich aus unserem Munde kommt, noch ist es sonderlich nützlich, wenn Religion nur in Tempeln oder Kirchen verbleibt. Religion und Spiritualität müssen in uns lebendig sein.

Dann sollte das, was religiös oder spirituell ist, für uns auch wirksam sein, denn wir benötigen spirituelle Hilfe genau dann, wenn wir Problemen oder tragischen Momenten gegenüberstehen. Alles wird dann davon abhängen, womit wir vertraut sind. Dodrupchen Jikme Tenpe Nyima sagt uns:

> Ob Verwirklichung erwacht, hängt davon ab, ob deine Praxis gut angelegt ist;
> ob deine Praxis Wurzeln schlägt, hängt von deinem Mut und deiner Entschlossenheit ab.[60]

Tatsächlich erfordert alles, was wir tun, eine gewisse Anstrengung. Man kann nicht erwarten, dass alles ganz einfach ist und dann etwas Großartiges passieren wird – ganz von allein. So, das ist alles. Vielen Dank.

TEIL DREI

DZOGCHEN UND DAS BUDDHA-DHARMA

Helsinki, 1988

DZOGCHEN UND DAS BUDDHA-DHARMA

Der Hintergrund

Zu Beginn seines ersten Besuchs in Finnland im Jahre 1988 wandte sich Seine Heiligkeit auf dem Flughafen von Helsinki einer Reporterin zu und sagte ihr, dass er gespannt darauf sei zu hören, wie es einer Nation mit nur fünf Millionen Einwohnern gelungen sei, ihre Autonomie zu bewahren und mit einem so einflussreichen Nachbarn auf gutem Fuße zu stehen. »Vielleicht können wir etwas lernen«, sagte er nachdenklich. Ein paar Tage später stellte sich bei einem Gespräch am Frühstückstisch heraus, dass Seine Heiligkeit in den vierziger Jahren, als er im Potala mit seinem Radio die Nachrichten des BBC hörte, die Berichte über Finnland mit besonderer Aufmerksamkeit verfolgt hatte. Die Unterhaltung wandte sich dann der bemerkenswerten Persönlichkeit des Baron C. G. Mannerheim (1867–1951) zu, einem imposanten Charakter, der eine sehr spezielle Rolle für Finnlands Autonomie gespielt hatte. Seine mehr als fünfzig Jahre währende schillernde Karriere ließ ihn fünf Kriege miterleben; er diente zweimal als Oberkommandeur der finnischen Armee, erlegte Tiger in Indien, wurde Finnlands Oberbefehlshaber, sorgte für die Aufrechterhaltung der Unabhängigkeit seines Landes und wurde schließlich im Alter von siebenundsiebzig Jahren zum Präsidenten gewählt.

Als vierzigjähriger Oberst der Kavallerie in der russischen Armee, in einer Zeit, als Finnland noch ein russisches Großherzogtum war, wurde Mannerheim auf eine geheime Expedition nach Zentralasien und China gesandt, um militärische Informationen zu sammeln.[61] Unter dem Deckmantel eines Forschungsreisenden führte er auch tatsächlich ethnologische, anthropologische und sogar archäologische Arbeiten durch, erstellte Landkarten und brachte Tausende von Gegenständen und Fotos nach Finnland zurück. Sein eigentliches Ziel aber war, herauszufinden, ob China durch einen militärischen Schlag der russischen Armee erfolgreich zweigeteilt werden könnte, doch anscheinend wurde Mannerheims Täuschungsmanöver von den Chinesen recht bald durchschaut. Zwei Jahre lang und über mehr als 22.000 Kilometer, die meisten davon im Sattel, folgte er dem nördlichen Verlauf der Seidenstraße am Rande der Wüste von Taklamakan, durch das russische Turkestan, Xinjiang und Westchina weiter nach Beijing.

Eine seiner Aufgaben bestand darin, die Rolle des Dalai Lama in den zunehmenden Autonomie-Bestrebungen der einheimischen Völker einzuschätzen. So kam es am 26. Juni 1908 in Wutai Shan zu einem Treffen zwischen Mannerheim und dem dreizehnten Dalai Lama. Der Dalai Lama hatte Lhasa 1904 verlassen und war in die Mongolei gereist, um dann über Amdo und Kumbum, dem Geburtsort Tsongkhapas, zum heiligen Berg Manjushris zu gelangen, wo er fünf Monate lang blieb und viele Visionen hatte. Seine Residenz war ein Tempel, der mehr als zwei Jahrhunderte zuvor für den fünften Dalai Lama erbaut worden war. Das Treffen mit Mannerheim war – bis auf die letzten Momente – eine mühsame Übung in Diplomatie: Nach zwei Jahren im Sattel wusste der Baron nicht recht, was er der bedeutendsten spirituellen Persönlichkeit Asiens als Geschenk überreichen könnte. Das Einzige noch Wertvolle in seinem Besitz war sein Browning Revolver. Der Dalai Lama schaute gebannt und mit freudestrahlendem Gesicht zu, als Mannerheim ihm vorführte, mit welcher Geschwindigkeit dieser nachgeladen werden konnte, und beim Überreichen des Geschenks feierlich erklärte: »Wir leben in Zeiten, in denen selbst für einen heiligen Mann wie Sie solch ein Revolver von größerem Nutzen sein mag als eine Gebetsmühle.«

Genau achtzig Jahre später bestand Seine Heiligkeit – nun in Helsinki und fasziniert von den Reisen des Barons – auf einem außerplanmäßigen Besuch des Mannerheim-Museums. Bei seinem geplanten Programm in der Kathedrale, der Universität und dem Tempel der Rosenkreuzer bot sich unterdessen ein vertrautes Bild: Es strömten riesige Menschenmengen zusammen, deren Ausmaß jeden überraschte.

Die Belehrung über Dzogchen, um die ein Mitglied des Veranstaltungskommitees gebeten hatte, fand am Morgen des 30. September im Rosenkreuzer-Tempel statt. Die finnischen Rosenkreuzer sind aus H. P. Blavatskys theosophischer Gesellschaft hervorgegangen, doch sie betonen neben der universellen Botschaft der Liebe, wie sie im Evangelium gelehrt wird, auch das Erbe der Kalevala, Finnlands mythischem Epos vom Ursprung der Menschheit und der Welt und dem Kampf zwischen Licht und Dunkel. Der bemerkenswerte Tempel mit seinen ägyptischen Säulen, Christus-Darstellungen und Motiven aus der Kalevala war völlig überfüllt; viele Menschen mussten draußen bleiben. Was die Anwesenden mehr berührte als alle Worte, war der Moment, in dem Seine Heiligkeit drei Niederwerfungen vor dem Sitz machte, von dem aus er lehren würde und hinter dem eine lebensgroße Christus-Statue stand. Aus Rücksicht auf diejenigen, für die der Buddhismus vielleicht noch recht neu war, stellte Seine Heiligkeit die Praxis des Dzogchen in dieser Belehrung in einen umfassenderen buddhistischen Kontext: den der Vier Edlen Wahrheiten und der Vier Siegel.

Seine Heiligkeit der Dalai Lama

Die Vier Wahrheiten, Die Vier Siegel und Dzogchen

Brüder, Schwestern, heute werde ich einen Vortrag über den Buddhismus halten, und als Buddhist werde ich meine Gedanken natürlich von einem buddhistischen Standpunkt aus darlegen.

Im Gegensatz zu anderen Lebewesen sind wir Menschen mit einer besonderen Gabe ausgestattet – der Fähigkeit, Methoden anzuwenden, um unser Leid zu überwinden und das Glück zu erlangen, nach dem wir uns alle sehnen. Im Laufe der Zeit hat sich als Ergebnis tiefgehender Untersuchungen und Analysen der menschlichen Empfindungen von Glück und Leid eine Vielfalt religiöser Systeme herausgebildet, und alle sind von diesem gemeinsamen Ziel inspiriert, Leid zu überwinden. Diese Glaubensrichtungen und Systeme spiritueller Praxis sind Methoden, mit deren Hilfe Menschen – in der Einsicht, dass sie mit den vor ihnen liegenden Herausforderungen nicht allein fertig werden – versuchen, ihre Probleme zu lösen und zu erreichen, was sie wollen. Zeit, Ort und kultureller Hintergrund erklären die Vielfalt religiöser Traditionen, die in unterschiedlichen Teilen der Welt entstanden sind. Und da es selbst in einer einzigen Gemeinschaft unterschiedliche Bedürfnisse gibt, haben sich auch innerhalb der Religionen Unterabteilungen und Nebenströmungen herausgebildet. Doch all diese Religionen und Glaubenssysteme haben eines gemeinsam, und das ist ihre Botschaft an die ganze Menschheit: ein guter Mensch zu sein und ein gutes Herz zu entwickeln.

In unserem modernen Zeitalter mit seinen fortschrittlichen Kommunikationssystemen stehen die wichtigsten Religionen der Welt in viel engerem Kontakt als früher, und als Resultat gibt es heute einen größeren gegenseitigen Respekt und ein besseres Verständnis zwischen den Glaubensrichtungen. Ich denke, das ist ein sehr positives Zeichen. Ich freue mich sehr, heute in diesem Tempel die Möglichkeit zu haben, eine kurze Beschreibung des buddhistischen Gedankenguts und seiner Praxis zu geben, und ich möchte all denen danken, die an der Organisation dieser Belehrung beteiligt waren.

Im Buddhismus gibt es, allgemein gesagt, zwei hauptsächliche Traditionen: eine entfaltete sich in Ländern wie Sri Lanka, Thailand, Birma[62], Kambodscha und so weiter und wird dort weiterhin praktiziert; wir können sie das Grundlegende Fahrzeug nennen. Die zweite erlebte ihre Blütezeit in Ländern wie Tibet, China, der Mongolei, Japan und Korea und wird als Fahrzeug der Bodhisattvas oder als Mahāyāna bezeichnet.

Das System des Buddhismus, wie es in Tibet praktiziert wird, trägt alle wesentlichen Praktiken dieser verschiedenen Traditionen des Buddhismus in sich. Der tibetische Buddhismus enthält zum Beispiel die wichtigsten Praktiken des Grundlegenden Fahrzeugs, wie die Vinaya-Gelübde, die Praxis des Śhamatha – der einsgerichteten Konzentration – und des Vipaśhyana – der Praxis der besonderen Einsicht – sowie die siebenunddreißig Apekte des Pfades zur Erleuchtung. Er umfasst auch die Hauptelemente der Mahāyāna-Sūtra-Tradition: das Entwickeln von Mitgefühl und Altruismus, gepaart mit Weisheit – das heißt die Erkenntnis der endgültigen Natur der Phänomene – sowie die Praxis der sechs Vollkommenheiten. Die buddhistische Praxis Tibets schließt auch Praktiken des tantrischen Fahrzeugs des Vajrayāna mit ein, wie den Gottheiten-Yoga. Je mehr Kontakt wir mit anderen Traditionen des Buddhismus haben, desto deutlicher wird, dass die tibetische Tradition tatsächlich eine sehr vollständige Form des Buddhismus darstellt.

Die Vier Edlen Wahrheiten

Die Grundstruktur der buddhistischen Praxis beruht auf den so genannten Vier Edlen Wahrheiten, die der Buddha in seiner allerersten öffentlichen Belehrung darlegte. Sie bilden die Grundlage des gesamten buddhistischen Pfades und sind:

1.) die Wahrheit des Leids
2.) die Wahrheit seines Ursprungs
3.) die Wahrheit seiner Beendigung
4.) die Wahrheit des Pfades, der zu dieser Beendigung führt.

Meine Erklärung der allgemeinen Struktur der buddhistischen Praxis mag für diejenigen, die über den grundlegenden Buddhismus bereits Bescheid wissen, vielleicht ein wenig eintönig erscheinen, insbesondere, da ich heute ja über Dzogchen sprechen soll. Doch wann immer ich eine Belehrung gebe, lege ich Wert darauf, die grundlegende Struktur des buddhistischen Pfades zu erklären, so dass die Zuhörer ein vollständiges Bild erhalten und sehen können, wie ihr Verständnis bestimmter Praktiken in das Gesamtbild passt.

Buddhas Lehre über die Vier Edlen Wahrheiten basiert auf den natürlichen Bedürfnissen und Wünschen der Lebewesen. Wir alle sehnen uns instinktiv nach Glück und wollen Leid vermeiden. Daher sollte die Praxis des Dharma eine Technik sein, die uns hilft, dieses Bedürfnis zu erfüllen. Da wir uns Glück wünschen und kein Leid, lehrte der Buddha zuerst die Wahrheit des *Leids*, so dass wir in der Lage sind, Leid als das zu erkennen, was es ist.

Als Nächstes: obwohl wir uns zu einem gewissen Maß an Glück erfreuen, selbst wenn wir Leid unterworfen sind, wird uns wahres Glück stets entgehen, solange wir die Ursachen des Leids in uns tragen. Darum lehrte Buddha in der zweiten Edlen Wahrheit, wie wichtig es ist, den *Ursprung* des Leids zu beseitigen, indem man ihn erst einmal identifiziert. Mit der dritten Edlen Wahrheit erklärte er, dass aus dem Erkennen dieses Ursprungs des Leids die *Beendigung* resultiert, ein Zustand, der frei ist von allem Leid. Dann lehrte Buddha die vierte Edle Wahrheit, den *Pfad*, der uns letztlich zu dieser Beendigung führt.

Wir können aus der Lehre über die Vier Edlen Wahrheiten also schließen, dass sowohl dieses unerwünschte Leid als auch das ersehnte Glück bedingt sind, das heißt, sie entstehen nur in Abhängigkeit von ihren Ursachen und Bedingungen. Die Lehre von den Vier Edlen Wahrheiten lehrt uns im Grunde das Prinzip des abhängigen Entstehens. Glück, so zeigt sie uns, entsteht nur als Resultat des Zusammenspiels von Ursachen und Bedingungen. Gleichzeitig kann Leid vermieden werden, jedoch nur, wenn es uns gelingt, den Ursachen und Bedingungen, die es entstehen lassen, ein Ende zu setzen. Die Lehre von den Vier Edlen Wahrheiten macht deutlich, dass dies in unserer Verantwortung liegt und wir selbst die Initiative ergreifen und einem Pfad folgen sollten, der zu diesem Ergebnis führt.

Wie sollten wir nun vorgehen? Die Vier Edlen Wahrheiten lehren uns zuerst einmal, dass Leid als Leid identifiziert und erkannt werden muss. Als Nächstes müssen wir den Ursprung des Leids ausfindig machen, die Ursache, die solche Erfahrungen entstehen lässt. Dann sollten wir uns darum bemühen, diesem Leid ein Ende zu setzen, und das kann nur durch die Verwirklichung des Pfades geschehen, der zu dieser Beendigung führt. Kurz gesagt, Leid muss als Leid erkannt werden, die Ursachen des Leids müssen aufgespürt werden, dem Leid muss ein Ende gesetzt werden und der Pfad, der zu solch einer Beendigung führt, muss in die Tat umgesetzt werden.[63]

Wie erkennt man nun Leid als Leid? Es gibt drei Ebenen oder Arten von Leid. Die erste ist Leid, das offensichtlich ist, es wird allgemein als »das Leiden an Leid« bezeichnet. Die zweite ist »das Leiden an Veränderung« und die dritte »das Leiden, das alles Bedingte durchzieht«.

1.) »Das Leiden an Leid« bezieht sich auf alle offensichtlichen Arten des Leids, wie zum Beispiel Schmerz, den wir normalerweise als leidvoll erleben.

2.) »Das Leiden an Veränderung« bezieht sich auf Erfahrungen, die wir normalerweise als Vergnügen oder Glück betrachten, doch die, wenn wir uns zu lange damit befassen, am Ende zu Frustration, Unzufriedenheit und Leid führen. Angenommen, wir kaufen uns einen neuen Fernseher, den neuesten Fotoapparat oder das neueste Auto. Wenn wir es gerade neu bekommen haben, sind wir zufrieden; es bereitet uns viel Vergnügen und macht uns glücklich. Doch mit der Zeit fängt es allmählich an, uns zu langweilen, und wir wollen etwas Anderes. Am Ende ist es nur noch Grund zur Frustration. Die Erfahrung, die wir ursprünglich für Vergnügen oder Glück gehalten haben, entpuppt sich als etwas, das nicht andauert, da sie einem Gefühl der Unzufriedenheit Platz macht. Diese Art von Erfahrung nennt man »Leiden an Veränderung«.

3.) Die dritte Art des Leidens, »das Leiden, das alles Bedingte durchzieht«, verkörpert eine Erkenntnis, die allein im Buddhismus zu finden ist. Um diese dritte Ebene des Leidens ausführlicher zu erklären, müssen die fundamentalen Grundsätze der buddhistischen Philosophie, die so genannten vier »Siegel« oder Axiome des Buddhismus verstanden werden. Sie lauten:

1. Alle bedingten Phänomene sind unbeständig und vergänglich
2. Alle unreinen Phänomene sind von Natur aus leidvoll

3. Alle Phänomene sind leer von eigenständiger Existenz
4. Nirvāṇa ist wahrer Frieden.

Bedingte Phänomene sind vergänglich

Was ist die wahre Bedeutung von Vergänglichkeit? Sie bedeutet, dass jedes Phänomen, das für sein Entstehen auf Ursachen und Bedingungen angewiesen ist, vergänglich sein muss, weil genau die Ursachen und Bedingungen, durch die es entstanden ist, auch die Ursache für seinen Zerfall und sein Vergehen sind. All diese Phänomene sind kurzlebig, das heißt, sie unterliegen alle einem Veränderungsprozess, Moment für Moment, und brauchen keine zusätzlichen Bedingungen für ihren Zerfall. Allein die Tatsache, dass die Ursachen und Bedingungen, die sie hervorgebracht haben, auch hinreichende Ursachen und Bedingungen für ihre Auflösung sind, zeigt, dass diese Phänomene von Natur aus nur für eine gewisse Zeit vorhanden sind und vergänglich sein müssen.[64]

Betrachten wir zum Beispiel äußere Materie. Nehmen wir ein Objekt wie diese Pflanze an meiner Seite. Was ihre Kontinuität angeht, scheint es uns, als wäre sie dauerhaft, weil wir diese Pflanze gestern gesehen haben und sie heute wieder sehen. Wir nehmen an, dass dies heute dieselbe Pflanze ist, die wir gestern gesehen haben, doch wenn wir sie genauer analysieren und zur Ebene der Elementarteilchen vordringen, stellen wir fest, dass diese Pflanze einen ständigen Veränderungsprozess durchlaufen hat. Die Pflanze, die wir heute anschauen, ist nicht dieselbe Pflanze, die gestern hier war. Tatsächlich kann diese Pflanze nur aufgrund der Tatsache, dass sie von Natur aus lediglich eine gewisse Zeit vorhanden ist, den gesamten Zyklus des Keimens aus einem Samenkorn, des Wachsens, Blühens und schließlich des Sterbens durchlaufen.

Das gleiche gilt für unsere inneren Erfahrungen, das heißt für unseren Geist und unsere geistigen Prozesse. Es fällt uns schwer, zu erkennen und zu bestimmen, was Geist oder Bewusstsein ist, doch aus unserer eigenen Erfahrung wissen wir, dass unser Geist einen Veränderungsprozess durchläuft, und wir alle erleben verschiedene Bewusstseinsebenen. Das zeigt, dass der gewöhnliche Geist nur momentan vorhanden ist. Es zeigt auch, dass wir die Möglichkeit haben, unseren eigenen Geisteszustand zu ändern und zu verwandeln.

Nicht nur äußere Materie, sondern auch unsere eigenen inneren Phänomene sind also der Veränderung unterworfen. Alles, was zu seiner Erschaffung und Existenz von Ursachen und Bedingungen abhängt, ist flüchtig und vergänglich. Phänomene, die der Veränderung unterworfen sind und für ihre Existenz auf Ursachen und Bedingungen angewiesen sind, nennt man »fremdbestimmt« in dem Sinne, dass sie von ihren Ursachen beherrscht und kontrolliert werden.

Wie wir also gesehen haben, gibt es die ersten zwei Arten von Leid: offensichtliches Leid und das Leiden an Veränderung. Jetzt sprechen wir darüber, auf welcher Basis diese beiden entstehen und auf welcher Grundlage sie sich weiterentwickeln. Diese dritte Ebene des Leids umfasst den Komplex unseres eigenen Körpers und Geistes sowie die äußeren Phänomene, die den anderen Arten des Leids als Grundlage dienen. Dieses Leid ist allesdurchdringed in dem Sinne, dass all unsere schmerzlichen Erfahrungen von Leid allein aufgrund unserer unerleuchteten Existenz entstehen. Diese grundlegende Natur unserer Existenz nennt man »das Leid in allem Bedingten«.[65]

Unreine Phänomene sind von Natur aus leidvoll

Wenn diese leidvollen Erfahrungen nun völlig fremdbestimmt sind, das heißt von ihren Ursachen und Bedingungen abhängen, was sind dann diese Ursachen? Wenn wir nach den Ursachen des Leids suchen, finden wir das, was in den buddhistischen Belehrungen die »Wahrheit vom Ursprung des Leids« genannt wird, nämlich dass negative Handlungen – Karma – und negative Emotionen, die solche Handlungen auslösen, die Ursache des Leids sind.

Da wir gerade von Ursachen sprechen – wenn wir einen Schritt weiter gehen und dies genauer untersuchen, stellen wir fest, dass die Ursache allein nicht ausreicht, um zum Ergebnis zu führen. Auch die Ursachen müssen mit unterstützenden Umständen oder Bedingungen in Kontakt kommen. Würden wir zum Beispiel nach einer materiellen oder wesentlichen Ursache für diese Pflanze suchen, würden wir feststellen, dass sie eine Kontinuität besitzt, die sich in anfanglose Zeiten zurück erstreckt. Bestimmte buddhistische Texte sprechen von Raumpartikeln, die bereits vor der Entstehung dieses gegenwärtigen Universums existierten. Gemäß dieser Texte dienen diese Raumpartikel als essentielle und materielle Ursache für Gegenständliches wie diese Pflanze. Wenn nun die essentielle und substantielle Ursache für Materie auf diese Raumpartikel zurückzuführen ist, die alle gleich sind, wie erklären wir uns dann die Vielfalt, die wir in der materiellen Welt vorfinden? An dieser Stelle kommt die Frage nach den Bedingungen und Umständen ins Spiel. Wenn diese wesentlichen Ursachen mit unterschiedlichen Umständen und Bedingungen in Kontakt kommen, haben sie unterschiedliche Wirkungen zur Folge, das heißt unterschiedliche Arten von Materie. Wir stellen also fest, dass die Ursache allein nicht ausreicht, um ein Resultat hervorzubringen. Dazu ist eine Ansammlung vieler verschiedener Bedingungen und Umstände nötig.

Obwohl die diversen philosophischen Schulen des Buddhismus die Entstehung des Universums auf etwas unterschiedliche Weise erklären, behandeln sie normalerweise dieselbe grundsätzliche Frage, nämlich wie sich die beiden Grundprinzipien – äußere Materie und innerer Geist oder inneres Bewusstsein – trotz ihrer Andersartigkeit gegenseitig beeinflussen. Äußere Ursachen und Bedingungen sind für einen gewissen Teil unserer Erfahrungen von Glück und Leid verantwortlich. Doch wir müssen feststellen, dass in erster Linie unsere eigenen Gefühle, unsere Gedanken und Emotionen darüber entscheiden, ob wir leiden oder glücklich sind.

Im Bereich der Materie zum Beispiel kann ein und dasselbe Objekt für einige Lebewesen die Ursache von Glück sein und für andere die Ursache von Leid. Bestimmte Pflanzen dienen einigen Geschöpfen zum Beispiel als Medizin, doch für andere können sie giftig sein. Was das Objekt betrifft, gibt es keinen Unterschied, doch aufgrund der physischen Befindlichkeit und materiellen Beschaffenheit dieses speziellen Lebewesens kann ein und dasselbe Objekt unterschiedliche Auswirkungen haben. Im Bereich unserer eigenen Erfahrung gilt dasselbe. Ein gewisses Individuum erscheint einigen vielleicht als sehr freundlich, gütig und liebenswürdig und bereitet ihnen daher ein Gefühl von Freude und Glück. Anderen jedoch erscheint dieselbe Person als verletzend und niederträchtig und löst daher ein Gefühl von Unbehagen und Unglück in ihnen aus.

Dieses Beispiel zeigt uns, dass äußere Materie zwar als Ursache für unsere Erfahrung von Schmerz und Freude dienen mag, die wichtigste Ursache, die entscheidet, ob wir Glück oder Leid erfahren, jedoch in uns selbst liegt. Daher deutete Buddha, als er dem Ursprung des Leids auf den Grund gegangen war, nach innen und nicht nach außen, denn er wusste, dass die wichtigste Ursache für unser Leid unsere eigenen negativen Emotionen sind sowie die Handlungen, zu denen sie uns veranlassen.

Hier kommt nun das zweite Grundprinzip zum Tragen. Alle

Phänomene, die von negativen Emotionen und Handlungen kontrolliert und beherrscht werden, sind »unrein« und daher von Natur aus leidvoll. Die Frage lautet nun: Welchen Zweck hat es eigentlich, Leid als Leid zu erkennen? Was ist der nächste Schritt? Ist es wirklich möglich, diesem Leid ein Ende zu setzen?

Alle Phänomene sind leer von eigenständiger Existenz

Dann wird als nächstes Grundprinzip gelehrt, dass alle Phänomene leer von eigenständiger Existenz sind. Wie genau beantwortet dieses dritte Axiom die Frage, ob es möglich ist, dem Leid ein Ende zu setzen oder nicht? An dieser Stelle sollte unser Verständnis von der »Leerheit« der Phänomene korrekt sein. Wenn wir sagen, Phänomene sind leer, heißt das nicht, dass sie nicht existieren. Wenn wir gegen den Tisch stoßen, spüren wir Schmerz, und diese Erfahrung von Schmerz ist Beweis genug, um uns zu zeigen, dass der Tisch existiert; genau diese Erfahrung wird jegliches falsches Verständnis, den Tisch als nicht-existent anzusehen, widerlegen und zunichte machen. Was bedeutet es also, dass Phänomene leer sind? Phänomene sind leer in dem Sinne, dass sie keine *unabhängige* oder *innewohnende* Existenz besitzen.

Wenn wir über die Ursache des Leids sprechen, sprechen wir über negative Emotionen, und wenn wir sie untersuchen, stellen wir fest, dass all diese Emotionen auf Unwissenheit beruhen. Das wird zum Beispiel sehr deutlich, wenn wir ganz offensichtlich starke Emotionen wie Hass, Leidenschaft oder Verlangen für jemanden erleben. In diesem Moment nehmen wir das Objekt unserer Emotion als inhärent existent war. Wenn es ein Objekt der Begierde ist, erscheint es uns bedingungslos und an und für sich begehrenswert zu sein. Das zeigt, dass diese negativen Emotionen aufgrund der ihnen zugrunde liegenden Unwissenheit entstehen, wodurch wir Phänomene als etwas begreifen, das eine eigenständige, inhärente Existenz besitzt.

Es gibt also eine Diskrepanz, eine Kluft, zwischen dem, wie uns die Dinge erscheinen und wie sie wirklich sind. Wir gewöhnlichen Wesen greifen nach den Phänomenen, wenn sie erscheinen. Etwas erscheint uns als an und für sich existent, und wir stellen diese oberflächliche Erscheinung gar nicht in Frage. Wir rennen ihr sofort hinterher und greifen danach, sobald sie nur auftaucht. Wenn wir das analytisch untersuchen, werden wir herausfinden, dass es da eine Diskrepanz gibt: Die Dinge existieren in Wirklichkeit nicht so, wie sie zu existieren scheinen. Dies zu erkennen und zu verstehen, dass Dinge bedingt sind und nur durch die Ansammlung von Ursachen und Bedingungen entstehen, ist das Erkennen ihrer letztendlichen Natur oder der Leerheit der Phänomene, von dem hier gesprochen wird.

Wenn nun dieser auf Unwissenheit beruhende Ansatz, die Dinge als an und für sich existent zu begreifen und zu verstehen, als falsch erkannt wird, eröffnet sich uns die Möglichkeit, die Täuschung zu durchschauen und so den negativen Emotionen, die aus Unwissenheit entstehen, ein Ende zu bereiten. Daher ist es also möglich, dem Leid ein Ende zu setzen.

Nirvāṇa ist wahrer Frieden

Genau wie den äußeren Phänomenen mangelt es auch dem Geist an jeglicher inhärenter Existenz, und daher ist auch er von Natur aus leer. Diese Leerheit oder dieser Mangel an inhärenter Existenz des Geistes ist seine letztliche Natur oder sein grundlegender Seinszustand. Dies zu erkennen bedeutet, die Natur des Geistes selbst zu erkennen und damit die Täuschung der Unwissenheit zu durchdringen und zu durchschauen. Von diesem Moment an werden wir in der Lage sein, den Geist von den Einflüssen der Unwissenheit zu befreien. Hat man einen Zustand der Freiheit von Unwissenheit erreicht, nennt man das »Beendigung« oder Nirvāṇa – einen Zustand wahren Friedens. Und hier kommen wir zum vierten Axiom: »Nirvāṇa ist wahrer Frieden«.

Als Folge des Erkennens der dritten Kategorie des Leids, also des »Leidens, das alles Bedingte durchzieht«, werden Sie anfangen, ein tiefes Gefühl von Ernüchterung gegenüber weltlichen Erfahrungen und allem, was von Natur aus leidvoll ist, zu entwickeln. Dies wird in Ihnen ein aufrichtiges Verlangen und Bestreben hervorrufen, einen Zustand der Befreiung zu erlangen, der völlig frei ist von solcher Unzufriedenheit und solchem Leid. Diese Art des Bestrebens nennt man »Entsagung«. Wenn Sie von solch einem tiefen und aufrichtigen Gefühl der Entsagung inspiriert sind und sich in der Śhamatha- und Vipaśhyana-Praxis üben – der Einsgerichtetheit des Geistes und der besonderen Einsicht in die Natur der Phänomene –, werden Sie sich die Essenz der Praxis des Grundlegenden Fahrzeugs zu eigen gemacht haben.

Wenn Sie auf dieser Basis nach Befreiung streben und sich dabei nicht nur auf Ihre eigene Befreiung von Leid beschränken, sondern auch das Wohl und das Interesse aller fühlenden Wesen mit einbeziehen, die sich alle genau wie Sie nach Glück sehnen und Leid vermeiden möchten, haben Sie eine angemessene Grundlage für die Praxis des Mahāyāna geschaffen. Wenn Sie von dieser altruistischen Haltung erfüllt sind und sich dann mit der Praxis der sechs Vollkommenheiten befassen, entspricht dies der Essenz der Praxis des Mahāyāna-Pfades.

Die Praxis der sechs Vollkommenheiten kann zusammenfassend als Praxis der Methode und Weisheit beschrieben werden. Tatsächlich folgt man im Mahāyāna generell einem Pfad, der von der Vereinigung von Methode und Weisheit geprägt ist. Das heißt, die Methode darf nicht von Weisheit getrennt sein, noch die Weisheit von der Methode. Doch obwohl das Sūtra-System des Mahāyāna von der Vereinigung von Methode und Weisheit spricht, finden wir erst auf dem Pfad des Tantra eine untrennbare Vereinigung, in der beide Aspekte des Pfades, Methode und

Weisheit, in einer einzigen Bewusstseinseinheit vollständig vorhanden sind.[66] Im Höchsten Yogatantra findet diese Vereinigung von Methode und Weisheit nicht auf der groben Ebene des Geistes, sondern auf einer äußerst subtilen Ebene des Bewusstseins statt.

Wie können wir die verschiedenen Bewusstseinsebenen, die wir erfahren, anschaulich machen? Wenn die Sinneswahrnehmungen wie Sehen, Hören und so weiter aktiv sind, bewegen wir uns auf einer ziemlich groben Ebene unseres Geistes. Im Vergleich dazu betrachtet man das Bewusstsein des Traumzustandes als viel subtiler. Noch subtiler ist der Bewusstseinszustand, der mit bestimmten Erfahrungen wie Ohnmacht oder Bewusstlosigkeit einhergeht. Die subtilste Ebene des Bewusstseins wird im Moment des Todes erfahrbar. Der einzigartige Ansatz in den Praktiken des Höchsten Yogatantra besteht darin, sich die subtilste Ebene des Bewusstseins als einen Zustand von Weisheit, welche Leerheit erkennt, zunutze zu machen. Dies ist eine sehr schnelle und tiefgründige Herangehensweise.

Der wahre Feind

Das grundlegende philosophische Prinzip des Buddhismus lautet, dass all unser Leid aus einem undisziplinierten Geist resultiert und dass dieser ungebändigte Geist selbst aufgrund von Unwissenheit und negativen Emotionen entsteht. Für einen buddhistischen Praktizierenden, ganz gleich, ob er dem Ansatz des Grundlegenden Fahrzeugs, des Mahāyāna oder des Vajrayāna folgt, ist der wahre Feind daher stets die negativen Emotionen – ein Faktor, der überwunden und beseitigt werden muss. Und nur durch das Anwenden von Methoden, die den Geist trainieren, können diese negativen Emotionen vertrieben und beseitigt werden. Darum finden wir in buddhistischen Schriften und Belehrungen solch umfangreiche Erklärungen zum Geist und seinen verschiedenen Prozessen und Funktionen. Da diese negativen Emotionen Zustände des Geistes sind, muss die Methode oder Technik, die sie überwinden soll, von innen her entwickelt werden. Es gibt keine Alternative. Sie können nicht durch irgendeine äußerliche Technik entfernt werden, wie bei einem chirurgischen Eingriff.

Weil der Buddhismus solch eine Betonung auf die Beseitigung der Wurzel des Leids mit Hilfe eines geistigen Trainingsprozesses legt und sich nicht auf Prinzipien stützt, die auf einem Glauben an ein göttliches Wesen oder einer Schöpfungstheorie beruhen, sind einige Menschen zu dem Schluss gekommen, dass der Buddhismus keine Religion im wahrsten Sinne des Wortes ist, sondern eher eine Wissenschaft des Geistes. Es scheint gute Gründe für solch eine Schlussfolgerung zu geben.

Die verschiedenen buddhistischen Praxis-Traditionen bieten unterschiedliche Methoden zur Überwindung unserer negativen Emotionen an. Im Grundlegenden Fahrzeug zielt die Methode für den Umgang mit negativen Emotionen darauf ab, sie grundsätzlich aufzugeben und auszumerzen. In dieser Art der Praxis beseitigt man die negativen Emotionen vollständig, ohne sie jemals in sich zu erzeugen und zum Pfad zu machen. Für einen Bodhisattva gibt es jedoch gewisse Situationen, in denen er bestimmte negative Emotionen, zum Beispiel Verlangen, unter besonderen Umständen benutzen kann, um anderen fühlenden Wesen zu helfen. Im Höchsten Yogatantra werden hochentwickelte und einzigartige Techniken erklärt, um diese negativen Emotionen in den Pfad selbst zu verwandeln.

Diese negativen Emotionen, die wir alle in uns haben, sind inhärent, spontan und natürlich und besitzen auch viel Energie und Kraft. In der Vajrayāna-Praxis gibt es Techniken, mit deren Hilfe man diese Energien nutztbar macht, ohne sich jedoch von den negativen Emotionen beeinflussen oder beherrschen zu lassen. So können negative Emotionen wie Verlangen, Wut und so weiter in den Pfad verwandelt werden. Diese einzigartigen

Methoden sind der Grund für die Vielzahl der Bilder und Symbole in den Visualisationen und Meditationen der Vajrayāna-Praxis, wie zum Beispiel die der zornvollen und leidenschaftlichen Gottheiten.

Als Resultat der früheren und späteren Verbreitung der buddhistischen Lehren in Tibet, sowie der Tatsache, dass die großen Meister der Vergangenheit unterschiedliche Schriften oder Meditations-Techniken betonten oder in einigen Fällen unterschiedliche Begriffe für bestimmte Erfahrungen anwandten, entstanden vier große Traditionen – Nyingma, Kagyü, Sakya und Geluk. Oft werden diese verschiedenen Traditionen die »Schwarzmützen«, »Rotmützen«, »Gelbmützen« und dergleichen genannt. Doch wenn unser einziges Kriterium zur Unterscheidung der Traditionen die Farbe ihrer Hüte wäre, müssten wir – da der ehrenwerte Buddha nicht dazu neigte, Kopfbedeckungen zu tragen – seine Tradition wohl die »mützenlose« Tradition nennen!

Was alle vier großen Traditionen des tibetischen Buddhismus gemeinsam haben, ist ihre Betonung der Praxis der gesamten Struktur des buddhistischen Pfades, die, wie zuvor erklärt, nicht nur die Essenz der Vajrayāna-Lehren enthält, sondern auch die Mahāyāna-Praktiken der Bodhisattvas und die fundamentalen Praktiken des Grundlegenden Fahrzeugs. In Indien entstanden aufgrund von unterschiedlichen philosophischen Standpunkten vier große buddhistische Schulen oder Denkansätze: Vaibhāśhika, Sautrāntika, Yogachāra und Madhyamaka. Alle vier großen Traditionen des tibetischen Buddhismus nehmen jedoch den philosophischen Standpunkt der Madhyamaka-Schule ein, und insofern gibt es keine grundlegenden philosophischen Unterschiede zwischen ihnen.

Der »Grund« und die Praxis des Dzogchen

Die tiefgründige und einzigartige Besonderheit der Nyingma-Tradition sind die Lehren und Praktiken des Dzogchen. Von den beiden Aspekten des Dzogchen, Trekchö und Tögal, ist die Trekchö-Praxis der grundlegendere Ansatz, und jeder, der beabsichtigt, Trekchö zu praktizieren, muss sich erst einmal in den vorbereitenden Praktiken üben. Darüber hinaus wird die Praxis des Dzogchen erst möglich, wenn der außergewöhnliche Segen eines erfahrenen Meisters – eines verwirklichten Mannes oder einer verwirklichten Frau – in Ihren Geistesstrom einfließen kann.

Bei der Darlegung des Dzogchen spricht man zuerst vom *Grund*; auf Basis dessen, wie der Grund sich verhält, gibt es den *Pfad*, und auf dessen Basis gibt es die *Frucht*.

Der Grund im Kontext des Dzogchen ist die Buddha-Natur, Tathāgatagarbha. In den Quellen der philosophischen Schule des Madhyamaka wird diese Buddha-Natur in erster Linie als die eigentliche Natur des Geistes selbst beschrieben. Ihre Natur ist Leerheit, und sie ist so beschaffen, dass es ein Bewusstseins-Kontinuum gibt, das klar und gewahr ist, das immer schon vorhanden war und das am Ende Buddhaschaft erlangen wird. Denn diese Buddha-Natur ist der grundlegende Faktor, der uns überhaupt ermöglicht, die Ebene der Buddhaschaft und die Kāyas der Buddhaschaft zu erlangen. Das ist es, was mit »Grund« im Dzogchen tatsächlich gemeint ist.

Im Zusammenhang mit dem Grund können wir auch von einem unreinen Zustand sprechen, in dem es uns nicht gelingt, die wahre Natur dieses klaren und reinen Gewahrseins – Rigpa – zu erkennen. Stattdessen geraten wir unter den Einfluss von Rigpas eigener Energie und innerer Kraft, und wenn diese Energie nicht da bleibt, wo sie hingehört, haben die entstehenden Gedanken uns bald in ihrer Gewalt – oder besser gesagt, wir folgen ihnen nach. Da Rigpa sich nicht allein behaupten kann, ist das Resultat

Saṃsāra. Wenn Rigpa jedoch die Oberhand behält, ohne unter den Einfluss der Gedanken zu geraten, ist dies die Basis für Nirvāṇa. Wenn man davon ausgeht, dass die Basis für das gesamte Saṃsāra und Nirvāṇa in diesem grundlegenden, angeborenen Geist klaren Lichts – dem nicht zusammengesetzten Rigpa – zu finden ist, ist dies der »Grund« im Kontext des Dzogchen.

Wenn wir nun zur Meditation kommen: sie wird mit den »drei Unbewegten« praktiziert.

Das erste, der unbewegte Körper, betrifft die körperliche Haltung. Hierbei wird der Körper gerade gehalten; die Hände werden entweder im Schoß in der Meditationshaltung zusammengelegt oder ruhen locker auf den Knien. Man hält den Körper aufrecht, jedoch nicht zu rigide, sondern natürlich und entspannt.

Das zweite Unbewegte bezieht sich auf die Sinne, in erster Linie die Augen. Halten Sie sie weder geschlossen noch zu weit offen, sondern blicken Sie ganz natürlich in den Raum vor sich.

Das dritte Unbewegte betrifft den Geist selbst. Hier ist der Geist nicht aktiv. Man lädt überhaupt keine Gedanken ein, seien es nun Erinnerungen an die Vergangenheit oder Gedanken an die Zukunft. Ruhen Sie einfach im gegenwärtigen Moment des Gewahrseins, frisch und unverdorben. Ohne jegliche Untersuchung oder Analyse ruht der Geist, still und friedvoll, in einem nicht-konzeptuellen Zustand.

Das ist die Basis, von der aus man beginnt.

Diese Art von Bewusstsein, das unverwandt ruht, ohne irgendeinem Gedanken nachzuhängen, ist – um Dzogchen-Terminologie zu verwenden – eine ruhige, friedliche und ungestörte Erfahrung von Ālaya. Es ist ein Geisteszustand, der eine gewisse Qualität von Einfältigkeit und Dumpfheit besitzt, weil er zwar keine Gedanken einlädt, ihm aber die Qualität der Klarheit fehlt. Das bezeichnet man also als »die friedliche Ālaya, die von einfältiger Dumpfheit geprägt ist«.

Wenn Sie diesen Zustand aufrechterhalten und Ihre Praxis

über einen gewissen Zeitraum fortführen, kann diese Einfältigkeit und Dumpfheit – wenn bestimmte Faktoren ins Spiel kommen – langsam beseitigt werden. Rigpa – denn man muss hier einen Unterschied zwischen dem gewöhnlichen Geist und Rigpa machen – wird ganz deutlich sichtbar, extrem klar und licht, unverzerrt von den Gedanken und Konzepten des gewöhnlichen Geistes und befreit von der stumpfsinnigen Qualität der stabilen Ālaya. Rigpa ist in der Lage, aller Dinge gewahr zu sein, ohne von gewöhnlichen Gedankenprozessen verunreinigt zu sein oder nach Objekten zu greifen und ihnen hinterherzulaufen. Diese außergewöhnliche Essenz des Rigpa gilt es, zu erkennen und zu erfahren; und Trekchö-Praxis besteht darin, die Präsenz dieses natürlichen Zustands von Rigpa aufrechtzuerhalten.

Man muss hier jedoch einen Unterschied machen. Die Bezeichnung »Qualität von einfältiger Dumpfheit« bezieht sich auf Unwissenheit, doch in diesem Kontext handelt es sich um so genannte gleichzeitig auftretende Unwissenheit.[67] In den philosophischen Texten des Madhyamaka bezieht sich Unwissenheit – *Marigpa* – auf die falsche Art, die letztliche Natur der Dinge zu verstehen. Im Gegensatz dazu deutet dieser Begriff hier einfach nur auf eine etwas einfältige Qualität hin, die den Geist verunreinigt und trübt. Der Begriff »Unwissenheit« sollte in diesem Zusammenhang daher als das verstanden werden, was uns davon abhält, Rigpa in all seiner Nacktheit hervorbrechen zu sehen. Diese Kommentare hier lassen sich ausschließlich im Kontext der Praxis des Dzogchen anwenden.

Unsere grundlegende Natur, diese Essenz von Rigpa, die völlig natürlich ist, ist bereits vorhanden und muss nicht neu entwickelt werden. Es ist einfach die Natur des Bewusstseins, das wir bereits besitzen, und so lange es Bewusstsein gibt, wird seine Natur daher unbehindertes, alles-durchdringendes Rigpa sein. Daher werden Sie im Dzogchen direkt in das eingeführt, was bereits vorhanden ist und schon immer war. Wurde Ihnen dies erst einmal vorgestellt und erleben Sie diesen grundlegenden Zustand von Rigpa als eine stabile Präsenz, wird die Kraft des begrifflichen Denkens langsam schwächer werden, während die Kraft von Liebe, Mitgefühl und dergleichen automatisch anwächst. Daraus kann daher eine außergewöhnliche Erfahrung erwachsen.

Ich bin sehr glücklich, dass wir ein so äußerst tiefgründiges Thema in drei Sprachen und in einiger Ausführlichkeit behandeln konnten, und daher möchte ich Ihnen allen für Ihre Geduld danken. Sie haben sich hier versammelt, motiviert von einem aufrichtigen Interesse am spirituellen Pfad. Die Essenz der Spiritualität besteht nun darin, ständig in uns zu schauen, unseren eigenen Geist, unsere Einstellungen und Handlungen zu untersuchen und zu prüfen und bessere Menschen zu werden. Das bedeutet, positive Gedanken zu stärken und hinsichtlich unserer negativen Gedanken Zurückhaltung und Disziplin zu üben. Das letztliche Ziel ist, dass wir alle gute Menschen werden sollten – Menschen mit einem Lächeln auf den Lippen.

TEIL VIER

DER GIPFEL ALLER YĀNAS

San José, 1989

DER GIPFEL ALLER YĀNAS

Der Hintergrund

Im September 1989 kam Seine Heiligkeit zu einem dreiwöchigen Besuch in die Vereinigten Staaten, der ihn an die Ostküste, nach Kalifornien und nach Wiskonsin führte. Am 5. und 6. Oktober nahm er in Newport Beach in Kalifornien an der zweiten »Mind and Life« (»Geist und Leben«)-Konferenz teil. Diese bemerkenswerte Reihe von Begegnungen war auf Initiative von Francisco Varela entstanden, einem Neurobiologen am Landesinstitut für wissenschaftliche Forschung in Paris, sowie von Adam Engle, einem amerikanischen Anwalt und Geschäftsmann. Im Zeitraum von 1987 bis 2000 fanden sieben »Mind and Life«-Dialoge zwischen Seiner Heiligkeit und Gruppen von Wissenschaftlern und Fachleuten statt, darunter Neurologen, Biologen, Physiker und Philosophen. Sie konzentrierten sich auf eine Reihe von weitgefächerten Themen: Emotionen und Gesundheit, Schlaf, Traum und Sterben, Altruismus, Ethik und Mitgefühl, Physik und Kosmologie, sowie destruktive Emotionen.[68] Die Konferenz 1989 in Newport Beach dauerte nur zwei Tage und konzentrierte sich auf neurowissenschaftliche Themen wie Geist und Gehirn, Wesen und Arten des Bewusstseins sowie das Gedächtnis. Unmittelbar davor hatte Seine Heiligkeit an einem dreitägigen Dialog über Leid und Mitgefühl teilgenommen, einem Podiumsgespräch mit Psychotherapeuten, Psychologen und Sterbebegleitern.[69] Dieses Treffen hatte in großer Deutlichkeit gezeigt, wie sehr sich Seine Heiligkeit mit modernen Auffassungen beschäftigt und sich um die Menschheit Gedanken macht.

Zugleich war es ein verblüffend angemessener Rahmen für das, was als Nächstes geschah.

Am frühen Morgen des 5. Oktobers kam die Nachricht aus Oslo, dass Seiner Heiligkeit der Friedensnobelpreis zugesprochen worden war. Das Nobelpreis-Komitee begründete seine Entscheidung folgendermaßen: »Das Komitee möchte die Tatsache hervorheben, dass der Dalai Lama sich in seinem Kampf für die Befreiung Tibets konsequent gegen die Anwendung von Gewalt ausgesprochen hat. Stattdessen setzt er sich auf der Basis von Toleranz und gegenseitigem Respekt für friedliche Lösungen ein, um das historische und kulturelle Erbe seines Volkes zu bewahren. Der Dalai Lama gründet seine Philosophie des Friedens auf einer großen Ehrfurcht vor allem, was lebt, sowie einer Idee von universeller Verantwortlichkeit, welche sowohl die gesamte Menschheit als auch die Natur umfasst. Nach Ansicht des Komitees hat der Dalai Lama konstruktive und vorausblickende Vorschläge zur Lösung internationaler Konflikte, Menschenrechtsfragen und globaler Umweltprobleme vorgebracht.«

In seiner Erwiderung merkte Seine Heiligkeit an: »Da dieses dramatische Jahrhundert nun seinem Ende entgegengeht, ist klar, dass die rund um die Welt erneut erwachte Sehnsucht nach Freiheit und Demokratie eine beispiellose Möglichkeit zum Aufbau einer besseren Welt bietet. Freiheit ist die wahre Quelle des Glücks und der Kreativität des Menschen. Nur wo sie gedeihen darf, kann ein wirklich stabiles internationales Klima existieren.« Als der Nobelpreis im Dezember desselben Jahres überreicht wurde, fügte das Komitee hinzu, dass dies zum Teil auch in Erinnerung an Mahatma Gandhi geschehe, und Seine Heiligkeit nahm den Nobelpreis in diesem Sinne entgegen, als Tribut an »den Mann, der die moderne Tradition der Veränderung durch gewaltloses Handeln begründete – Mahatma Gandhi, dessen Leben mich gelehrt und inspiriert hat«. Zu diesem Zeitpunkt hätte es keine bessere Ermutigung und keinen größeren Auftrieb für die Tibeter, ihre Freunde und Sympathisanten geben können als diese Ehrung, und überall, wo ein Interesse an Tibet, dem Buddhismus oder der Gewaltlosigkeit bestand, verbreitete sich eine euphorische Stimmung. Es hätte auch in kaum einem ergreifenderen und folgenschwereren Jahr geschehen können als diesem, in dem wir die Tragödie auf dem Tiananmen-Platz in Beijing miterlebten, den Rückzug vietnamesischer Truppen aus Kambodscha und russischer Soldaten aus Afghanistan, den Zusammenbruch von sechs herrschenden Regimen in Osteuropa und den Fall der Berliner Mauer.

Die Dzogchen-Belehrungen in San José

Am 7. Oktober traf Seine Heiligkeit in Santa Cruz ein, um auf Einladung von Rigpa und Sogyal Rinpoche eine Reihe von Belehrungen zu geben. In der Stadthalle von Santa Cruz wurde er vom Vorsitzenden des Landkreises Santa Cruz, dem Umweltschützer Gary Patton, vorgestellt und hielt einen öffentlichen Vortrag mit dem Titel »Mitgefühl, das Herz der Erleuchtung«, der von mehreren Radiosendern übertragen wurde und im Anhang dieses Buches abgedruckt ist. Der Andrang war so groß, dass sämtliche Eintrittskarten innerhalb von vierzig Minuten nach Kassenöffnung verkauft waren, an Menschen, die seit 5.30 Uhr morgens angestanden hatten.

Die Dzogchen-Belehrungen des Dalai Lama hatten ursprünglich in Santa Cruz stattfinden sollen, doch als sich innerhalb von zwei Wochen Tausende angemeldet hatten, wurden sie auf den nächstgelegenen entsprechend größeren Veranstaltungort verlegt, in das gerade fertiggestellte Freizeit- und Veranstaltungszentrum der Studentenvereinigung der staatlichen Universität von San José, in Kaliforniens Silicon Valley. Über der Bühne hingen zwei Reihen von Thangkas, unter anderem ein kompletter Satz der visionären Malereien, die von Jamyang Khyentse

Chökyi Lodrö in Auftrag gegeben worden waren, sowie die acht Manifestationen Guru Padmasambhavas. Im Zentrum, direkt über dem Thron Seiner Heiligkeit, hing eine riesige Thangka von Guru Rinpoche in der Form der »Erfüllung aller Wünsche und Bestrebungen« – *Sampa Lhundrupma* – aus dem Terma von Chokgyur Dechen Lingpa. Zur Rechten Seiner Heiligkeit stand das erlesene Maṇḍala-Haus, gebaut vom Ehrw. Tenzin Dakpa, dem Ritualmeister Seiner Heiligkeit aus dem Namgyal-Kloster. Die Bühne war mit tibetischen Teppichen ausgelegt, und rechts und links entlang der Seiten der Halle, die mit 5.500 Menschen bis zur Grenze ihres Fassungsvermögens gefüllt war, hingen Fahnen und Banner. Aus den gesamten Vereinigten Staaten und aus anderen Ländern hatten Anhänger aller buddhistischen Traditionen die Gelegenheit ergriffen, diese Lehren von einer Autorität wie Seiner Heiligkeit empfangen zu können. Lamas, Geshes und ordinierte Saṅgha füllten während der Belehrungen den verbleibenden Platz auf der Bühne, allen voran S. E. Sakya Dagchen Rinpoche, Dzogchen Rinpoche, Nyoshul Khen Rinpoche, Lama Zöpa Rinpoche, Geshe Tsultim Gyeltsen, Geshe Tsephel, Gyatrul Rinpoche und Sogyal Rinpoche. Zu jener Zeit war es eine der größten Versammlungen von Lamas und Praktizierenden des Buddha-Dharma, die der Westen je gesehen hatte. Nyoshul Khen Rinpoche gab in dieser Zeit mehrere Belehrungen, darunter jene am Abend des 8. Oktober, die unter dem Titel »Ein Geschenk an die Welt« im Anhang dieses Buches zu finden ist.

Dies war das erste Mal, dass Seine Heiligkeit im Westen in solch tiefgreifender Weise über Dzogchen lehrte, und es war die erste Belehrung dieser Art in den Vereinigten Staaten. Am Tag der Eröffnung betonte er, wie wichtig eine gute Grundkenntnis der verschiedenen Fahrzeuge des Buddha-Dharma sei. Er gab das Bodhisattva-Gelübde und beantwortete in zwei Sitzungen eine breite Palette von Fragen. Am zweiten Tag, dem 9. Oktober, zeigte er, wie die letztliche Intention aller vier Schulen des tibetischen Buddhismus auf den grundlegenden angeborenen Geist des klaren Lichts hinausläuft. Dieses Thema hatte er schon 1984 in London untersucht, als auch 1979 in einer bemerkenswerten Rede in Virginia in den Vereinigten Staaten, die den Titel »Die Einheit der alten und neuen Schulen« trug.[70] Darin hatte er mit großer Klarheit demonstriert, dass alle unterschiedlichen tibetischen Traditionen letztlich den selben Punkt zum Ziel haben, da »die verschiedenen Systeme nur unterschiedliche Techniken anbieten, um den grundlegenden, angeborenen Geist klaren Lichts zum Vorschein zu bringen.«[71] Und er erklärt: »Dieser angeborene, grundlegende Geist klaren Lichts wird in den höchsten Yogatantra-Systemen der neuen Übersetzungsschulen und dem Nyingma-System der Großen Vollendung gleichermaßen betont und ist der richtige Ansatzpunkt für einen Vergleich der alten und neuen Schulen.«

Als Nächstes hob Seine Heiligkeit die besonderen Merkmale des Dzogchen hervor, wobei er sich auf Longchen Rabjams *Chöying Rinpoche Dzö*, den »Kostbaren Schatz des Dharmadhātu«, bezog sowie den dazugehörigen Kommentar, das *Lung gi Ter Dzö*, den »Schatz der schriftlichen Übertragung«. Mit seiner Wahl einer der *Sieben Schätze* Longchen Rabjams (1308–1363) stieß Seine Heiligkeit direkt zum Herzen des Dzogchen vor, da er sich hiermit auf einen der größten Gelehrten und verwirklichten Meister Tibets berief, in dem sich alle Strömungen des Dzogchen vereint hatten und der dank seines überragenden Genies in seinen Schriften wie *Die sieben Schätze, Die Trilogie behaglicher Gelassenheit, Die Trilogie natürlicher Freiheit* und *Die drei inneren Essenzen* eine vollständige Grundlage für das Studium und die Praxis des Dzogchen dargelegt hatte. Nyoshul Khenpo erklärt:

> Die *Sieben Schätze* des allwissenden Longchenpa wurden geschrieben, um die außergewöhnlich tiefgehende Bedeutung der siebzehn Tantras des Dzogpa Chenpo sowie die Lehren aller neun Yānas zu erhellen. Für die tatsächliche

> Praxis dieser Tantras fasste Longchenpa sowohl seine eigenen Termas als auch die von Chetsün Senge Wangchuk (der später als Jamyang Khyentse Wangpo wiedergeboren wurde) und Pema Ledrel Tsal (Longchenpas voriger Inkarnation) in dreizehn Bänden zusammen, die als *Nyingtik Yabshyi* bekannt sind. Dieses *Yabshyi* ist der Praxisaspekt von Longchenpas Schriften und die Basis des Alten Nyingtik. In ihm vereinigte er Vimalamitras Vima Nyingtik und Guru Rinpoches Khandro Nyingtik und erklärte alle praktischen Details im Licht seiner eigenen Verwirklichung.[72]

Der Schatz des Dharmadhātu wird als Ausdruck der Essenz von Longchenpas Lehren über Dzogchen betrachtet und arbeitet die drei Kategorien des Dzogchen heraus: Geist-, Raum- und Kern-Anweisungen. Patrul Rinpoche nennt dieses Werk, das als Praxis, Gebet und Meditationsanweisung benutzt wird, »einen lebenden Buddha, ... die strahlende Entfaltung des reinen Dharmakāya in Form einer Belehrung«. Seine Heiligkeit verwies auch 1988 während einer Belehrung in London auf dieses Werk, als er betonte, wie wichtig es für ein gründliches Verständnis des Dzogchen sei, die Schlüsseltexte zu studieren.

> Man beginnt zu verstehen, wie tiefgründig und schwer es ist, zu dieser Sicht zu gelangen, wenn man Longchen Rabjams eigenen Text über die Praxis der großen Vollkommenheit liest, den *Schatz des Höchsten Fahrzeugs*. Der grundlegende Text ist eher schwierig und sein selbst verfasster Kommentar eher weitschweifig und schwer verständlich. Ein weiterer Text von Longchenpa ist *Der Schatz der großen Ausdehnung der Realität* (Der Schatz des Dharmadhātu), in dem er gleichfalls die Praxis der Großen Vollkommenheit beschreibt. In der Tat ist dieser zweite Text der Schlüssel zum Dzogchen. Nur wenn man auf der Grundlage dieser beiden Texte die Praktiken der Großen Vollkommenheit

> versteht, kann man hoffen, ein gutes, zuverlässiges Verständnis der Großen Vollkommenheit zu besitzen.[73]

In seiner Belehrung in San José zitiert Seine Heiligkeit einige Male die Schriften Dodrupchen Jikme Tenpe Nyimas (1865–1926), der dritten Inkarnation von Jikme Lingpas großem Dharma-Erben Jikme Trinle Öser (1745–1821) und Schüler von Patrul Rinpoche, Jamyang Khyentse Wangpo, Dzogchen Khenpo Pema Dorje, dem vierten Dzogchen Rinpoche, Mipham, Jamgön Kongtrul und Lerab Lingpa. Als er eines seiner Werke sah, bemerkte der dreizehnte Dalai Lama: »Ein Schriftsteller dieser Qualität ist in diesem Land heutzutage sehr selten geworden.« Seine Heiligkeit nennt ihn »einen großen Gelehrten und bemerkenswerten Yogi« und sagt über ihn:

> Dieser ganz besondere Mensch war ein Schüler Jamyang Khyentse Wangpos, der wiederum eine Inkarnation König Trisong Detsens und ein erstaunlicher Lama war, frei von jedem Vorurteil gegenüber den Sichtweisen der Nyingma, Sakya, Kagyü und Geluk. Mit weniger als zwanzig Jahren war Dodrupchen bereits in vielen Texten des Mittleren Weges, der Vollendung der Weisheit, der Gültigen Erkenntnis und den Auslegungen des Kālachakra- und Guhyasamāja-Tantra der neuen Übersetzungsschulen bewandert, sowie in der Großen Vollkommenheit, seinem eigenen, besonderen Spezialgebiet.[74]

Aus der Zeit der Entwicklung seines eigenen Verständnisses der Übereinstimmungen zwischen dem Höchsten Yogatantra und Dzogchen fügt der Dalai Lama hinzu: »Dodrupchen zu lesen war, als würde er bestätigend über meinen Kopf streichen und mir die Gewissheit geben, dass meine Einsicht nicht unbegründet ist.« Seine Heiligkeit bezog sich 1984 in seiner Belehrung in London auf Dodrupchen und zitierte während seiner Belehrungen im Dzogchen-Kloster 1992 ausführlich aus seinen Schriften. Unter den vielen großartigen Schülern des dritten Dodrupchen befand sich auch Jamyang Khyentse Chökyi Lodrö, auf dessen Erklärung eines Zitats aus der Prajñāpāramitā Seine Heiligkeit seine gesamte Belehrung in San José aufbaute.

Als der Dalai Lama in San José die Bühne betrat, wurde er mit stürmischem Beifall begrüßt. Sogyal Rinpoche hieß ihn willkommen, gratulierte ihm zum Friedensnobelpreis und sprach ihm seine Anerkennung für seinen Mut, seinen Weitblick und seine Entschlossenheit aus:

> Dies ist ein Triumph für die Tibeter und all ihre Hoffnungen, ein Signal, dass die Welt die Richtigkeit ihres Ringens anerkennt und ihren Wunsch nach Freiheit unterstützt, den sie durch so viel Leid hindurch aufrecht erhalten haben. Dies ist eine Siegesbotschaft für all jene in der ganzen Welt, denen Frieden und menschliche Werte lieb und teuer sind, und ein Signal der Hoffnung, das alle Menschen ermutigen kann, die um ihre Rechte und ihr Glück ringen. Es ist ein Tribut an Euren unerschütterlichen Standpunkt der Gewaltlosigkeit und Eure Botschaft des Mitgefühls und der Liebe, die Millionen Menschen in der ganzen Welt berührt hat. Und es ist eine lang erwartete Bestätigung Eurer Stellung als wichtigstem Fürsprecher für den Weltfrieden in unserer problembeladenen Welt. Denn niemand hat sich so für weltweite Brüderlichkeit und Schwesterlichkeit, für Versöhnung und Vergebung eingesetzt wie Ihr. Endlich hat die Welt erkannt, was so viele schon so lange wissen.

Seine Heiligkeit erwiderte:

> Erst einmal möchte ich Sie alle, meine Dharma-Brüder und -Schwestern, die hier versammelt sind, begrüßen. Dann möchte ich Sogyal Rinpoche und Ihnen allen für Ihre

Glückwünsche zum Friedensnobelpreises danken. Ich betrachte diesen Preis als eine gewisse Anerkennung meiner aufrichtigen Motivation. Im Grunde genommen gebührt diese Anerkennung nicht dem Mönch Tenzin Gyatso, sondern vielmehr der aufrichtigen Motivation des Altruismus.

Jeder Mensch besitzt dasselbe Potential für Mitgefühl, die einzige Frage ist, ob wir uns um dieses Potential wirklich kümmern, es entwickeln und in unserem täglichen Leben umsetzen. Meine Hoffnung ist, dass mehr und mehr Menschen den Wert des Mitgefühls erkennen und so dem Weg der Uneigennützigkeit folgen. Was mich betrifft, war dies, seit ich ein buddhistischer Mönch wurde, mein wirkliches Ziel – denn gewöhnlich betrachte ich mich nur als einen einfachen buddhistischen Mönch, nichts mehr und nichts weniger.

Seine Heiligkeit der Dalai Lama

Die reine Motivation

Wir haben uns heute hier für eine Belehrung über Dzogchen versammelt. Wenn wir eine Belehrung vor uns haben, ist es sowohl für den Lehrer als auch für den Schüler wichtig, erst einmal eine reine Motivation zu erwecken. Wenn der Lehrer von sich aus die Belehrung nur aus Wichtigtuerei, Arroganz oder dem Wunsch nach Ruhm und Bewunderung durch seine Schüler gibt, ist dies eine falsche Motivation. Die Belehrung sollte im Gegenteil einzig durch die altruistische Haltung motiviert sein, von größtmöglichem Nutzen für den Schüler zu sein. Tatsächlich sollte die Haltung eines Lehrers bei der Durchführung einer Belehrung dieselbe sein, wie sie in den *Acht Versen des Geistestrainings* erklärt wird:

> Wann immer ich in Gesellschaft anderer bin,
> werde ich lernen,
> mich selbst für den Geringsten von allen zu halten
> und respektvoll andere als überlegen zu sehen,
> aus der Tiefe meines Herzens.[75]

Wann immer wir mit anderen zusammentreffen, sollten wir ihnen mit dieser Haltung begegnen. Und wenn ein Lehrer eine Belehrung gibt, ist dies die Haltung, die er seinen Schülern gegenüber einnehmen sollte.

Was Sie als Zuhörer betrifft, wenn Ihre Motivation und Einstellung zur Teilnahme an diesen Lehren eine spirituelle sein soll – wenn es Ihnen darum geht, Ihre spirituelle Praxis zu verbessern und weiter zu entwickeln –, dann darf Ihre Motivation nicht von negativen Emotionen wie Hass, Wut, Eifersucht und Anhaftung beeinflusst sein. Dies gilt besonders in diesem Fall, da die Lehren, die ich heute erklären werde, zum Mahāyāna gehören. Unsere Motivation sollte also von dem altruistischen Wunsch geleitet sein, anderen zu nutzen und zu helfen.

Aus diesem Grund nehmen wir, bevor wir die Belehrungen erhalten, Zuflucht zu den Drei Juwelen und erzeugen den altruistischen Wunsch, Erleuchtung zum Wohle aller Wesen zu erlangen. Es mag heute einige Zuhörer unter Ihnen geben, die sich selbst nicht als buddhistische Praktizierende betrachten, jedoch ein gewisses Interesse an tibetischer Kultur, buddhistischer Meditation oder bestimmten Aspekten des Buddhismus haben. In diesem Fall müssen Sie diese anfängliche Motivation nicht erwecken und können sich die Belehrungen wie einen Vortrag anhören.

Wenn wir Zuflucht zu den Drei Juwelen nehmen, ist es wichtig, sich der letztlichen Bedeutung der Zuflucht bewusst zu sein. Ihre endgültige Bedeutung entspringt dem Verständnis des Potentials oder des Keims, den wir alle in uns tragen und den man »Buddha-Natur« nennt. Dieses Potential gestattet uns, durch den Prozess des spirituellen Trainings den Zustand vollständiger Erleuchtung zu erlangen. Sind wir einmal in der Lage, diesen potentiellen Keim in uns zu erwecken und ihn vollständig zu erforschen, ist die höchste Form der Zuflucht erreicht.

Dieses Potential wohnt unserem Geistesstrom inne und wird manchmal als ursprünglicher Buddha Samantabhadra bezeichnet, auf tibetisch *Kuntu Sangpo*, das heißt »allumfassend gut«. Jedes lebende Wesen besitzt dieses selbst-entstehende Potential, schließlich den Zustand des ursprünglichen Buddha zu erlangen. Nachdem wir also Zuflucht zu den Drei Juwelen genommen haben, sollten wir den altruistischen Wunsch erzeugen, die höchste Erleuchtung zum Wohle aller fühlenden Wesen zu verwirklichen, so dass wir jeden Einzelnen von ihnen zu demselben vollkommenen Zustand von Samantabhadra führen können.

Der traditionelle Ansatz

Diese Belehrung wird in ihrem Ablauf keinem bestimmten Text folgen, obwohl ich mich in erster Linie auf den *Schatz des Dharmadhātu*[76] stützen werde, verfasst vom allwissenden Longchen Rabjam.

In Tibet wird traditionellerweise bei einer Belehrung dieser Art der Aspekt persönlicher Erfahrung betont. Daher werden die Belehrungen nicht in einem Stück gegeben, sondern jede Stufe der Praxis wird separat gelehrt. Nachdem ein bestimmtes Element der Praxis vorgestellt wurde, wird der Schüler angewiesen, so lange wie möglich darüber zu meditieren, mindestens jedoch für eine vorgeschriebene Anzahl von Tagen. Dies wird zum Beispiel in den Schriften Khenpo Ngakchungs explizit erwähnt, der die Praxis in verschiedene Abschnitte unterteilt und hinzufügt, dass man, nachdem man die Belehrung erhalten hat, über das jeweilige Thema mindestens drei oder vier Tage lang meditieren sollte oder so lange, wie es eben erforderlich ist.[77]

Das war in Tibet der traditionelle Ansatz für diese Art von Belehrung; es wurde nie alles auf einmal gelehrt, mit all den verschiedenen Aspekten der Visualisation und Meditation. Doch da wir in diesem modernen Zeitalter keine Zeit haben, können wir immer unseren »Mangel an Zeit« als Vorwand anführen, um durch die Details der Meditation zu brausen und sie alle auf einmal zu behandeln. In unserem Falle haben weder die Schüler noch der Lehrer die Zeit, dem traditionellen Schema zu folgen. Nichtsdestotrotz werden wir während der Sitzungen an verschiedenen Stellen innehalten, um uns für eine oder zwei Minuten auf bestimmte Themen zu konzentrieren.

Obwohl Sie die Übertragung und Inspiration in diesen Sitzungen und Belehrungen erhalten mögen, sollten Sie sich daher nicht damit zufrieden geben, sondern sich darum bemühen, weitere Kommentare und Belehrungen von Ihren Meistern zu hören, und dann über einen längeren Zeitraum darüber meditieren. Gäben Sie sich hingegen mit dieser einen kurzen Belehrung zufrieden, würde Ihr Hören der Belehrung sich verflüchtigen wie die Erfahrung eines Traumes. Und wenn Sie den Lehren in dieser Weise zuhören und sie in sich aufnehmen, müssten Sie feststellen, dass das Resultat Ihrer Meditation ebenfalls nur eine flüchtige, vergängliche Erfahrung wäre. Daher ist es von entscheidender Bedeutung, sich mit kontinuierlicher und anhaltender Bemühung der Praxis zu widmen.

Wir können unmöglich innerhalb kurzer Zeit all unsere Vorstellungen oder unsere gesamte Geisteshaltung ändern. Das braucht ständigen Einsatz. Aus meiner eigenen, geringen Erfahrung kann ich sagen, dass ich im Alter von ungefähr sechzehn oder siebzehn Jahren damit begonnen habe, mich ernsthaft um eine Änderung und Verbesserung meiner Auffassung zu bemühen. Jetzt, mit fünfundfünfzig, sind an die neununddreißig Jahre vergangen, mehrere Jahrzehnte sind verstrichen, und das Ergebnis lässt noch immer zu wünschen übrig! Wir müssen uns Mühe geben und hart daran arbeiten – das ist die Realität.

Außerdem rechnen wir als buddhistische Praktizierende nicht in Stunden oder Wochen oder Monaten. Wir rechnen in Äonen – Milliarden über Milliarden von Jahren, Milliarden über Milliarden von Leben. Das kann Ihnen manchmal recht entmutigend erscheinen. Doch wenn wir die Zukunft unter sehr langfristigen Gesichtspunkten betrachten, gibt uns das echte Entschlossenheit; es gibt uns eine Art innerer Kraft, denn mit solch einer Perspektive ist Zeit nicht von Bedeutung. Wichtig ist, dass wir uns ändern und verbessern müssen, egal, wie lange es dauert. Eine feste Entschlossenheit ist also unabdingbar, nicht wahr?

Das Besondere am Dzogchen ist nun, dass der Pfad durch Weisheit erzeugt ist. In der Nyingma-Tradition werden die Lehren in neun Fahrzeuge unterteilt. Acht von ihnen sind philosophische Systeme, die sich auf das gewöhnliche Bewusstsein stützen, das heißt, sie benutzen den gewöhnlichen Geist. Im Dzogchen oder Atiyoga ist der Pfad jedoch durch Weisheit erzeugt, die über den gewöhnlichen Geist oder das gewöhnliche Bewusstsein völlig hinausgeht. Es gibt einen enormen Unterschied zwischen einem Pfad, der mit dem gewöhnlichen Geist erschaffen wurde, und einem Pfad, der durch Weisheit erzeugt ist.

Damit wir beginnen zu verstehen, wie der Pfad durch Weisheit erschaffen wird, müssen wir uns erst einmal darüber klar werden, dass es verschiedene Kategorien von Lernenden gibt. Es gibt einige, deren Prägungen aus früheren Leben wiedererwacht sind und die viel Begabung und Scharfsinn zeigen. Wenn sie auf einen Meister mit authentischer Erfahrung treffen, ist es diesem möglich, ihnen Anweisungen zu geben – es mögen nur wenige Worte sein –, über die sie einsgerichtet meditieren und zu gleichzeitiger Erkenntnis und Befreiung gelangen können. Dies ist der tiefgründige Pfad für »jene, die in unmittelbaren Sprüngen vorankommen können«. Solche Menschen findet man jedoch äußerst selten.

Individuuen von eher durchschnittlichen Fähigkeiten können einem solchen Pfad nicht folgen, und für sie ist es unbedingt notwendig, »Schritt für Schritt« vorzugehen. Wenn ihr Geistesstrom vollständig zur Reife gelangt ist, werden auch sie in der Lage sein, auf diese außergewöhnliche Weise zu meditieren und seine tiefgründigen Schlüsselpunkte zu benutzen, da sie dann dafür bereit sind und ihr Geist imstande sein wird, solch eine Herangehensweise zu verstehen. Bis dahin müssen sie sich jedoch schrittweise üben und vorbereiten.

Grundsätzlich gibt es also einen Pfad, der den Gipfel und die Krönung aller neun Yānas darstellt, und alle anderen Yānas werden vorab gelehrt, um Praktizierende auf diesen höchsten Pfad vorzubereiten. Wenn alle notwendigen Umstände auf diese Weise vollständig sind, werden diese keine Fehler machen, und ihre Praxis wird Früchte tragen.

Damit man Ihnen die besonderen Merkmale des Dzogchen aufzeigen kann und Sie sie erkennen können, müssen Sie ein gründliches, umfassendes Verständnis der Prinzipien aller unterschiedlichen Fahrzeuge des Buddha-Dharma haben. Nur auf dieser Basis werden Sie die Einzigartigkeit und Tiefe des Dzogchen wirklich würdigen können. Ohne solch einen Überblick wird es Ihrem Geist schwerfallen, eine Gewissheit zu empfinden, warum diese Lehren etwas so Besonderes sind. Darum sollten Sie das ganze Spektrum des Buddha-Dharma verstehen, von den niedrigeren Yānas bis zu den höheren Yānas. Und so werde ich mich heute Morgen und heute Nachmittag auf die verschiedenen Fahrzeuge im Allgemeinen und im besonderen auf das Mahāyāna und das Geheime Mantrayāna konzentrieren.

1. Die Vorrangstellung des Geistes

Gemäß Jamyang Khyentse Chökyi Lodrös Ansatz, der durch Dilgo Khyentse Rinpoche weitergegeben wurde, kann das gesamte Spektrum buddhistischer Philosophie und Praxis anhand dieses berühmten Zitats des Buddha erklärt werden:

Der Geist ist frei von Geist,
denn die Natur des Geistes ist klares Licht.[78]

Die ersten Worte dieses Zitats, »Der Geist ...«, umfasst die gesamte Bedeutung der Lehren über die Vier Edlen Wahrheiten, das erste Drehen des Dharmarades.

Der restliche Teil der ersten Zeile, »... ist frei von Geist«, umfasst die Bedeutung aller Weisheits-Sūtras, das zweite Drehen des Dharmarades.

Die Bedeutung der zweiten Zeile des Zitats, »denn die Natur des Geistes ist klares Licht«, umfasst das gesamte Themengebiet des dritten Drehens des Dharmarades. Dies bezieht sich nicht auf die Sūtras, die als schriftliche Quellen der Chittamātra-Lehren verwendet werden, also die Yogachāra-Schule, sondern eher auf Sūtras wie das *Sūtra der Essenz der Buddhaschaft*, welches das Ausgangs-Sūtra für Abhandlungen wie Maitreyas *Erhabenes Kontinuum des Großen Fahrzeugs* ist, in der die Bedeutung der ursprünglichen Klaren-Licht-Natur des Geistes gelehrt wird.

Diese Zeile, »denn die Natur des Geistes ist klares Licht«, verkörpert die letztliche Intention der Lehren des Höchsten Yogatantra, in denen der ganze Schwerpunkt der Praxis darauf liegt, den grundlegenden, angeborenen Geist klaren Lichts zu erlangen. Im Dzogchen wird jedoch ausschließlich das klare Licht praktiziert und in all seiner Nacktheit bloßgelegt. Dzogchen ist tatsächlich einzig und allein die Praxis des klaren Lichts oder des nackten Rigpa.

Die Tatsache, dass sowohl der grundlegende, angeborene Geist klaren Lichts in den neuen Übersetzungsschulen und dem Höchsten Yogatantra als auch das ursprüngliche Gewahrsein in den Dzogchen-Lehren letztlich dieselbe Bedeutung haben, lässt sich in den Schriften Longchen Rabjams finden sowie in Jikme Lingpas Kommentar zu seinem eigenen *Schatz erleuchteter Eigenschaften.* Auf dieselben Punkte stößt man auch in den Schriften des fünften Dalai Lama und besonders in den späteren Schriften

Dodrupchen Jikme Tenpe Nyimas, des dritten Dodrupchen Rinpoche, der nicht nur ein sehr großer Gelehrter, sondern auch ein großer Meditierender und erfahrener Meister war. Er besaß ein umfangreiches Wissen über Sūtra und Tantra, sowohl aus den neuen Übersetzungsschulen des Tantra als auch der alten Übersetzungsschule; darüber hinaus war sein Verständnis der Madhyamaka-Philosophie sowie der Sautrāntika-Erkenntnistheorie und -Logik äußerst tiefgründig. In seinen Schriften finden sich explizite Hinweise darauf, wie die letztendliche Bedeutung dessen, was in den neuen Übersetzungsschulen als »der grundlegende, angeborene Geist klaren Lichts« und in der Dzogchen-Terminologie als »Rigpa« bezeichnet wird, ein und dasselbe sind.[79] Diese Tatsache findet auch ausdrückliche Erwähnung in den Schriften Khenpo Ngakchungs, besonders wenn er zwischen dem Grund und den Erscheinungen aus dem Grund unterscheidet und vom Grund als Rigpa spricht. Dies sind meine Quellen für die Behauptung, dass der grundlegende, angeborene Geist des klaren Lichts der neuen Übersetzungsschulen und das ursprüngliche Gewahrsein des Rigpa im Dzogchen letztlich auf dasselbe hinauslaufen.

Obwohl ich nicht behaupten kann, eine authentische, fortgeschrittene Verwirklichung von Rigpa oder dem grundlegenden, angeborenen Geist klaren Lichts zu besitzen, muss ich feststellen, dass ich beim Lesen und Vergleichen der Schriften verschiedener Meister aus unterschiedlichen Traditionen geneigt bin, diese Meinung zu teilen, speziell wenn dieser Punkt im Zusammenhang mit den Schriften der verschiedenen Schulen buddhistischer Philosophie – einschließlich des Sūtra-Systems als auch aller vier Klassen des Tantra – analysiert wird, sowohl in den alten als auch den neuen Übersetzungsschulen. Ich empfinde diese spezielle Einsicht als eine echte Hilfe für das Verständnis der grundlegenden Einheit aller unterschiedlichen Traditionen des tibetischen Buddhismus. Sie hebt nicht nur die tiefgründigen Punkte der verschiedenen Systeme hervor und klärt sie, sondern ermöglicht mir, aufrichtigen Respekt für all die vielfältigen Ansätze innerhalb der buddhistischen Traditionen Tibets zu entwickeln.

Gültige Erkenntnis

Die erste – und sehr grundlegende – Frage, die sich in jeder philosophischen Untersuchung stellt, ist nun, wie man bestimmt, ob etwas existiert oder nicht. Die buddhistische Antwort darauf lautet, dass, sobald man etwas durch Erfahrung oder Gewahrsein auf irgendeiner Erkenntnis-Ebene nachweisen kann, dies ein Kriterium dafür ist, dass es existiert. Umgekehrt kann jegliches Ereignis oder jede Sache, die nicht durch unsere Erfahrung oder unser Gewahrsein bewiesen werden kann, nicht als existent betrachtet werden.

Dabei darf man jedoch nicht vergessen, dass es viele verschiedene Arten und Ebenen des bestätigenden Gewahrseins oder der Erkenntnis gibt, bis hin und einschließlich der erhöhten Gewahrseinszustände einer meditativen Erfahrung wie der ursprünglichen Weisheit. Darüber hinaus nehmen unterschiedliche philosophische Systeme abweichende Standpunkte dazu ein, wie man etwas genau als »gültige Erkenntnis« definiert.

Der Grund für die vielen Diskussionen über Erkenntnistheorie in buddhistischen Schriften oder darüber, wie man etwas als gültige Erkenntnis definiert, liegt darin, dass all unsere Probleme, unser Leid und unsere Verwirrung aus einer falsch verstandenen Wahrnehmung der Dinge herrühren. Das erklärt, warum es für einen Praktizierenden so wichtig ist, zu bestimmen, ob ein kognitives Ereignis eine falsche Vorstellung oder wahres Wissen ist. Denn nur, wenn wir Einsicht entwickeln, welche die Verblendung durchschaut, können wir Befreiung erlangen.

Selbst in unserer eigenen Erfahrung können wir sehen, wie unser Geisteszustand verschiedene Stadien durchläuft, die schließlich zu einem Zustand wahren Wissens führen. Unsere anfängliche Haltung oder unser Standpunkt gegenüber irgendeinem Thema mag zum Beispiel einer sehr verhärteten, falschen Auffassung entspringen, wodurch wir uns völlig falsche Vorstellungen machen und daran festhalten. Doch wenn man diesem starken Festhalten an einer falschen Ansicht mit Vernunftgründen entgegentritt, kann sie sich in eine Art leisen Zweifel verwandeln, eine Ungewissheit, in der wir uns sagen: »Vielleicht ist es so, vielleicht ist es aber auch nicht so.« Das entspräche einer zweiten Stufe. Wird dieser unser Zweifel weiteren Vernunftgründen oder Beweisen ausgesetzt, kann er sich in eine Vermutung verwandeln, die zur richtigen Entscheidung tendiert. Es ist jedoch nichts weiter als eine Mutmaßung, nur eine Überzeugung. Wenn diese Überzeugung weiterem logischen Denken und Reflektieren preisgegeben wird, können wir schließlich zu dem kommen, was als »Schlussfolgerung aufgrund eines Prozesses logischer Beweisführung« bezeichnet wird. Diese Schlussfolgerung bleibt jedoch im Bereich begrifflicher Vorstellung und ist kein direktes Wissen um das Objekt. Wenn wir diese Schlussfolgerung schließlich weiterentwickelt und uns ständig damit vertraut gemacht haben, kann sie sich in eine intuitive und direkte Erkenntnis verwandeln – eine direkte Erfahrung des Geschehens. Wir können also anhand unserer eigenen Erfahrung sehen, wie unser Geist aufgrund der Auseinandersetzung mit Vernunftgründen und durch Reflexion verschiedene Stadien durchläuft, die schließlich zu einer direkten Erfahrung eines Phänomens oder Ereignisses führen.

Was nun die Frage angeht, ob ein wahres Wissen oder eine gültige Erkenntnis immer noch trügerisch oder verblendet sein könnte, nehmen die philosophischen Schulen unterschiedliche Standpunkte ein. Der große buddhistische Philosoph Nāgārjuna vertritt gemäß der Interpretation von Chandrakīrti zum Beispiel die Meinung, dass ein Geisteszustand wahres Wissen und gültige Erkenntnis sein und doch gleichzeitig ein gewisses Maß an Verblendung beinhalten könne. Andere Lehrmeinungen vertreten jedoch das Gegenteil. Für sie kann wahres Wissen und gültige Erkenntnis keinerlei Täuschung enthalten.[80]

Da einige philosophische Systeme den Standpunkt vertreten, dass wahres Wissen ein gewisses Element der Verblendung enthalten kann, unterscheiden sie verschiedene Aspekte des Objektes des Geistes. Ein Geisteszustand könne zum Beispiel ein »Objekt in seinem Erscheinen« und ein »Objekt des Begreifens« enthalten. Das heißt, dass wahres Wissen in Bezug auf sein erscheinendes Objekt verblendet sein kann, während es keinerlei Irrtum hinsichtlich des Objekts des Begreifens unterliegt. Gemäß dieser Sichtweise kann von Bewusstsein oder Gewahrsein nur in Bezug auf ein Objekt gesprochen werden, egal, ob es sich um einen verzerrten oder nachweislich echten Geisteszustand handelt. Ohne Objekt gäbe es kein Bewusstsein, und ohne Bewusstsein gäbe es kein Objekt. Aufgrund ihres grundlegenden Glaubens an das Prinzip der Relativität gehen die Befürworter dieser Systeme daher von einer wechselseitigen Beziehung von Bewusstsein und Objekt aus.

Andere philosophische Systeme vertreten hingegen, dass das Objekt zwar in Bezug zu einem Gewahrsein existiert, man zum Nachweis der Existenz eines Gewahrseins jedoch eine so genannte »bewusst wahrnehmende Natur des Geistes« braucht, das heißt, der Geist sollte sich seiner selbst bewusst sein. Es ist an dieser Stelle wichtig, den Begriff »bewusste Wahrnehmung« oder »reflexives Gewahrsein«, auf tibetisch *rang Rig*,[81] der in solchen philosophischen Systemen benutzt wird, nicht mit dem gleichen Begriff zu verwechseln, wie er in anderen Zusammenhängen verwendet wird, zum Beispiel in den Tantras.

Verschiedene Klassen von Phänomenen

Ist einmal bewiesen, dass Phänomene existieren, werden innerhalb der Kategorie der existierenden Phänomene zwei Klassen unterschieden. Die erste umfasst Dinge, die nicht dauerhaft existieren, sondern nur gelegentlich, was darauf hindeutet, dass sie auf bestimmte Ursachen, Bedingungen und Umstände angewiesen sind, um entstehen zu können. Die andere besteht aus jenen Phänomenen, die dauerhaft sind und von keiner dieser Ursachen, Bedingungen und Umstände abhängen.

Phänomene, die auf Ursachen, Bedingungen und Umstände angewiesen sind, um existieren zu können, nennt man »fremdbestimmt«, das heißt, sie sind der Macht dieser Ursachen und Bedingungen unterworfen. Allein die Tatsache, dass sie von ihren Ursachen und Bedingungen abhängen, um entstehen zu können, reicht aus, um zu deutlich zu machen, dass sie gleichermaßen das Potential haben, sich in ihre Bestandteile aufzulösen. Daher besitzt alles, was zusammengesetzt wurde, das Potential, sich schließlich wieder aufzulösen, wie durch einen eingebauten Mechanismus.

Innerhalb der Klasse von Phänomenen, die als Resultat von Ursachen und Bedingungen entstehen und die man »produzierte« Phänomene nennt, gibt es wiederum drei Arten: *Erstens* jene, die körperlich, materiell und greifbar sind und die wir mit unseren Sinnen wahrnehmen können. *Zweitens* gibt es bestimmte Phänomene, die nur im Bereich unserer Erfahrung auftreten, wie unsere Empfindungen, unsere Erfahrungen, unser Gewahrsein und so weiter. *Drittens* existiert noch eine weitere Gruppe von Phänomenen, die rein geistige Gebilde sind, abstrakt und nur innerhalb des Geistes begreiflich, wie zum Beispiel Zeit, mathematische Formeln, sowie begriffliche Vorstellungen wie »Produktion«, »Zerfall«, »Prozess« und »Muster«. Darunter fallen sogar wir selbst, das, was wir »Mensch« nennen, das »Selbst« oder

»Ich«. Diese Kategorie von Phänomenen hat ein völlig anderes Niveau und unterscheidet sich weitgehend von den ersten beiden Arten.

Die ersten beiden Arten von Phänomenen besitzen eine gewisse Basis, auf der man sie identifizieren kann. So können wir Form und physische Materie zum Beispiel mit unseren Sinnen wahrnehmen und berühren. Und obwohl man mit Erfahrungen, Gewahrsein und so weiter keinen körperlichen Kontakt aufnehmen kann, sind sie doch zumindest subjektiv erfahrbar, und wir können ihrer gewahr sein. Phänomene der dritten Gruppe können hingegen nur in Form eines Konzepts begriffen werden. Wenn wir zum Beispiel über einen Menschen sprechen, fragen wir uns vielleicht: »Was ist ein Mensch?« Wenn wir nachforschen und nach seiner Essenz suchen, werden wir nichts finden können. Der Mensch ist weder der Körper noch der Geist, sondern ein Begriff, mit dem die Kombination von Körper und Geist bezeichnet wird. Er ist ein metaphysisches Gebilde.

Ebenso können wir uns das so genannte Gewahrsein oder Bewusstsein vornehmen. Wir sind uns seiner Existenz ziemlich sicher und behaupten, wir können es spüren, erfahren und uns seiner bewusst sein. Doch wenn wir mit Spezialisten wie Neuro-Wissenschaftlern über die Existenz und Natur des Bewusstseins diskutieren, erweist sich oft allein der Versuch zu bestimmen, was dies genau ist, als problematisch. Meiner Ansicht nach ist dies ist ein Gebiet, das noch eingehender Untersuchung bedarf.

Der Geist

Warum wir uns nun so sehr für all diese metaphysischen und philosophischen Fragen interessieren, liegt an der natürlichen Neigung aller Menschen, sich nach Glück zu sehnen und Leid vermeiden zu wollen. Es ist dieses natürliche Verlangen, das uns dazu bringt und inspiriert, über solche Fragen nachzudenken.

Wenn wir eine philosophische Untersuchung in Angriff nehmen, dreht sich das Thema direkt um Körper und Geist und ihre Beziehung zueinander.

Aus unserer Erfahrung wissen wir, dass es bestimmte Empfindungen von Schmerz und Wohlgefühl gibt, die in erster Linie mit dem Körper zusammenhängen, und gleichzeitig gibt es einen weiteren Bereich in unserem Erleben von Schmerz und Wohlgefühl, nämlich Glück und Leid, die geistiger Natur sind. Wir wissen auch, dass wir, wenn wir ein höheres Ziel verfolgen und uns bewusst auf mögliche Unannehmlichkeiten gefasst machen, körperliche Schwierigkeiten oder notfalls selbst Schmerz ertragen und uns sogar noch darüber freuen können. Mangelt es uns andererseits an geistiger Ruhe sowie an Stabilität und Freude, können wir von größtem Komfort und jeglichen materiellen Möglichkeiten umgeben sein und uns doch unzufrieden fühlen, während die Zeit in qualvoller Langsamkeit verstreicht.

Aufgrund der ausschlaggebenden Rolle, die unser Geisteszustand für unsere Erfahrung von Schmerz und Wohlgefühl, Glück und Leid spielt, ist es entscheidend, dass wir über die Natur des Geistes reflektieren und entdecken, wie wir – wenn irgend möglich – unseren Geist so trainieren können, dass er sich zum Besseren wandelt. Aufgrund der zentralen Stellung des Geistes in unserer Erfahrung von Glück und Leid wird daher aus all diesen verschiedenen Kategorien von Phänomenen und der Gesamtheit der Realität der Geist gewählt und in diesem Zitat aus dem Sūtra zum Thema gemacht. Der Geist wird zur Basis erklärt, auf der die ganze Untersuchung beruht. Und so heißt es in dem Sūtra: »Der *Geist* ist frei von Geist.«

Obwohl alle buddhistischen Traditionen und Schulen darin übereinstimmen, dass der Geist unter allen Arten von Phänomenen von vorrangiger Bedeutung ist, gibt es unterschiedliche philosophische Erklärungen und Auffassungen darüber, wieso das so ist. In der Chittamātra- oder Nur-Geist-Schule wird die Tatsache, dass der Geist solch einen Status genießt, damit begründet, dass äußere Phänomene nicht objektiv existent sind, sondern nur Projektionen oder Erweiterungen des Geistes. In ihrer Sicht ist ein äußeres, materielles Objekt, dessen man gewahr ist, nicht objektiv existent. Das bedeutet, es besteht nicht aus Atomen, sondern ist nur eine Projektion des eigenen Geistes. Geist ist aus der Sicht der Chittamātra-Philosophen also von elementarer Bedeutung, da sie davon ausgehen, dass die äußere Realität keine objektive Existenz besitzt.

Viele philosophische Denkrichtungen innerhalb des Buddhismus vertreten jedoch den Standpunkt, dass Geist und Materie zwei verschiedene Dinge sind; dennoch bestätigen auch sie die Vormacht- oder Vorrangstellung des Geistes. Einige buddhistische Traditionen unterteilen Phänomene zum Beispiel in zwei Klassen: solche, die unrein sind und in die Kategorie des Daseinskreislaufs oder von Saṃsāra fallen, und solche, die unbefleckt oder unbelastet sind und zur Kategorie der Befreiung oder Nirvāṇa gehören. Entwickelt man eine Einsicht in die endgültige Natur der Dinge und Ereignisse, ist man befreit, doch wenn die endgültige Natur der Dinge missverstanden und nicht korrekt begriffen wird, unterliegt man dem Kreislauf der Existenz. Dies zeigt, dass der undisziplinierte und ungeübte Geist in den samsarischen Kreislauf von Leben und Tod führt, während ein geschulter und disziplinierter Geisteszustand diesen Geist von den Fesseln Saṃsāras befreit.

Einige philosophische Schulen erklären die Vorrangstellung des Geistes wiederum unter dem Gesichtspunkt, wie wir uns des Geistes bedienen, um Phänomene mit Bezeichnungen zu versehen, Konzepte zu erstellen und alles zu benennen. Gemäß der höchsten philosophischen Lehrsätze des Buddhismus, des Madhyamaka-Prāsaṅgika, sind alle Phänomene letztlich bloße Bezeichnungen, die den gesammelten Grundbestandteilen, auf denen die Benennung basiert, auferlegt werden. Es gibt keine greifbare Wirklichkeit, die nahelegen würde, dass sich hinter diesen Bezeichnungen ein realer Grund für ihre Ableitung verbirgt. Mit anderen Worten, sie existieren nicht in und aus sich selbst heraus. Andere philosophische Geistesrichtungen sprechen vielleicht von einer Kategorie der »auferlegten Phänomene«, doch ihr Verständis dieser auferlegten Natur unterscheidet sich von dem des Madhyamaka-Prāsaṅgika.

Obgleich Schulen wie das Madhyamaka-Prāsaṅgika die Chittamātra-These ablehnen, dass es sozusagen keine äußere Wirklichkeit gibt und dass die Phänomene, die wir als real wahrnehmen, Projektionen des Geistes sind, vertreten sie den Standpunkt, dass äußere Phänomene vom Geist abhängen, da sie von den Benennungen der Gedanken und Konzepte abhängig sind.

Die Vorrangstellung oder Überlegenheit des Geistes wird also entsprechend dieser Sichtweisen und Lehrmeinungen unterschiedlich erklärt.

Leid und das Ende des Leids

Wie wir aus unserem täglichen Leben wissen, können wir, je stabiler, ruhiger und zufriedener unser Geist ist, umso mehr Glücksgefühle und -erfahrungen aus ihm beziehen. Je undisziplinierter, ungeübter und negativer unser Geist ist, desto mehr leiden wir geistig und auch körperlich. Wir können also nur zu gut sehen, dass ein disziplinierter und zufriedener Geist die Quelle unseres Glücks ist. Wenn nun solch ein Geistesfrieden, dieser disziplinierte Zustand, der Weg zum Glück ist, stellt sich die Frage: »Können wir ihn sogar noch weiter entwickeln, bis er seine volle Größe erlangt? Oder ist es einfach nur ein Geisteszustand, den wir jetzt besitzen, der sich aber nicht mehr steigern lässt?«

Wenn dieser disziplinierte und friedvolle Geisteszustand erforscht und in hohem Maße weiterentwickelt wird, nennt man das technisch gesehen »den wahren Pfad« oder »die Wahrheit des Pfades, der zur Beendigung führt«. Wir können diesen wahren Pfad verwirklichen, weil es uns möglich ist, geistigem und körperlichem Leid ein Ende zu setzen, einschließlich der Verblendungen, die es verursachen. Mit anderen Worten, die Möglichkeit der »Beendigung« existiert.

Wir können Verblendungen aus dem Grund beseitigen und vom Geist trennen, weil sie einem grundlegenden Missverständnis entspringen, das uns Dinge und Ereignisse auf eine Weise als existent erscheinen lässt, die nicht mit der Realität übereinstimmt. Wir begreifen Dinge als inhärent und objektiv aus sich selbst heraus existent. Wenn wir diese Auffassung jedoch mit unserer Weisheit und Intelligenz untersuchen, werden wir feststellen, dass dies einfach nicht der Fall ist.

Sobald wir die Unvereinbarkeit zwischen unserer Wahrnehmung der Dinge und dem, wie Dinge und Ereignisse tatsächlich existieren, erkennen, werden wir beginnen, die Täuschungen, Illusionen und falschen Auffassungen dieser grundlegenden Unwissenheit zu durchschauen. Dies gestattet uns schließlich, unseren Geist vom Einfluss der Ignoranz und aus dem Zugriff des konzeptuellen Denkens zu lösen. Und das wiederum macht es möglich, dass die Natur des Geistes vom Einfluss der negativen Emotionen und Verblendungen befreit und so eine wahre Beendigung des Leids erreicht werden kann.

Die Faktoren, die unseren Geist undiszipliniert machen und diesen Zustand aufrechterhalten, nennt man Verblendungen. Die wichtigste Verblendung ist jene grundlegende Unwissenheit, die all unseren verblendeten Geisteszuständen zugrunde liegt – das Begreifen der Dinge als eigenständig existent. Zu den Verblendungen gehören auch leidvolle Emotionen wie Verlangen, Hass, Eifersucht und Wut. Gemeinsam mit den von ihnen ausgelösten negativen Handlungen unseres Körpers, unserer Sprache und unseres Geistes sind diese Verblendungen die Ursache des Leidens und werden daher als »Ursprung des Leids« bezeichnet.

Wir bezeichnen verblendete Geisteszustände wie Verlangen, Hass und Wut aus dem Grund als leidvoll, weil sie zu unerwünschten Konsequenzen führen – zu Leid und Schmerz, sowohl körperlicher als auch geistiger Art. Tatsächlich wird Leid auf drei verschiedenen Ebenen erklärt. Die erste wird als »Leiden an Leid« bezeichnet und bezieht sich auf offensichtliches Leid wie körperliche Schmerzen, die wir leicht als Leid erkennen können. Die zweite Art von Leid nennt man »das Leiden an Veränderung«. Dies beinhaltet Erfahrungen und Eindrücke, die wir üblicherweise als angenehm empfinden, die jedoch in Wirklichkeit Leid sind, da sie, wenn wir sie weiterverfolgen, schließlich nur zu Langeweile und Unzufriedenheit führen werden. Ihre essentielle Natur ist Leid. Die dritte Ebene von Leid ist das so genannte »Leiden, das alles Bedingte durchzieht«, und bezieht sich auf die Aggregate, die jeder von uns, der im Daseinskreislauf lebt, besitzt und die als Basis für all diese verschiedenen Arten unseres Leids fungieren. Solange wir von diesem Gefüge aus Körper und Geist, das durch unreine Handlungen hervorgebracht wurde, nicht frei sind, werden wir stets das Potential für Leid in uns tragen.

Wenn Sie das Leid also eindeutig identifiziert haben, werden Sie in der Lage sein, nach seinen Ursachen zu suchen und seinen wahren Ursprung zu bestimmen. Haben Sie den wahren Ursprung des Leids untersucht und identifiziert, werden Sie den aufrichtigen Wunsch entwickeln können, sich dieses Leids – und seiner Ursprünge – zu entledigen und die Kraft haben, sich von den Fesseln zu befreien. Das wiederum wird Sie befähigen, den ehrlichen Wunsch nach Befreiung zu erwecken, und genau das wird Sie inspirieren, nach dem Pfad zu suchen.

Um zusammenzufassen: Unerwünschte Konsequenzen wie Leid und Schmerz stammen aus undisziplinierten und negativen Geisteszuständen, und wünschenswerte Erfahrungen wie Glück und Wohlgefühl entstehen aus positiven, disziplinierten Geisteszuständen. Alles hängt völlig vom Zustand unseres Geistes ab, davon, ob er diszipliniert oder undiszipliniert ist, und aus diesem Grund sagt Buddha in den Sūtras, dass wir unser eigener Meister sind und kein anderer, äußerer Meister existiert.

Abhängiges Entstehen

Um den Prozess zu illustrieren, durch den die Wahrheit des Leidens und dessen Ursprung fühlende Wesen in Saṃsāra festhält, lehrte der Buddha das Prinzip der »zwölf Glieder des abhängigen Entstehens«.[82] Im *Sūtra vom Reiskeimling*[83] sprach der Buddha darüber, wie fühlende Wesen in diesem Zyklus von Leben und Tod durch die zwölf Glieder des abhängigen Entstehens gefangen sind. In diesem Sūtra erklärte er drei Arten von Bedingtheit. Die *erste* ist: Weil die Ursachen vorhandenen sind, werden die Wirkungen oder Ergebnisse folgen. Das impliziert nun, dass es für das Entstehen einer Wirkung eine Ursache geben muss. Nichts kann ohne Ursachen und Bedingungen existieren. Dann trifft er seine *zweite* Feststellung: Weil die Ursache entstanden ist, folgt die Wirkung. Das impliziert, es reicht nicht aus, dass etwas einfach nur existiert, um zur Ursache für ein bestimmtes Ereignis oder eine Wirkung zu werden, sondern die Ursache muss ein vergängliches Phänomen sein, welches funktionsfähig ist und das Potential besitzt, etwas entstehen zu lassen. Die *dritte* Aussage besagt, dass Handlungen aus Unwissenheit entstehen. Dies legt nahe, dass es für die Entstehung einer Wirkung nicht ausreicht, wenn eine Ursache sowohl existent als auch funktionsfähig und vergänglich ist, sondern dass sie mit den hervorgebrachten Folgen oder Ereignissen auch übereinstimmen muss. Eine spezifische Ursache kann nicht Wirkungen hervorrufen, die in keinerlei Zusammenhang mit ihr stehen. Dies impliziert also, dass eine Ursache, um eine Wirkung hervorzubringen, *zuerst* einmal existent sein sollte; die *zweite* Voraussetzung lautet, dass sie vergänglich und funktionsfähig sein sollte, und das *dritte* Merkmal ist, dass sie das Potential besitzen sollte, eine ihr entsprechende Wirkung hervorzubringen, das heißt, dass sie der Wirkung, die sie produziert, entsprechen sollte.

Alle philosophischen Systeme und Lehrsätze des Buddhismus vertreten, dass Glück durch positive Geisteszustände hervorgebracht wird und Unglück und Leid die Folge negativer Geisteszustände und negativer Handlungen sind. Alle buddhistischen Schulen erkennen das philosophische Prinzip des abhängigen Entstehens an. Daher erklären sie alle Veränderungen, die im Evolutionsprozess des Universums stattfinden – seien sie klein oder groß –, unter der Prämisse der gegenseitigen Abhängigkeit. All diese Veränderungen geschehen aufgrund ihrer Ursachen und Bedingungen. Man geht von keiner anderen äußeren Ursache aus. Und wenn Ereignisse stattfinden oder sich Folgen ergeben, entstehen sie als Resultat der Interaktion zwischen einer ursprünglichen Ursache und bedingten Umständen. Wenn wir über Ursachen und Bedingungen sprechen, ist es daher wichtig für uns, den Unterschied zwischen der wesentlichen Ursache, das heißt der vorrangigen Ursache eines Ereignisses oder Phänomens, und den mitwirkenden Ursachen zu verstehen, also den Faktoren, die mit der wesentlichen Ursache eine Wechselwirkung eingehen und so dem jeweiligen Ereignis oder Phänomen gestatten, sich zu entwickeln.

Wenn wir hier nun von Ursachen und Bedingungen sprechen, bezieht sich dies in erster Linie auf Geist und Materie. Materie umfasst die physikalischen Gebilde und materiellen Dinge, die wir wahrnehmen, sehen, berühren und fühlen können. Darüber hinaus gibt es eine völlig andere Klasse von Phänomenen, von der wir bereits gesprochen haben und die ausschließlich zum Bereich der Erfahrung gehört, wie zum Beispiel Gedächtnis, Gewahrsein und Wahrnehmung. Wenn wir also versuchen, die wesentlichen Ursachen für diese beiden unterschiedlichen Klassen von Phänomenen ausfindig zu machen, stellen wir fest, dass gemäß buddhistischer Erläuterungen, speziell dem Kālachakra-Tantra, die ursprüngliche Ursache für Materie in diesem Universum auf so genannte Raumpartikel zurückzuführen ist, die das All vor der Bildung dieses gegenwärtigen Universums durchzogen. Aus diesen Raumpartikeln entwickelte sich die ganze Vielfalt der materiellen Substanzen, die wir jetzt im Universum vorfinden. Nur wenn das Bewusstsein eines Wesens mit der äußeren Materie des Universums in Wechselwirkung tritt, entsteht die Evolution des Lebens, wie sie zum Beispiel in Darwins Evolutionstheorien dargestellt wird.

Wie wir nun gesehen haben, liegt es an der Einwirkung bedingter Umstände, dass alles einen Prozess der Veränderung durchlaufen kann. Wie kommt es, dass diese bedingten Umstände überhaupt da sind, um zu einer bestimmten Zeit und an einem bestimmten Ort eine Veränderung herbeizuführen? An dieser Stelle kommen wir zur Frage von Karma. Für einen Buddhisten ist die Ansicht, dass ein Ereignis oder Phänomen ohne jegliche Ursache existieren kann, logisch gesehen völlig inkonsequent. Auch der Standpunkt, dass es eine ursprüngliche Ursache wie einen Schöpfer gibt, der die gesamte Evolution entstehen ließ, verursacht Unbehagen und leidet zudem an logischen Widersprüchlichkeiten. Daher vertreten Buddhisten den Standpunkt, dass diese Wechselwirkungen zwischen Geist und Materie als Resultat karmischer Handlungen stattfinden. Diskutiert man jedoch über Karma, ist es wichtig, es als dynamischen Prozess zu verstehen. Wir wissen zum Beispiel alle, wie unsere Gefühle von Glück, Wohlgefühl und Schmerz als Resultat des aktiven Prozesses fortlaufender Ereignisse entstehen.

Nach der Reflexion über die verschiedenen grundlegenden philosophischen Fragen können wir zusammenfassend feststellen, dass die letztliche Lehre, die wir daraus ziehen können, lautet, dass wir unseren Geist trainieren sollten. Das kann nicht durch einen körperlichen Eingriff wie eine Operation oder eine Reihe von Injektionen erreicht werden, sondern nur durch Disziplin, wobei der Geist sein eigenes Gewahrsein und seine Intelligenz von innen heraus erzeugt. Um kraftvolle, wirksame Weisheit und Intelligenz zu entwickeln, brauchen wir eine Fähigkeit zur Einsgerichtetheit, die uns ermöglicht, unsere Energie und Aufmerksamkeit auf ein gewähltes Objekt zu richten. Und dafür brauchen wir eine vernünftige Grundlage, die uns die Disziplin reiner Ethik bietet. Aus dieser Sicht heraus betone ich also die Wichtigkeit der drei höheren Schulungen in Weisheit, Konzentration und ethischer Disziplin.

Auf diese Weise können wir die gesamte Thematik des ersten öffentlichen Diskurses des Buddha, die Lehren über die Vier Edlen Wahrheiten, zusammenfassen und so den Rahmen der grundlegenden buddhistischen Praxis darlegen, die dem Grundlegenden Fahrzeug und dem Mahāyāna gemein ist.

2. Der Geist ist frei von Geist

Wir haben bereits darüber gesprochen, dass der Geist die Hauptquelle und -basis für die Entstehung des gesamten Universums ist, was sowohl den Daseinskreislauf als auch den darüber hinausgehenden Zustand der Befreiung mit einschließt. Lassen Sie uns nun den Geist selbst zum Objekt nehmen; lassen Sie uns ihn untersuchen und nach seiner Essenz forschen. Wenn wir durch einen gewissen analytischen Prozess versuchen, den Geist zu finden, entdecken wir, dass er unauffindbar ist. Doch der Geist ist die Grundlage und Quelle aller Ereignisse und Erfahrungen, in dem Sinne, dass er uns glückliche und unglückliche Gefühle, Schmerz und Wohlbefinden erleben lässt. Es ist sehr offensichtlich, dass der Geist existiert. Doch wenn wir nach ihm suchen, wenn wir genau nachforschen, was der Geist ist, können wir ihn nirgendwo finden. Darum lautet unser Zitat aus dem Sūtra: »Der Geist ist frei von Geist.«

Wenn wir nun die Bedeutung von »der Geist ist frei von Geist« so auslegten, dass der Geist überhaupt nicht existierte, widerspräche dies unserer direkten Erfahrung. Denn wir erleben unseren eigenen Geist, wir spüren ihn und sind seiner Anwesenheit gewahr. Daher müssen wir nach einer tieferen Bedeutung dieser Aussage »der Geist ist frei von Geist« suchen. An diesem Punkt ist das Verständnis der zwei Wahrheiten von entscheidender Bedeutung. Ohne ein korrektes Verständnis der endgültigen und konventionellen Wahrheiten kann es in unserem Geist oft zu scheinbaren Inkonsequenzen oder Widersprüchlichkeiten kommen. So werden wir zum Beispiel denken, der Geist müsse, wenn er die Quelle des Glücks ist und die Fähigkeit besitzt, als solche zu fungieren, objektiv existieren. Es könne nicht sein, dass dem Geist eine innewohnende Existenz fehlt. Wie könnte er sonst so funktionieren, wie er es tut, wenn es ihm an inhärenter oder unabhängiger Existenz mangelt? Ist unser Verständis der zwei Wahrheiten unvollständig oder nicht korrekt, werden alle möglichen scheinbaren Widersprüche auftauchen.

Im Allgemeinen finden wir in allen philosophischen Lehrsätzen des Buddhismus eine Darstellung der zwei Wahrheiten, und auch in bestimmten nicht-buddhistischen philosophischen Schulen. Doch die Darstellung der zwei Wahrheiten als Doppel-Aspekte einer einzigen Entität findet sich nur in den Lehren der Mahāyāna-Gedankenschulen wie der Nur-Geist- oder Chittamātra-Schule und dem Mittleren Weg oder dem Madhyamaka. Obgleich dies der Fall ist, findet man in den philosophischen Grundsätzen der verschiedenen Schulen Unterschiede in der Definition von konventioneller und endgültiger Wahrheit. Die Sichtweise, die hier dargestellt wird, entspricht in erster Linie dem Standpunkt des Madhyamaka, im Besonderen dem Madhyamaka-Prāsaṅgika.

Endgültige und konventionelle Wahrheit

In den Schriften Longchen Rabjams und besonders Miphams wird ausdrücklich erwähnt, wie die Sicht der Leerheit des Dzogchen-Systems mit der Sicht des Madhyamaka-Prāsaṅgika übereinstimmen sollte.[84] In den Schriften dieser Meister über Dzogchen finden zwei Arten von vorbereitenden Praktiken für Dzogchen Erwähnung: eine gewöhnliche vorbereitende Praxis und eine außergewöhnliche vorbereitende Praxis. Die außergewöhnlichen vorbereitenden Praktiken beinhalten die so genannte »Suche nach dem verborgenen Makel des Geistes«, eine der vorbereitenden Übungen für Körper, Sprache und Geist. Diese Suche wird in drei Stufen vorgenommen:

1.) die Analyse, wo der Geist herkommt – die Untersuchung seines Ursprungs
2.) die Analyse des Zustands des Geistes selbst – wie er verweilt oder verbleibt
3.) die Analyse, wo ein Zustand des Geistes aufhört, mit anderen Worten, wo er sich auflöst.

Das Untersuchen des Ursprungs des Geistes, die Art seines Verbleibens und wie er aufhört wird auch vom Standpunkt des analytischen Ansatzes des Madhyamaka-Prāsaṅgika erklärt. Von der unterschiedlichen Länge abgesehen – die eine ist kurz und prägnant, die andere ausführlich –, lässt sich diese Praxis mit einer bestimmten Art von analytischem Prozess vergleichen, den so genannten Diamantsplittern, die man in den Madhyamaka-Abhandlungen finden kann. Diese Analyse benutzt logische Schlussfolgerung, um ein Ereignis unter dem Gesichtspunkt seiner Ursache, dem Standpunkt seiner Wirkung sowie das Ereignis selbst zu analysieren.[85]

Gemäß der Definition der endgültigen und der konventionellen Wahrheit des Madhyamaka-Prāsaṅgika, unter Berücksichtigung dessen, wie sowohl der nicht-konzeptuelle als auch der konzeptuelle Zustand des Geistes sie wahrnehmen, wird jegliches Objekt oder Phänomen, das als Folge einer endgültigen Analyse gefunden wird, als endgültig wahr erklärt, und jegliches Phänomen, das nur durch eine konventionelle Analyse etabliert wurde, als wahr im konventionellen Sinne.

Im Höchsten Yogatantra werden die Begriffe »endgültige Wahrheit« und »konventionelle Wahrheit« wiederum auf eine andere Art benutzt. Es gibt auch eine ausführliche Erläuterung der zwei Wahrheiten in Longchen Rabjams *Schatz der Wunsch-Erfüllung*. Das achtzehnte Kapitel enthält eine einzigartige Darstellung der zwei Wahrheiten und beginnt mit einer Definition der endgültigen Wahrheit als der grundlegenden, angeborenen Natur und der konventionellen Wahrheit als flüchtige Phänomene.[86] Mit anderen Worten, was natürlich und angeboren ist, wird endgültige Wahrheit genannt, während alles, was aufgrund vorübergehender Bedingungen neu zustande kommt, als konventionelle Wahrheit betrachtet wird.

Dann gibt es eine Darlegung der zwei Wahrheiten im Höchsten Yogatantra gemäß der neuen Übersetzungsschulen, wie zum Beispiel im Guhyasamāja-Tantra, in dem die endgültige Wahrheit als klares Licht und die konventionelle Wahrheit als Illusionskörper bezeichnet wird. In dieser Darstellung unterscheiden sich die Definition und Bedeutung der zwei Wahrheiten vollständig von dem, wie sie im Sūtra-System erläutert werden.

Was das klare Licht und den Illusionskörper angeht – die gemäß dem Höchsten Yogatantra als die zwei Wahrheiten der Vollendungsphase gelten –, würden sie gemäß der Unterteilung der zwei Wahrheiten im Sūtra-System in die Kategorie der konventionellen Wahrheit fallen. Wollte man im umgekehrten Falle die endgültige Wahrheit, wie sie im Sūtra-System verstanden wird – also die endgültige Natur der Realität oder Leerheit – mit den zwei Wahrheiten vergleichen, wie sie im Höchsten Yogatantra erklärt wird, wäre sie ein Objekt des klaren Lichts.

Wird im Höchsten Yogatantra vom grundlegenden, angeborenen Geist klaren Lichts als endgültige Wahrheit gesprochen, besteht also in der Anwendung des Begriffs »endgültige Wahrheit« eine gewisse Parallele zu dem, wie der Begriff »endgültige Wahrheit« in der Dzogchen-Tradition verwendet wird. Endgültige Wahrheit kann im Kontext von Grund, Pfad und Frucht verstanden werden. Da sie ursprünglich und spontan als unsere wahre Natur präsent ist, ist diese endgültige Wahrheit grundlegend und angeboren. Der Illusionskörper des Höchsten Yogatantra dagegen ist ein vorübergehendes Phänomen, neu entstanden durch Ursachen und Bedingungen, und gehört daher zur konventionellen Wahrheit. Denn wenn wir Dinge auf der Grundlage dessen erklären, welcher der beiden Ebenen der Wahrheit sie zugeschrieben werden, können zeitweilige Phänomene wie die Erfahrung des Illusionskörpers, die durch Ursachen und Bedingungen neu erschaffen sind, nicht dem fundamentalen Grund zugeschrieben werden. Sie sind Phänomene, die Grenzen haben, und an einem gewissen Punkt werden sie vergehen. Letztlich sind solche konventionellen, zeitweiligen Phänomene ohne Ursprung oder endgültiges Ende, dennoch betrachtet man sie als Dinge, die als Folge von Bedingungen und aufgrund der Veranlagung und der Interessen derer, die Anleitung brauchen, vorübergehend und neu auftauchen.

Ein gutes Beispiel wären die »höchsten Nirmāṇakāyas«.[87] Letztlich haben sie keinerlei endgültige Begrenzungen, und doch entstehen sie neu: als Resultat zeitweiliger Ursachen und Bedingungen, aufgrund der gegenseitigen Abhängigkeit von Ursache und Wirkung und als Reaktion auf die Interessen derer, die der Führung bedürfen. Daher können wir sie als konventionell wahr einstufen.

Die »Visionen des Vajrakāya«, die sich in der Tögal-Praxis des Dzogchen zeigen, entwickeln sich jedoch *nicht* neu und vorübergehend als Resultat von Ursachen und Bedingungen. Diese Visionen sind aufgrund der ursprünglichen Vereinigung von Kāyas und Weisheit vorhanden; sie sind von Uranfang an präsent, als natürliche Selbststrahlung unseres Rigpa oder unseres grundlegenden, angeborenen Geistes klaren Lichts. Ob diese reinen Visionen nun sichtbar sind oder nicht, sie sind bereits präsent und vorhanden. Dieser ursprüngliche Grund wird gewissermaßen durch den Pfad offensichtlich gemacht, doch darüber hinaus gibt es nichts, was neu erreicht oder neu erzeugt wird.

Daher ist diese grundlegende, angeborene Wahrheit leer, in

dem Sinne, dass sie leer ist von vorübergehenden Phänomenen der konventionellen Wahrheit. Und die Dinge, von denen sie leer ist, sind nicht nicht-existent.

Vergleichen wir dies mit dem Sūtra-System, in dem Leerheit als Negation eines inhärent existierenden Seins-Modus erklärt wird, eines Seins-Modus, den wir Dingen und Ereignissen übergestülpt haben, werden wir feststellen, dass das Objekt der Negation in diesem Kontext vollständig nicht-existent ist. Daher hat Leerheit auch hier eine andere Bedeutung.

Im Guhyasamāja-Tantra werden zudem unterschiedliche Ebenen von Leerheit erklärt, die so genannten »vier Leeren«, die den unterschiedlichen Stufen im Auflösungsprozess des begrifflichen Denkens entsprechen. Und im Kālachakra-Tantra wird der Begriff Leerheit als Leerheit von Stofflichkeit oder materieller Substanz verstanden. Es gibt also viele verschiedene Auffassungen von Leerheit.

Sogar im Sūtra-System selbst finden wir unterschiedliche Anwendungen des Begriffs der endgültigen Wahrheit. Maitreya zum Beispiel behandelt in seiner *Unterscheidung des Mittleren Weges von den Extremen* das Endgültige in drei verschiedenen Kontexten: endgültige Bedeutung, endgültige Praxis und endgültige Errungenschaft oder endgültiges Resultat:[88]

> Bedeutung, Errungenschaft und Praxis,
> es heißt, das Endgültige sei von dreierlei Art.

Die Begriffe »endgültig« und »konventionell« lassen sich auch im *Erhabenen Kontinuum* finden, wo sie in Bezug auf die Zuflucht zu den Drei Juwelen angewendet werden.[89] Hier bezeichnen sie endgültige und konventionelle Zuflucht, wobei endgültig und konventionell anhand dessen definiert werden, ob die Quelle der Zuflucht vollständige Verwirklichung erreicht hat und endgültig von den Fesseln des Saṃsāra befreit und entbunden ist oder nicht.

Lassen Sie uns zur Darstellung der beiden Wahrheiten zurückkehren. Da der grundlegende, angeborene Geist frei von vorübergehenden Phänomenen wie konzeptuellen Prozessen und bedingten Umständen ist und seine Kontinuität stets gewahrt blieb, spricht man von ihm als Leerheit oder endgültige Wahrheit. Diese Interpretation ließ in Tibet eine Sicht der Leerheit entstehen, in der dieser grundlegende, angeborene Geist, der als endgültige Wahrheit beschrieben wird, als etwas unabhängig und endgültig Existentes verstanden wurde. Diese Sicht der Leerheit nennt man »Leerheit von Anderem« oder *Shyentong*. Sie wurde von vielen großen tibetischen Meistern in der Vergangenheit widerlegt, doch Dilgo Khyentse Rinpoche erläuterte, dass es zwei verschiedene Interpretationen von Shyentong gibt, eine authentische und gültige sowie eine irrige und ungültige.[90]

Ich gebe aus dem Grunde einen Überblick über all diese verschiedenen Verweise auf die endgültige und konventionelle Wahrheit in ihrem jeweiligen spezifischen Rahmen, damit Sie sich nicht dadurch verwirren lassen, dass ein gleich klingender Begriff in unterschiedlichen Kontexten verwendet wird. Wenn Sie zum Beispiel einen Text wie den *Schatz des Wissens*[91] lesen, der von der Vaibhāṣhika-Philosophie handelt, und die Begriffe endgültige und konventionelle Wahrheit darin erwähnt werden, ist es sehr gefährlich, diese Begriffe vom Standpunkt des Madhyamaka-Prāsaṅgika verstehen zu wollen. Tatsächlich ist das gänzlich unmöglich. In der Regel interpretiert man Begriffe wie »die zwei Wahrheiten« und so weiter, wenn sie im Text einer niedrigeren philosophischen Schule vorgefunden werden, am korrektesten in ihrem eigenen Rahmen. Begegnet Ihnen genau der gleiche Begriff in einer Quelle einer höheren Lehrmeinung, ist es sehr wichtig zu untersuchen, ob er die gleiche Bedeutung behalten hat und diese für beide Schulen gilt oder ob er in diesem bestimmten Kontext einen anderen Sinn hat. Das Gleiche trifft zu, wenn Sie den Begriff »endgültige Wahrheit« im Tantra vorfinden. Sie sollten zuerst einmal untersuchen, ob der Begriff in diesem bestimmten Kontext im Sūtra und Tantra gleichbedeutend ist oder ob er einen anderen Sinn erhalten hat. Und dasselbe gilt für »endgültige Wahrheit« im Kontext der Dzogchen-Praxis. Alles in allem ist es also sehr wichtig zu untersuchen, worauf sich ein bestimmter Begriff bezieht.

Leerheit verstehen

Wir haben nun von den zwei Wahrheiten aus der Sicht des Madhyamaka-Prāsaṅgika gesprochen, einem Verständnis der zwei Wahrheiten, das sowohl im Sūtra als auch Tantra Gültigkeit besitzt. Wie ich zuvor sagte, ist endgültige Wahrheit hier als der Seins-Modus der Phänomene definiert, der durch eine Untersuchung der letztlichen Natur der Dinge ermittelt wird, und konventionelle Wahrheit wird als der Aspekt definiert, der durch einen analytischen Prozess etabliert wird, welcher nur die konventionelle Natur der Dinge untersucht. Diese Definition der zwei Wahrheiten wird unter dem Blickwinkel dargestellt, wie sowohl der konzeptuelle als auch der nicht-konzeptuelle Geist die Dinge wahrnimmt. Würden wir endgültige und konventionelle Wahrheit allein unter einem direkt erfahrbaren Gesichtspunkt definieren – der Art, wie ein nicht-konzeptuelles Gewahrsein Dinge versteht –, könnten wir Folgendes sagen: Jegliches Phänomen, das durch direkte Erfahrung wahrgenommen wird, auf eine Weise, in der alle Dualität von Subjekt und Objekt aufgelöst ist, zählt zur endgültigen Wahrheit. Jegliches Objekt, das eine Subjekt-Objekt-Dualität beibehält, während es direkt wahrgenommen wird, gehört hingegen der konventionellen Wahrheit an.

Das Verständnis dieser Definitionen der zwei Wahrheiten ist wichtig, um die einleitende Zeile des Zitats des Sūtra verstehen zu können, also »der Geist ist frei von Geist«. Würden wir dieses Zitat für bare Münze nehmen, wäre es völlig unlogisch. Wir müssten vertreten, dass Geist nicht als Geist existiert, doch das ist nicht der Fall. Buddha bezeichnet den Geist aus dem Grund als frei von Geist, weil Geist nicht aus sich selbst heraus besteht. Der Geist besitzt keine letztliche Existenz, sondern existiert nur in Abhängigkeit von anderen Faktoren, Ursachen und Bedingungen. Diese Abwesenheit einer unabhängigen Existenz des Geistes ist also die letztliche Realität, oder endgültige Wahrheit des Geistes.

Wenn wir hier den Begriff »endgültig« verwenden, hat er zweierlei Bedeutung. Unter dem Gesichtspunkt, wie Geist durch direkte Erfahrung wahrgenommen wird, sollte man zuerst einmal zur Kenntnis nehmen, dass Geist *kein* Objekt einer direkten Erfahrung ist, welche die letztliche Natur des Geistes erkennt. Das liegt daran, dass das Gewahrsein im Moment der Erkenntnis der letztlichen Natur des Geistes nur die Leerheit des Geistes erkennt und nicht den Geist selbst. Daher ist der Geist nicht endgültig. Zweitens ist der Geist deswegen nicht endgültig existent, weil Studium, Kontemplation und Meditation beweisen, dass es ihm an unabhängiger Natur fehlt.

Nehmen wir aber die endgültige Realität – Leerheit selbst –, werden wir feststellen, dass Leerheit ein Phänomen ist, das sich als Resultat einer endgültigen Analyse eines gegebenen Objektes ergibt. Daher ist sie, von diesem Standpunkt aus gesehen, endgültig und kann zu Recht als endgültige Wahrheit bezeichnet werden. Würden wir das Engültige jedoch als ein eigenständiges Objekt betrachten und es dann untersuchen, nach seiner Essenz forschen und bestimmen, ob Leerheit objektiv und unabhängig von anderen Faktoren existiert und so weiter, müssten wir feststellen, dass dies nicht der Fall ist. Das weist darauf hin, dass auch Leerheit letztlich nicht existent ist. Wenn wir dies verstehen, werden wir den scheinbaren Widerspruch beilegen können, der entsteht, wenn wir sagen, Leerheit sei endgültige Wahrheit, doch gleichzeitig nicht endgültig existent.

Alle Phänomene, die unserem Geist erscheinen und im Universum existieren, einschließlich dem Geist selbst, hängen – um überhaupt existieren zu können – von Ursachen und Bedingungen ab. Da sie von Natur aus abhängig sind, fehlt ihnen jegliche unabhängige Existenz. Sie können nicht eigenständig und von sich aus existieren, und diese Abwesenheit oder Negation unabhängiger Existenz ist die letztliche Realität oder endgültige Wahrheit der Dinge.

Letztliche Wahrheit oder Leerheit, wie sie in den Schriften des Madhyamaka-Denkansatzes dargelegt wird, zum Beispiel in Nāgārjunas *Grundlegender Abhandlung über den Mittleren Weg,* dem Wurzeltext über Weisheit, oder Chandrakīrtis *Betreten des Mittleren Weges,* zählt zu den so genannten negativen Phänomenen. Im Allgemeinen werden Phänome in zwei Kategorien unterteilt: affirmative Phänomene und negative Phänomene. Obwohl in bestimmten Texten von fünfzehn negativen Phänomenen die Rede ist, können sie alle in zwei umfassendere Kategorien eingeordnet werden: nicht-affirmative negative Phänomene und affirmative negative Phänomene. Leerheit ist ein nicht-affirmatives negatives Phänomen.

Diese Unterteilung von Phänomenen in zwei Kategorien, affirmative und negative, wird nicht auf der Basis vorgenommen, ob Dinge positiv oder negativ sind, sondern eher vom Standpunkt eines subjektiven Gewahrseins: wie nehmen wir Dinge wahr, wie entwickeln wir Wissen über Dinge und Ereignisse?

Nehmen wir zum Beispiel den Raum. Raum könnte zum Beispiel lediglich als Negation verstanden werden, einfach als Abwesenheit von Hindernissen und Abwesenheit von Form. Dann wird diese Abwesenheit von behindernden Eigenschaften »Raum« genannt; wann immer wir also Raum wahrnehmen, tun wir das durch das Negieren einer behindernden Qualität. Doch es gibt auch Phänomene, die wir verstehen können, ohne explizit etwas negieren zu müssen, und so können wir anhand dieser unterschiedlichen Wahrnehmungsweisen die Dinge in Kategorien von negativen oder affirmativen Dingen unterteilen.

Hier stehen zum Beispiel zwei Tische, einer an meiner Seite und der andere vor mir. Wie Sie sehen können, steht auf dem Tisch an meiner Seite eine Blume. Um wahrnehmen zu können, dass dort eine Blume steht, brauchen wir keinen weiteren Faktor; wir müssen zum Beispiel nichts negieren. Während uns der Anblick der Blume, der sich unserer Wahrnehmung bietet, befähigt, die Anwesenheit einer Blume auf dem Tisch an meiner Seite wahrzunehmen, muss ich, um die Abwesenheit einer Blume auf dem Tisch, der sich vor mir befindet, wahrnehmen zu können, erst einmal das identifizieren, was negiert werden muss, also »Blume«, und erst wenn ich »Blume« dann explizit negiere, kann ich die Abwesenheit einer Blume auf dem Tisch vor mir verstehen. Wie wir sehen, gibt es also zwei verschiedene Arten, wie wir Dinge verstehen oder wahrnehmen können. Und diese Leerheit, die einfach die völlige Abwesenheit einer Blume auf dem Tisch vor mir ist, *ist* ein Phänomen, das existiert, weil wir es akkurat wahrnehmen können.

Um auf die Leerheit zurückzukommen: Würden wir uns fragen, inwiefern uns die Anwesenheit oder Abwesenheit von Leerheit etwas ausmacht, wäre die Antwort: überhaupt nicht! Die Tatsache, dass es Leerheit gibt, macht für uns keinerlei Unterschied. Was jedoch einen Unterschied macht, ist unser Verständnis und unsere Erkenntnis der leeren *Natur* der Dinge. Das ist von entscheidender Bedeutung, denn Leerheit zu verstehen und zu erkennen steht in direktem Zusammenhang mit unserem Streben, unseren Geist von leidverursachenden Emotionen wie Hass, Wut und Verlangen zu reinigen.

Im Allgemeinen ist unsere Wahrnehmung, wann immer wir Dinge wahrnehmen, verblendet, da wir auf die Dinge einen Existenz-Status und Seins-Modus projizieren, der einfach nicht vorhanden ist. Wir übertreiben die Dinge, und die Art, in der sie dann fälschlich in unserem Geist erscheinen, führt zu leidvollen Emotionen. Wenn wir zum Beispiel unsere Freunde oder Feinde sehen, stülpen wir ihnen eine Qualität von Begehrt- oder

Unerwünschtsein über, die über die tatsächlichen Fakten der Situation hinausgeht, und dieses Aufgesetzte oder diese Übertreibung löst schwankende Emotionszustände in unserem Geist aus. Unseren Freunden gegenüber fühlen wir starke Anhaftung und Verlangen und unseren Feinden gegenüber heftige Wut und Hass. Wenn wir unseren Geist also ernsthaft von diesen leidverursachenden Emotionen reinigen wollen, wird ein Verständnis von Leerheit unabdingbar.

Dieses Verständnis von Leerheit – vorausgesetzt, es wird gefördert, weiterentwickelt und direkt erfahren – ist eines der wichtigsten Faktoren des wahren Pfades. Diese direkte Erfahrung der Leerheit wird als kraftvolles Gegenmittel dienen können, um Unwissenheit und leidverursachende Emotionen zu überwinden und aus unserem Geist zu vertreiben. Denn solch eine Einsicht durchschneidet direkt die Illusion, die durch die falsche Auffassung entsteht, Dinge und Ereignisse als inhärent existent zu begreifen, in und aus sich selbst heraus. Wenn diese direkte Erfahrung der Leerheit in seiner Funktion als Gegenmittel weiterverfolgt wird, beseitigt sie allmählich sämtliche Verblendungen und Unwissenheit des Geistes.

Gemäß der philosophischen Schule Nāgārjunas und seiner Anhänger ist diese direkte Erkenntnis der Leerheit als ein Gegenmittel, das Verblendungen überwindet und aus dem Geist entfernt, ein wesentlicher und unersetzlicher Faktor der Weisheit, nicht nur für Praktizierende des Mahāyāna, sondern auch für Anhänger des Fahrzeugs der Hörer sowie des Fahrzeugs der Alleinverwirklicher.[92] Sie vertreten, dass diese Erkenntnis der Leerheit für alle drei Arten von spirituellen Praktizierenden gleichermaßen erforderlich ist, um Befreiung zu erlangen. Natürlich wird Leerheit in den Mahāyāna-Sūtras ausführlicher und expliziter dargestellt. Doch das heißt nicht, dass in den Lehren des Grundlegenden Fahrzeugs nie von Leerheit gesprochen würde, denn Nāgārjuna legt dar, dass es auch in den Sūtras des Grundlegenden Fahrzeugs explizite Hinweise auf Leerheit gibt.

Das geschickte Mittel des Bodhichitta

Da es keinen Unterschied zwischen den drei Fahrzeugen gibt, was die Weisheit anbelangt, muss der Unterschied im Bereich der Methode oder der geschickten Mittel liegen. So kommt es, dass das Erzeugen von Bodhichitta, dem altruistischen Wunsch und Bestreben, Erleuchtung zum Wohle aller zu erlangen, als Tor zum Mahāyāna-Pfad betrachtet wird und dies darüber entscheidet, ob jemand ein Praktizierender des Mahāyāna ist oder nicht. Wenn ein Praktizierender anfänglich durch dieses altruistische Prinzip motiviert ist, zum Wohle aller fühlenden Wesen zu arbeiten, und wenn er oder sie dieses Ideal in die Tat umsetzt, dann kommt die Praxis der sechs Vollkommenheiten ins Spiel.

Bodhichitta kann als ein weiter, offener Geisteszustand verstanden werden, der als Resultat des Trainings in zwei Arten von Bestrebungen erreicht wird. Eine ist der altruistische Wunsch, allen fühlenden Wesen nutzen zu wollen, eine Haltung tiefen Mitgefühls. Die andere ist die Überzeugung, die entsteht, wenn wir über das Leid aller fühlenden Wesen reflektieren und erkennen, dass wir, solange wir nicht die höchste Erleuchtung erlangt haben, nur beschränkt und in Grenzen in der Lage sind, anderen zu nutzen. Der durch diese zweifache Bestrebung hervorgerufene Geisteszustand wird Bodhichitta oder Erleuchtungsgeist genannt.

Es kann jedoch sein, dass unser direktes Verständnis der Leerheit durch den Wunsch motiviert ist, nur für uns selbst Befreiung zu erlangen. Durch das Kultivieren dieses Verständnisses der Leerheit können wir uns von emotionalen Verdunklungen und Verblendungen befreien und so den Zustand eines Arhat erreichen. Doch dies wird nicht die Kraft besitzen, uns von den kognitiven Verdunklungen zu befreien, den Behinderungen des Wissens, die diese Verblendungen in unserem Geist hinterlassen haben.

Wenn wir dem folgen, was im *Erhabenen Kontinuum* gesagt wird, können diese kognitiven Verdunklungen oder Behinderungen des Wissens nur durch die Entwicklung einer direkten Erfahrung von Leerheit überwunden werden, die vom Aspekt der geschickten Mittel wie Bodhichitta, Mitgefühl und so weiter begleitet wird. Wenn wir diese Leerheit verstehen, die man »Leerheit, ausgestattet mit allen Aspekten der geschickten Mittel« nennt, wird es uns nicht nur gelingen, unseren Geist von Verblendung zu befreien, sondern auch die kognitiven Verdunklungen zu überwinden, die von den Verblendungen als latente Einflüsse hinterlassen wurden.

Wie man Bodhichitta entwickelt

Die Frage ist nun: »Wie pflegen und entwickeln wir dieses Bodhichitta, den Erleuchtungsgeist?« Der Schlüssel und die Wurzel ist großes Mitgefühl. Mitgefühl bezieht sich hier auf einen Geisteszustand, durch den es für uns absolut unerträglich wird, anderer Wesen Leid mitanzusehen. Dies können wir entwickeln, indem wir verstehen, wie wir unser eigenes Leid empfinden. Wenn wir uns unseres eigenen Leids bewusst werden, haben wir den spontanen Wunsch, davon frei zu sein. Sind wir in der Lage, dieses Gefühl auf alle anderen Wesen auszudehnen, indem wir erkennen, dass wir alle dasselbe instinktive Verlangen haben, Leid zu vermeiden und es zu überwinden, dann wird dieser Geisteszustand »großes Mitgefühl« genannt.

Wir alle besitzen das Potential, ein solches Mitgefühl zu entwickeln, denn wann immer wir Menschen leiden sehen – besonders, wenn sie uns nahestehen –, fühlen wir sofort mit ihnen und erleben, wie unser Geist spontan darauf reagiert. Alles, was wir tun müssen, ist also, dieses Potential zum Vorschein zu bringen und es dann weiterzuentwickeln, bis es so unparteiisch wird, dass es alle fühlenden Wesen miteinbeziehen kann, Freund wie Feind.

Um dieses große Mitgefühl in uns zu kultivieren, müssen wir erst einmal so genannte liebende Güte entwickeln, ein Gefühl von Verbundenheit oder Nähe zu allen lebenden Geschöpfen. Diese Nähe und Innigkeit sollte nicht mit dem Gefühl verwechselt werden, das wir normalerweise für diejenigen empfinden, die wir lieben, und das durch Anhaftung beeinträchtigt ist. Diese Anhaftung, die uns denken lässt: »Dies sind *meine* Freunde ... sie sind *meine* Verwandten ...«, basiert auf Ego und Selbstsucht. Wenn wir liebende Güte entwickeln, sind wir nicht von solch selbstsüchtigen Gedanken getrieben. Im Gegenteil, wir trachten danach, ein Gefühl von Nähe sowie eine Zuneigung für andere fühlende Wesen zu entwickeln, indem wir über Folgendes reflektieren: über die Tatsache, dass Leid bereits in ihrem Wesen angelegt ist, über die Ausweglosigkeit ihrer Situation und über das instinktive Verlangen in jedem von ihnen, Leid zu überwinden. Je größer die Kraft unserer liebenden Güte für andere Wesen ist, desto größer ist die Kraft unseres Mitgefühls. Und je größer die Kraft unseres Mitgefühls ist, desto leichter wird es uns fallen, ein Gefühl der Verantwortung zu entwickeln und es uns zur Aufgabe zu machen, uns für andere einzusetzen. Je größer dieses Verantwortungsgefühl ist, desto erfolgreicher werden wir Bodhichitta erzeugen können, den aufrichtigen, altruistischen Wunsch, Buddhaschaft zum Wohle aller Wesen zu erlangen.

Ein zweiter, wichtiger Faktor für die Entwicklung von Bodhichitta ist die Entwicklung der tiefen Einsicht, dass es in diesem gesamten Daseinskreislauf in der Natur des Lebens selbst liegt, unbefriedigend oder *Duḥkha* zu sein. In der Tat ist dies die erste edle Wahrheit – die Wahrheit des Leidens. Ist unsere Einsicht in diese Wahrheit nicht tief genug, sind wir vielleicht, statt Mitgefühl für fühlende Wesen zu entwickeln, neidisch auf jene, die nach weltlichen Maßstäben als erfolgreich, wohlhabend oder machtvoll gelten. Wenn wir solche Emotionen verspüren, ist das ein Zeichen dafür, dass unsere Einsicht in Leid zu oberflächlich ist, um wirklich verstehen zu können, wie sehr es das Leben der

Menschen, die in diesem Teufelskreis von Saṃsāra gefangen sind, durchdringt. Ist unser Verständnis von Leid jedoch tief genug, werden wir spontan ein Gefühl dafür entwickeln, wie unerträglich das Leben in diesem ganzen Daseinskreislauf ist. Dieses Gefühl von Unerträglichkeit wird uns befähigen, das Leid anderer spontaner zu verstehen. Sonst wird unser Erzeugen von Mitgefühl irgendwie geheuchelt sein. So sehr wir auch vorgeben mögen, Mitgefühl für fühlende Wesen zu haben – tief im Inneren bleiben wir vielleicht doch neidisch und eifersüchtig auf Menschen, die in der Welt als erfolgreich gelten.

Kurz gesagt, echtes Mitgefühl wird erzeugt, wenn wir zwei Faktoren im Sinn behalten. Der *erste* ist die tiefe Einsicht, dass Leid ganz allgemein in der Natur des Lebens im Daseinskreislauf liegt, verbunden mit einem gleichzeitigen Gefühl seiner Unerträglichkeit. Der *zweite* ist die Erkenntnis der Gleichheit von uns selbst und anderen: Wir alle haben die natürliche Tendenz, Glück zu begehren und zu versuchen, Leid zu vermeiden, genau wie wir alle gleichermaßen das natürliche Recht haben, uns des Glücks zu erfreuen und frei von Leid zu sein. Das ist die Erkenntnis, die uns dazu führt, unser eigenes Wohl gegen das der anderen auszutauschen, denn obwohl wir alle dieselbe natürliche Neigung und dasselbe Recht teilen, gibt es einen zahlenmäßigen Unterschied. Sprechen wir von unserem eigenen Wohl, geht es, ganz gleich wie wichtig wir sein mögen, immer nur um ein einziges Individuum, von den anderen gibt es hingegen unendlich viele. Unter diesem Gesichtspunkt sind sie wesentlich wichtiger als wir ganz allein.

Diese beiden Faktoren des Geistes: eine tiefe Einsicht in Leid, gepaart mit der Erkenntnis, dass andere wichtiger sind als wir selbst, werden ein Gefühl der Verantwortung in uns wecken, für das Wohl anderer zu arbeiten. Das wird dazu führen, dass wir aufrichtiges Mitgefühl in uns erzeugen.

Das Ablegen des Bodhichitta-Gelübdes

In seinem *Betreten des Mittleren Weges* schreibt Chandrakīrti:

> Über alles preise ich Mitgefühl:
> Als Keim der reichen Ernte der Buddhaschaft,
> als Wasser, das es wachsen lässt,
> und das, was in den Zustand dauerhafter Freude reift.[93]

Chandrakīrti vergleicht das Mitgefühl zu Beginn unserer Praxis mit einem Samenkorn; auf dem Pfad selbst ist es die Feuchtigkeit und der Dünger, die die junge Pflanze zum Sprießen bringen und sie nähren, wenn sie heranwächst; und im daraus resultierenden Zustand der Buddhaschaft ist es wie eine herangereifte Frucht, an der sich alle fühlenden Wesen erfreuen können. Mitgefühl ist also nicht nur im Anfangsstadium der spirituellen Praxis von Wichtigkeit, sondern auch auf dem Pfad und sogar zum Zeitpunkt des Resultats.

Wenn wir solch ein Mitgefühl entwickelt haben, wird es uns dazu inspirieren, Bodhichitta zu erzeugen, das altruistische Bestreben, vollständige Erleuchtung zu erlangen. Als Methoden zur Erzeugung von Bodhichitta bildeten sich in Indien zwei Techniken heraus: Atiśhas »siebenfache Methode von Ursache und Wirkung« sowie das »sich Gleichsetzen und Austauschen mit anderen«, das der Meister Śhāntideva entwickelte. Es ist sehr wirkungsvoll und nützlich, einer Methode zu folgen, die beide Ansätze vereint.

Unseren Geist durch das Gleichsetzen und den Austausch unserer selbst mit anderen zu üben ist äußerst kraftvoll und an sich für Bodhisattvas gedacht, die höhere geistige Fähigkeiten besitzen. In diesen modernen Zeiten ist es besonders effektiv, den Geist anhand dieses Ansatzes zu trainieren, da er dem heutigen Zeitgeist entspricht.

Sobald Sie durch die Anwendung einer der beiden Techniken

oder einer Kombination aus beiden auch nur die geringste Erkenntnis von Bodhichitta gewonnen haben, können Sie dieses altruistische Bestreben verstärken, indem Sie die Zeremonie des Erzeugens des so genannten Wunschaspekts von Bodhichitta ausführen. Diese Zeremonie macht das Erwecken des altruistischen Geistes um ein Vielfaches stabiler und kraftvoller.

Wir werden das jetzt tun, indem Sie mir den Vers nachsprechen, den ich rezitieren werde. Während Sie mir nachsprechen, sagen Sie sich selbst: »Zum Wohle aller fühlenden Wesen werde ich danach streben, vollständige Erleuchtung zu erlangen.« Wenn Sie diese Haltung mit einer solchen Motivation erzeugen, wird das von großer Wirkung sein. Und wenn Sie sich in Zukunft der Aufgabe widmen, für andere zu arbeiten, wird diese Zeremonie Sie immer an das Versprechen erinnern, das Sie heute abgelegt haben.

Diejenigen unter Ihnen, die ein großes Interesse und großen Respekt für buddhistische Praxis haben und buddhistische Meditation – speziell gemäß dem Mahāyāna – ausüben möchten, können in diesem Sinne reflektieren. Diejenigen, die sich nicht als buddhistische Praktizierende betrachten, brauchen der Visualisation oder Kontemplation, die an diesem Punkt erklärt wird, nicht zu folgen.

Visualisieren Sie, dass sich vor Ihnen und über Ihnen im Raum sämtliche Buddhas und Bodhisattvas befinden. Stellen Sie sich vor, dass Sie selbst von allen fühlenden Wesen umgeben sind; reflektieren Sie über das Leid, das ihrem Leben innewohnt, und denken Sie: »Genau wie ich haben auch sie ein natürliches Verlangen danach, glücklich zu sein und all ihr Leid zu überwinden.«

Entwickeln Sie nun eine mutige Haltung und sagen Sie zu sich selbst: »Möge ich in der Lage sein, die Verantwortung auf mich zu nehmen, all diesen fühlenden Wesen dabei zu helfen, sich von ihrem Leid und unerwünschten Erfahrungen zu befreien.« Angespornt von solch einem Verantwortungsgefühl, legen Sie dann das Gelübde ab, daran zu arbeiten, dieses Ideal in die Tat umzusetzen.

> Zu Buddha, Dharma und Saṅgha
> nehme ich Zuflucht, bis Erleuchtung erreicht ist.
> Durch das Verdienst meiner Praxis der Großzügigkeit
> und so weiter
> möge ich Buddhaschaft erlangen, um allen Wesen
> zu nutzen!

Nachdem Sie diesen altruistischen Geisteszustand erzeugt haben, legen Sie aus der Tiefe ihres Herzens das Versprechen ab, von nun an immer ein guter Mensch zu sein und – wann immer sich die Gelegenheit bietet – anderen fühlenden Wesen zu helfen, und wenn das nicht möglich ist, zumindest davon abzusehen, ihnen zu schaden. Das Wichtigste ist, dieses Versprechen und diese Verpflichtung aus ganzem Herzen zu geben, so dass dieser Geist von Altruismus, den Sie jetzt erzeugt haben, ihr ganzes Leben durchziehen kann.

Es reicht jedoch nicht aus, sich mit dem Wunsch allein zufrieden zu geben. Jetzt sollte dieses altruistische Ideal in die Tat umgesetzt werden, durch die Praxis der sechs Vollkommenheiten. Kurz gesagt: Das Leben oder die Praxis eines Bodhisattvas ist die Vereinigung von Methode, beziehungsweise geschickten Mitteln, und Weisheit. »Methode« bezieht sich hier auf Praktiken wie das Erzeugen des altruistischen Erleuchtungsgeistes und darauf, dass man sich – um anderen zu helfen – dazu motivieren lässt, zu geschickten Mitteln zu greifen, wie: Großzügigkeit, reine Ethik, Geduld, Enthusiasmus und Konzentration. »Weisheit« bedeutet hier, das eigene Verständnis und die Einsicht in Leerheit zu entwickeln und zu verstärken.

Die Vereinigung von Methode und Weisheit

Im Vollkommenheits-Fahrzeug wird die Vereinigung von Methode und Weisheit hingegen nur im Sinne von zwei Faktoren verstanden, die sich gegenseitig ergänzen: Methode wird ergänzt und unterstützt von Weisheit, die Leerheit erkennt, oder Weisheit wird unterstützt und ergänzt durch Methode.[94] Die Vereinigung der zwei Faktoren im Sūtra-System ist also nicht endgültig und daher nicht vollständig. Im tantrischen System hingegen gibt es eine differenziertere und endgültige Vereinigung von Methode und Weisheit. Hier wird diese Vereinigung auf eine äußerst tiefgründige und subtile Ebene gebracht, auf der die beiden Faktoren von Methode und Weisheit vollständig und in einer einzigen Bewusstseins-Einheit vorhanden sind. Obgleich es viele Besonderheiten gibt, die das Tantra vom Sūtra unterscheiden, ist diese untrennbare Vereinigung von Methode und Weisheit eines der vorrangigen Unterscheidungsmerkmale des Tantra.

Diese Vereinigung von Methode und Weisheit kann aus dem Grund in einem so subtilen Maße und auf so untrennbare Weise erreicht werden, weil man in der tantrischen Meditationspraxis, speziell in der Meditation des Gottheiten-Yoga, das gewöhnliche Gefüge des eigenen Körpers und Geistes in Leerheit auflöst. Die Praktizierenden beginnen, indem sie über die leere Natur der Aggregate von Körper und Geist reflektieren. Dann lösen sie nicht nur ihre »Identität« in Leerheit auf – den Seins-Modus, den ihnen der unwissende Geist aufzwingt –, sondern sogar die Erscheinung des gewöhnlichen Komplexes von Körper und Geist. Aus dieser Leerheit heraus erhebt sich der Praktizierende dann als reines, göttliches Wesen. Mit diesem göttlichen Wesen als Mittelpunkt der Meditation reflektieren sie noch einmal über dessen leere Natur. Hier findet man also innerhalb eines einzigen meditativen Geisteszustands die Meditation über den Körper der Gottheit, verbunden mit dem Wissen um ihre leere Natur. Sowohl der Gottheiten-Yoga als auch das Verständnis von Leerheit sind vollständig und innerhalb eines einzigen kognitiven geistigen Geschehens präsent.

Diese untrennbare Vereinigung, in der beide Faktoren, Methode und Weisheit, in einem einzigen Bewusstseins-Moment vorhanden sind, ist in allen Tantras zu finden, einschließlich den drei niedrigeren Klassen des Tantra: Kriyā-, Charyā- und Yogatantra. Es gibt jedoch gewisse Unterschiede zwischen diesen Tantras, zum Beispiel in subtilen Aspekten der Yogas. Im Falle des Yogatantra spricht man zum Beispiel von den so genannten »vier Siegeln«.[95]

Höchstes Yogatantra

Bis jetzt habe ich die Herangehensweise an spirituelle Entwicklung unter dem Blickwinkel der sechs Yānas erklärt. In der Dzogchen- und Nyingma-Terminologie wird eine Abfolge von neun Yānas gelehrt. Die ersten drei sind das Śhrāvaka-Fahrzeug, Pratyekabuddha-Fahrzeug und Bodhisattva-Fahrzeug, die gemeinsam »die Fahrzeuge aus der Richtung des Ursprungs des Leidens« genannt werden. Sie umfassen die Fahrzeuge der Sūtra-Tradition und bilden das so genannte äußere Fahrzeug. Die Tantras werden in zwei unterteilt: äußere und innere Tantras. Die ersten drei Klassen des Tantra – Kriyā-, Charyā- und Yogatantra – bezeichnet man als die äußeren Tantras, auch »die Fahrzeuge des Erlangens von Gewahrsein durch Entbehrungen« genannt.[96]

Wenn man davon absieht, dass einige den Gottheiten-Yoga aufweisen und andere nicht, ist der grundlegende Ansatz zur Meditation über Leerheit in den ersten sechs Fahrzeugen ungefähr gleich. Im Höchsten Yogatantra gibt es zwar keinen Unterschied in der Subtilität, was das Objekt – Leerheit selbst – betrifft; unter dem Gesichtspunkt der subjektiven Erfahrung der Leerheit besteht jedoch mit Sicherheit ein Unterschied. Was objektive Leerheit betrifft, können wir also sagen, dass sich Sūtra und Tantra in ihrer Sicht der Leerheit nicht unterscheiden. Hinsichtlich der subjektiven Erfahrung ist das Verständnis oder die Sicht der Leerheit im Sūtra und im Tantra jedoch unterschiedlich. Wenn wir dies verstehen, können wir die beiden scheinbar widersprüchlichen Standpunkte – dass es zwischen Sūtra und Tantra einen Unterschied in der Sicht der Leerheit gibt und dass es überhaupt keinen Unterschied gibt – in Einklang bringen.

Der Unterschied in der subjektiven Erfahrung der Leerheit zwischen der Sūtra-Praxis und der Praxis des Höchsten Yogatantra lässt sich aus der Tatsache ableiten, dass im Höchsten Yogatantra großer Nachdruck auf die Auflösung konzeptueller Gedankenprozesse – der groben Ebenen des Geistes – gelegt wird, um den Geist auf diese Weise zu einer solchen Tiefe zu bringen, dass der grundlegende, angeborene Geist klaren Lichts manifest und aktiv wird und sich dann auf Leerheit ausrichten und sie wahrnehmen kann. Ist das einmal erreicht, wird die subjektive Erfahrung der Leerheit sehr kraftvoll und unterscheidet sich stark von der Art von Geist, die im Sūtra-System zum Verständnis von Leerheit eingesetzt wird.

Obwohl das grundlegende Ziel, mit dem der angeborene Geist klaren Lichts zur Erkenntnis der Leerheit eingesetzt wird, sowohl in den neuen Übersetzungsschulen des Tantra als auch im Dzogchen-System dasselbe ist, gibt es Unterschiede in der Methodik. In den Systemen, die sich innerhalb der neuen Übersetzungsschulen des Tantra entwickelt haben, liegt die Betonung eher darauf, die groben Ebenen des Geistes und der subtilen Energien unter Kontrolle zu bringen, so dass sich diese gröberen Zustände allmählich legen und der grundlegende, angeborene Geist klaren Lichts vollständig sichtbar wird. Im Dzogchen ist man jedoch von Anfang an nicht darum besorgt, die gröberen Ebenen des Geistes und der subtilen Energie zu bändigen, sondern versucht sofort, den grundlegenden, angeborenen Geist klaren Lichts zum Vorschein zu bringen.

Die letzten drei Yānas oder Fahrzeuge werden von eben diesem Standpunkt aus gelehrt. Sie sind: Mahāyoga, der sich auf die Erzeugungs-Stufe bezieht, Anuyoga, die Vollendungs-Stufe, sowie Atiyoga, die große Vollendungs-Stufe, Dzogpa Chenpo. Diese drei nennt man »die Fahrzeuge der überwältigenden Mittel«.[97]

Gemäß den Systemen, die sich innerhalb der neuen Übersetzungsschulen des Tantra entwickelt haben, wird das Höchste Yogatantra in Vater-Tantra, Mutter-Tantra und nicht-duales Tantra unterteilt. Diese Kategorien wurden anhand der Betonung entwickelt, die verschiedene Tantras auf bestimmte Themen legen. Unter den vier Ermächtigungen erlaubt die Vasen-Ermächtigung dem Praktizierenden zum Beispiel, die Entwicklungs-Stufe zu praktizieren. Die übrigen drei Ermächtigungen sind speziell mit der Praxis der Vollendungs-Stufe verbunden. Die geheime Ermächtigung berechtigt den Praktizierenden, die Praxis des Illusionskörpers aufzunehmen. Unter diesem Gesichtspunkt gelten Tantras, die die Praxis des Illusionskörpers als Thema betonen, als Vater-Tantras. Tantras, die die Praxis des klaren Lichts betonen, das mit der dritten Ermächtigung, der Weisheits-Wissens-Ermächtigung, in Verbindung steht, werden als Mutter-Tantras verstanden. Alle Tantras, die diese beiden Aspekte der Vollendungs-Stufe – den Illusionskörper und das klare Licht – gleichermaßen betonen und mit der vierten Ermächtigung, der Wort-Ermächtigung, in Verbindung stehen, werden als nicht-duale Tantras bezeichnet. Obwohl alle Tantras, die der Klasse des Höchsten Yogatantra angehören, sich mit allen vier Ermächtigungen befassen, betonen sie bestimmte Aspekte dieser Ermächtigungen mehr als andere, und die Unterteilung in Vater-, Mutter- und nicht-duale Tantras wird auf dieser Basis vorgenommen.[99]

Wenn wir über Mahāmudrā, das Große Siegel, sprechen, sollten wir uns bewusst sein, dass es verschiedene Ebenen der Mahāmudrā gibt. Wir können von Mahāmudrā sprechen, die sowohl im Sūtra als auch im Tantra gleichermaßen vorhanden ist, sowie von Mahāmudrā, die sich speziell auf die Praxis des klaren Lichts bezieht, welche mit der dritten Ermächtigung in Verbindung steht, der Weisheits-Wissens-Ermächtigung. Und dann gibt es noch eine weitere Ebene der Mahāmudrā, die sich auf die Vereinigung des Illusionskörpers und des klaren Lichts bezieht.

Wie ich bereits erwähnte, hat die Betonung des klaren Lichts im Höchsten Yogatantra den Sinn, dass der Praktizierende den grundlegenden, angeborenen Geist klaren Lichts zum Verständnis und für das Erkennen der Leerheit einsetzen kann, so dass es ihm zu einer einzigartigen Weisheit verhilft – »der Weisheit, die Leerheit erkennt«.

An diesem Punkt ist es meines Erachtens wichtig zu wissen, dass es verschiedene Arten von Meditation gibt, denn das wird uns helfen zu verstehen, was mit »Meditieren über klares Licht« gemeint ist. Es gibt zum Beispiel die Meditation über Leerheit oder Abwesenheit von Selbst, in der die Leerheit oder die Abwesenheit eines Selbst zum Objekt der Meditation gemacht wird. Erst reflektiert man über sie, dann begreift man sie. Dann gibt es andere Arten von Meditation, wie Meditation über Liebe und Mitgefühl, die einer ganz anderen Kategorie angehören. Wenn wir von Meditation über Liebe sprechen, heißt das nicht, dass wir uns Liebe als Objekt vornehmen; stattdessen trachten wir danach, unseren gesamten Geisteszustand in diesen Zustand von Liebe oder Mitgefühl zu verwandeln. Meditation über klares Licht ist ähnlich wie Meditation über Liebe, denn wir nehmen uns klares Licht nicht als Objekt vor, sondern bringen unseren Geist in den Zustand klaren Lichts.

Fragen und Antworten

Frage: *Was ist der Unterschied zwischen Mahāmudrā und Dzogchen?*

SHDL: Obwohl die Praxis der Mahāmudrā und des Dzogchen letztlich auf dasselbe hinauslaufen, scheint es in den Anfangsstadien gewisse Unterschiede in der Betonung bestimmter Aspekte der Praxis zu geben. Die Unterschiede zwischen Mahāmudrā- und Dzogchen-Praktiken entspringen in erster Linie den Quellen der jeweiligen Ansätze. Mahāmudrā wurde hauptsächlich durch die neuen Übersetzungsschulen des Tantra übertragen. Trotzdem können Mahāmudrā-Lehrer, die eine persönliche Erfahrung des Dzogchen in ihrer eigenen Meditation gemacht haben, Dzogchen-Techniken auch in ihre Mahāmudrā-Praxis einfließen lassen. Dasselbe gilt auch für die Sakyapa-Praxis der Vereinigung von Leerheit und Klarheit. Ein Meister, der eine persönliche Erfahrung der Dzogchen-Meditation hat, kann gewisse Elemente der Dzogchen-Techniken in seine Praxis der Vereinigung von Leerheit und Klarheit integrieren. Diese Frage wird an späterer Stelle eingehender besprochen werden.

Frage: *Kann ein Schüler seinen eigenen Fortschritt objektiv beurteilen?*

SHDL: Ja, das ist eindeutig möglich. Wenn Sie in Ihrer Praxis voranschreiten, können Sie Ihre neuen Erfahrungen immer mit den Belehrungen vergleichen, die Sie bis dahin erhalten haben und auch mit dem Text, den Sie lesen und studieren. Nehmen wir zum Beispiel den großen Yogi Milarepa. Als er im späteren Teil seines Lebens die meiste Zeit im Einzelretreat in den Bergen verbrachte, hatte er seinen Lehrer Marpa nicht in der Nähe, um ihn regelmäßig zu konsultieren. Er musste seine eigenen Erfahrungen und Fortschritte selbst einschätzen.

Diese Frage bringt den gesamten grundlegenden Ansatz zur Sprache, zu Anfang das Studium und Lernen zu betonen, um ein gutes Verständnis der gesamten Bandbreite der buddhistischen Lehren und Praktiken zu entwickeln. Es ist gewissermaßen so, als würde man eine gute Vorlage entwerfen oder einen richtigen Plan für Ihre zukünftige Weiterentwicklung aufzeichnen. Wenn Sie genug gelernt haben, können Sie Ihren Fortschritt einschätzen und in Ihrer Praxis voranschreiten. Darum sind Studium und Lernen in den Anfangsphasen so wichtig.

Frage: *Können Sie bitte den Unterschied zwischen den Begriffen »Rigpa«, »Weisheit« oder »Yeshe« und »klarem Licht« erklären? Sie werden oft auf ähnliche Weise benutzt.*

SHDL: Anhand meiner eigenen Beobachtung glaube ich, dass diese Begriffe, wenn sie in bestimmten Zusammenhängen verwendet werden, zum Beispiel in Verbindung mit der Dzogchen-Praxis, eine spezifische Definition und Bedeutung besitzen, während die Bedeutung in einem anderen Kontext oder einem anderen Text unterschiedlich sein wird. Sie mögen also vielleicht annehmen, dass gewisse Begriffe eine gemeinsame Bedeutung haben, wohingegen sie in Wirklichkeit verschiedene Ebenen von Bedeutung besitzen, je nach dem spezifischen Kontext, in dem man sie vorfindet.

Der Begriff »Rigpa« wird auf vielfache Weise angewendet. Wenn wir zum Beispiel von Rigpa sprechen, wie es zur Erläuterung des Dzogchen benutzt wird, finden wir: essentielles Rigpa, *Ngowöi Rigpa*, Rigpa des Grundes, *Shyii Rigpa*, strahlendes Rigpa, *Tsal gyi Rigpa*,[99] und so weiter. Auch für den essentiellen Aspekt der Analyse des Geistes wird der Begriff »Rigpa« verwendet. Darüber hinaus stößt man auf »Rigpa«, wenn der Gegensatz zwischen *Rigpa* und *Marigpa* – Gewahrsein und Unwissenheit – deutlich gemacht werden soll, oder zwischen *Sem* und *Rigpa* – dem gewöhnlichen und dem transzendenten Geist.

Die Bezeichnung »Yeshe«, oft als »ursprüngliche Weisheit« übersetzt, hat viele verschiedene Begriffsinhalte. Man findet zum

Beispiel einen Hinweis auf diesen Begriff in Maitreyas *Erhabenem Kontinuum*, wo es heißt, dass diese Weisheit etwas sehr Grundlegendes ist und allen lebenden Geschöpfen innewohnt. Die Auslegung der Weisheit ist also auch je nach Kontext unterschiedlich. Aufgrund dieser Vielfalt von Bedeutungen, der verschiedenen Bedeutungsebenen und den unterschiedlichen Lehr- und Praxiskontexten ist es daher umso wichtiger, insgesamt ein gutes Verständnis für die ganze buddhistische Grundstruktur zu entwickeln.

Hier möchte ich Ihnen eine kurze Geschichte erzählen. In Tibet gab es einen Mann, den alle für ziemlich dumm hielten. Er war im Begriff, eine bestimmte Familie zu besuchen, und wollte sie unbedingt beeindrucken und ihnen zu verstehen zu geben, dass er alles andere als dumm sei, sondern ein Mensch mit einer gewissen Intelligenz. Seine Eltern gaben ihm daher ganz klare Anweisungen: »Wenn du das Haus betrittst, wirst du sehen, dass der Eingang eine hölzerne Schwelle hat. Das Holz, aus dem sie gemacht ist, heißt *Eiche*. Sowie du die Schwelle siehst, deute auf sie und sage: ›Das ist Eiche.‹«

Ihr Sohn ging los, um die Familie zu besuchen und alles schien gut zu gehen. Er entdeckte die Schwelle, zeigte auf sie und sagte: »Das ist Eiche!« Sofort dachten alle, dass er am Ende doch recht intelligent sei. Doch dann begann er, auf alle Möbel und jedes Stück Holz zu zeigen, das er im Haus erblicken konnte, und wieder und wieder zu verkünden: »Dies ist Eiche. Das ist Eiche ...«

Selbst wenn der Kontext ähnlich zu sein scheint, können wir also nicht davon ausgehen, dass ein bestimmter Begriff immer denselben Sinn behält, ganz gleich, wo er auftaucht. Ich habe festgestellt, dass es wesentlich ist, ein richtiges Verständnis der verschiedenen Bedeutungsnuancen dieser Begriffe zu haben und davon, wie sie je nach Kontext variieren können. Ich glaube tatsächlich, dass das für alle ernsthaft Praktizierenden unabdingbar ist. Auf jeden Fall ist es nützlich und auch wichtig, die unterschiedlichen Ansätze der verschiedenen spirituellen Traditionen innerhalb des tibetischen Buddhismus gut zu kennen, einschließlich aller zuvor genannten Traditionen. Gemäß meiner eigenen Erfahrung und Beobachtung finde ich zum Beispiel die verschiedenen Erklärungen, die im Dzogchen über das ursprüngliche Gewahrsein des Rigpa gegeben werden, äußerst nützlich für das Verständnis der tieferen Bedeutung und des letztlichen Sinns des Begriffs »grundlegender, angeborener Geist klaren Lichts«, wie er in den neuen Übersetzungsschulen des Tantra benutzt wird. Genauso finde ich die Erklärungen der neuen Übersetzungsschulen des Tantra hilfreich, um gewisse Begriffe zu verstehen, die in der Dzogchen-Praxis auftauchen, wie »innere Strahlung« und »Entfaltung« – *Tsal* und *Rolpa*. Solch einen nicht-sektiererischen Ansatz empfinde ich als sehr nützlich.

Frage: *Wie kann man am besten praktizieren, oder welche Technik oder Haltung kann man benutzen, um die Herzensverbindung mit Padmasambhava zu vertiefen?*

SHDL: Der einzige Weg ist ernsthafte Praxis. Ein Praktizierender der Dzogchen-Meditation zum Beispiel stellt diese Herzensverbindung mit Padmasambhava am besten durch Meditation her. Allerdings hat Meditation im Kontext der Dzogchen-Praxis eine recht spezifische Definition. Sie ist anders als andere Arten von Meditation, in denen wir »den Geist« benutzen. Derartige Meditationen verlangen, dass wir die Fähigkeit des Geistes gänzlich und unter Anstrengung ausschöpfen. In der Dzogchen-Meditation wird die Praxis auf nicht-dualistische Art ausgeführt, in dem Sinne, dass keine Objektivität im Spiel ist. Die Meditation wird eher auf einer Ebene durchgeführt, auf der der Geist zu einem ursprünglichen und natürlichen Zustand zurückgekehrt ist. Bei solch einer Meditation gibt es also keine Vorstellung von Subjekt und Objekt; es gibt nichts, an dem man festhalten könnte, und sie ist von keinerlei Greifen beeinflusst. Auch hier stellen wir wieder fest, dass die Bedeutung von Meditation sich je nach Kontext verändert.

Frage: *Wie kann uns ein Verständnis von Leerheit helfen, Mitgefühl und liebende Güte zu verwirklichen?*

SHDL: Von einem wahren Wissen um Leerheit ganz abgesehen, werden wir sogar durch ein intellektuelles Verständnis von Leerheit erkennen können, dass es möglich ist, dem Leid ein Ende zu setzen, einschließlich der Verblendungen, die ihm zugrunde liegen. Sobald Sie dies erkannt haben und stark genug davon überzeugt sind, wird Ihr Mitgefühl für andere fühlende Wesen, die in der Verwirrung dieses Daseinskreislaufs gefangen sind, noch größer und kraftvoller sein.

Frage: *Was ist, wenn wir ein unerträgliches Mitgefühl für das Leid anderer Wesen verspüren – speziell für Tiere, deren Leid oft viel deutlicher ist –, aber noch nicht die Weisheit entwickelt haben, um damit richtig umzugehen?*

SHDL: Das begründet um so mehr, warum Sie, wenn Sie bereits ein Gefühl von »unerträglichem« Mitgefühl für andere entwickelt haben, versuchen sollten, Ihre Weisheit und Intelligenz zu vermehren, um mit der tatsächlichen Situation umgehen zu können. Darum werden Praktizierende auf dem Bodhisattva-Pfad aufgefordert, sich nicht mit einer rein idealistischen Vorstellung von Mitgefühl zufrieden zu geben, sondern dieses Ideal sofort in die Praxis umzusetzen. Wenn Sie dem Lebensweg eines Bodhisattva folgen, ist es daher meines Erachtens möglich, Ihr Mitgefühl, auf welcher Stufe es sich auch befinden mag, mit einer aktiven Art von Interaktion mit anderen zu ergänzen.

Frage: *Wie kann uns Dzogchen bei unseren täglichen Aufgaben und im Berufsleben helfen?*

SHDL: Zuerst einmal ist es recht schwierig, eine Erfahrung von Dzogchen zu haben. Hat man diese Erfahrung aber einmal gemacht, kann sie äußerst nützlich im Umgang mit Ihrem alltäglichen Leben, Ihren Aufgaben und Ihrem Beruf sein. Das liegt daran, dass solch eine Erfahrung Sie davor bewahren wird, sich von äußeren Umständen überwältigen zu lassen, seien sie nun gut oder schlecht. Sie werden nicht mehr in extreme Geisteszustände fallen: Sie werden weder übermäßig aufgeregt noch deprimiert sein. Sie werden Umständen und Ereignissen mit einer Haltung begegnen, als wären Sie ein Beobachter des Geistes, ohne von den Umständen davongetragen zu werden.

Wenn Sie zum Beispiel die Reflexion einer Form in einem Spiegel sehen, ist diese Form zwar im Spiegel sichtbar, doch sie wird nicht von innen heraus projiziert. Auf gleiche Weise wird Ihre Haltung, wenn Sie den Situationen des Lebens gegenüberstehen oder mit anderen umgehen, einem Spiegel ähneln.

Darüber hinaus muss ein Spiegel, wenn ein Abbild in ihm erscheint, dem reflektierten Objekt nicht hinterherjagen: Es spiegelt sich einfach spontan auf der Oberfläche. Für Sie gilt das Gleiche: Da es keine Anhaftung oder Aufregung über die »Spiegelbilder« in Ihrem Geist gibt, werden Sie enorme Gelassenheit und Erleichterung verspüren. Sie machen sich keine Gedanken um das, was in Ihrem Geist entsteht, noch bringt es Sie in Bedrängnis. Sie sind frei von Konzeptualisierung oder jeglicher Form von Objektivierung. Und so wird es zu einer wirklichen Hilfe, da es Ihnen gestattet, frei zu sein von den Verstrickungen des Spiels der Emotionen wie Hass, Anhaftung und ähnlichem.

Frage: *Ist der grundlegende, angeborene Geist klaren Lichts abhängig von Ursachen und Bedingungen? Wenn er nicht abhängig ist, wie kann er leer von unabhängiger Existenz sein?*

SHDL: Das ist eine sehr gute Frage. Oft wird in den Texten erwähnt, dass der grundlegende, angeborene Geist klaren Lichts nicht von Ursachen und Bedingungen produziert wird. Hier ist es nun wichtig zu verstehen, dass der Begriff »produzierte Phänomene« im Allgemeinen in seiner Anwendung unterschiedliche Begriffsinhalte haben kann. Man kann etwas als »produziert« bezeichnen, weil es ein Produkt von Verblendungen und den von ihnen ausgelösten Handlungen ist. Es kann sich jedoch auch auf ein Produkt von Ursachen und Bedingungen beziehen. Und es gibt auch eine Bedeutung von »produziert« im Sinne von »verursacht durch begriffliches Denken«.

Bestimmte Texte sprechen davon, dass die Aktivitäten des Buddha dauerhaft und nicht-produziert sind, in dem Sinne, dass sie kontinuierlich sind und ununterbrochen fortdauern werden, solange es fühlende Wesen gibt. Unter dem Gesichtspunkt der Kontinuität bezeichnet man diese Aktivitäten manchmal als dauerhaft.[100]

Auf gleiche Weise ist der grundlegende, angeborene Geist klaren Lichts – was seine Kontinuität angeht – ohne Anfang und Ende. Dieses Kontinuum wird immer vorhanden sein, und unter diesem spezifischen Gesichtspunkt bezeichnet man ihn auch als »nicht-produziert«. Außerdem ist der grundlegende, angeborene Geist klaren Lichts kein von Umständen bedingter oder flüchtiger, wesensfremder Geisteszustand, denn er wird nicht als Folge eines von Umständen abhängigen Zusammenspiels von Ursachen und Bedingungen ins Leben gerufen. Stattdessen ist er ein stets verweilendes Kontinuum des Geistes, der uns innewohnt. Unter diesem Gesichtspunkt nennt man ihn »nicht-produziert«.

Auch wenn dem so ist, müssen wir doch aufgrund der Kontinuität des Geistes davon ausgehen, dass der gegenwärtige grundlegende, angeborene Geist – dieser gegenwärtige Bewusstseinsmoment – aus seinen vorangegangenen Momenten hervorgeht. Dasselbe gilt für die Weisheit des Buddha – den allwissenden Geist des Buddha –, der die beiden Wahrheiten direkt und gleichzeitig wahrnimmt und der gleichfalls ein Zustand von Gewahrsein oder Bewusstsein ist. Da er ein Zustand von Gewahrsein ist, muss man auch davon ausgehen, dass der Aspekt, der sich schließlich in diese Art von Weisheit verwandelt, nämlich die grundlegende, angeborene Natur klaren Lichts, ebenfalls ein Zustand von Gewahrsein ist. Denn es ist unmöglich, dass sich etwas, das nicht von Natur aus Gewahrsein ist, in einen Zustand von Gewahrsein verwandelt. Unter diesem zweiten Gesichtspunkt *ist* der grundlegende, angeborene Geist klaren Lichts also von Ursachen produziert.

Frage: *Im Lojong – den* Sieben Punkten des Geistestrainings – *wird über relatives, konventionelles Bodhichitta und absolutes, endgültiges Bodhichitta gesprochen. Welchen Platz hat Samantabhadra oder ursprüngliches Gewahrsein in dieser Belehrung?*

SHDL: Allgemein gesprochen werden Praktiken von der Art des Trainings, das man als *Lojong* bezeichnet – das so genannte Geistestraining –, in erster Linie vom Standpunkt der allgemeinen Herangehensweise des Sūtra- und Tantra-Pfades erklärt. Daher wird die Sicht der Leerheit in diesem Text, den *Sieben Punkten des Geistestrainings*[101], nicht aus einer Dzogchen-Sichtweise heraus gelehrt. Doch ein Praktizierender, der das Verständnis und die Erfahrung der Dzogchen-Meditation besitzt, kann diese auf alle Fälle in seine Lojong-Praxis integrieren, wenn er diesem Text folgt.

Nehmen wir zum Beispiel Patrul Rinpoche, einen der größten Meister des Dzogchen. Sein ganzes Leben drehte sich um die *Bodhicharyāvatāra*, einen Text, der die wichtigsten Bodhisattva-Praktiken darlegt, in erster Linie das Trainieren des Geistes. Ich bin mir ziemlich sicher, dass Patrul Rinpoche seine Dzogchen-Erfahrung einfließen ließ, wenn er den Praktiken der *Bodhicharyāvatāra* folgte.

Frage: *Warum haben Sie sich entschieden, die Dzogchen-Belehrungen mit einer Padmasambhava-Ermächtigung abzuschließen?*

SHDL: Allgemein gesagt gibt es gewisse Grundvoraussetzungen, die echte Dzogchen-Praktizierende erfüllt haben sollten, bevor sie sich intensiv mit der Dzogchen-Praxis befassen. Dazu zählt unter anderem das Empfangen einer vollständigen Ermächtigung einer der Gottheiten des Höchsten Yogatantra sowie die Ausübung der gewöhnlichen als auch der außergewöhnlichen vorbereitenden Praktiken des Dzogchen. Dem muss dann eine direkte Übertragung oder ein Segen für die Dzogchen-Praxis von einem lebenden Meister folgen, in Form von Anweisungen über einen Text wie zum Beispiel *Yeshe Lama.*[102]

Die Ermächtigung, die morgen gegeben wird, basiert auf Padmasambhava und ist tatsächlich eine Praxis, die der Guru-Yoga-Praxis ähnelt, von der es etliche unterschiedliche Arten gibt. Um Dzogchen zu praktizieren, muss man zuerst einmal den Segen einer Übertragung erhalten, die in einer ungebrochenen Linie weitergegeben wurde. Diese Linie hier stammt vom ursprünglichen Buddha Samantabhadra ab und wurde durch eine Abfolge von Linien-Meistern, darunter Guru Padmasambhava, weitergegeben. Diese Dzogchen-Praxis ist speziell mit der Linie Guru Padmasambhavas verbunden, und aufgrund dieser Bedeutsamkeit gebe ich die Padmasambhava-Ermächtigung als Abschluss der Belehrungen über Dzogchen.

Frage: *Gewisse Nyingma-Meister haben* Shyentong – *Leerheit von Anderem – als die Sicht des Dzogchen ausgelegt. Stimmen Sie dem zu? Warum ist* Shyentong *solch eine umstrittene Sichtweise unter tibetisch-buddhistischen Philosophen?*

SHDL: Wenn wir die Schriften des großen Gelehrten Mipham lesen, besonders seinen Kommentar zum *Erhabenen Kontinuum*, stellen wir fest, dass er ausdrücklich erwähnt, wie wichtig das Verständnis der Dzogchen-Sicht ist, das einen in die Lage versetzt, die Lehren über Leerheit, wie sie in den Weisheits-Sūtras des zweiten Drehens des Dharmarades dargelegt werden, mit den

Sūtras des dritten Drehens des Dharmarades zu verbinden, speziell mit dem *Sūtra der Essenz der Buddhaschaft*.[103] Das Verständnis, das durch eine Kombination der Sichtweisen aus beiden Drehungen des Dharmarades entwickelt wurde, wird uns befähigen, das zu begreifen, was in der Dzogchen-Terminologie »ursprüngliche Reinheit« genannt wird und welches das wichtigste Thema des zweiten Drehens ist, sowie auch »spontane Präsenz«, das wichtigste Thema des dritten Drehens des Dharmarades.

Das bedeutet jedoch nicht, dass die Leerheit, von der bei der zweiten Drehung, also in den Weisheits-Sūtras, gesprochen wird, exakt dasselbe wäre wie das, was in der Dzogchen-Terminologie als ursprüngliche Reinheit bezeichnet wird. Eines ist jedoch klar: Ohne ein Verständnis von Leerheit, wie sie in den Weisheits-Sūtras dargelegt wird, und ohne dieses Verständnis zur Grundlage zu nehmen, ist es nicht möglich, die ursprüngliche Reinheit im Dzogchen-Kontext zu verstehen.

Was die Frage angeht, ob spontane Präsenz im Dzogchen gleichbedeutend ist mit dem so genannten *Tathāgatagarbha* – der Essenz der Buddhaschaft oder dem angeborenen Geist klaren Lichts – im dritten Drehen des Dharmarades, speziell im *Sūtra der Essenz der Buddhaschaft*, scheint es voneinander abweichende Sichtweisen darüber zu geben, selbst unter den Nyingma-Meditierenden und -Gelehrten.

Eine Sicht ist, dass zwar ein Unterschied besteht, der angeborene Geist klaren Lichts, von dem in Maitreyas *Erhabenem Kontinuum* oder dem *Sūtra der Essenz der Buddhaschaft* gesprochen wird, sich letztlich jedoch definitiv auf Rigpa bezieht, beziehungsweise die spontane Präsenz, von der im Dzogchen gesprochen wird. Das bedeutet aber nicht, dass die explizite Erwähnung der beiden Begriffe sich auf dasselbe bezieht. Ein Beispiel dafür ist, dass im Yogatantra, speziell im Tantra des Vairochanābhisaṃbodhi,[104] der Regenbogenkörper erwähnt wird. Obwohl wir nun nicht sagen können, dass der Regenbogenkörper völlig gleichbedeutend mit dem Illusionskörper wäre, von dem im

Höchsten Yogatantra gesprochen wird, wird dieser Verweis auf den Regenbogenkörper, wenn er auf seiner tiefsten Ebene verstanden wird, auf den Illusionskörper hinauslaufen.

Wie ich zuvor erklärt habe, wird in den Schriften der Nyingma-Meister Longchen Rabjam, dem allwissenden Jikme Lingpa und Mipham vielleicht der Begriff »Leerheit von Anderem« erwähnt, er bezieht sich jedoch in erster Linie auf den grundlegenden, angeborenen Geist, also auf Rigpa. Dieser angeborene Geist ist »leer von Anderem« in dem Sinne, dass er frei von konzeptuellen Gedankenprozessen ist, die von Umständen abhängen. Daher sind diese Arten von Leerheit von Anderem völlig anders als die Leerheit von Anderem, die von vielen tibetischen Meistern der Vergangenheit widerlegt wurde.[105]

Traditionellerweise unterscheidet man zwei verschiedene Betrachtungsweisen der Natur des Leerheit: In der einen wird Leerheit innerhalb einer philosophischen Analyse der letztlichen Realität der Dinge dargestellt, wodurch sie als nicht-affirmatives negatives Phänomen verstanden werden muss. Wird sie auf der anderen Seite unter dem Gesichtspunkt der Erfahrung diskutiert, sollte sie eher als affirmative Negation verstanden werden.

Ich glaube, der Grund für diese Aussage ist, dass man bei der Darlegung seiner philosophischen Position und Sicht der Leerheit die allgemeine Sicht von Sūtra und Tantra hinsichtlich der Lehren über Leerheit mitberücksichtigen muss. Spricht man aber aus der Sicht der Erfahrung, geschieht das eher aus einem Verständnis der Leerheit aus der Perspektive des Höchsten Yogatantra heraus.

Ein weiterer Grund für diesen Unterschied liegt meines Erachtens darin, dass die Weisheit, die in der Praxis des Sūtra und den drei unteren Klassen des Tantra durch besondere Einsicht in Leerheit gewonnen wird, immer ein kontemplativer, analytischer Zustand des Geistes ist und nie ein Zustand geistiger Versenkung, während im Höchsten Yogatantra eine besondere Einsicht in Leerheit auch ein Zustand der Versenkung sein könnte.

Das ist möglich, weil der subjektive Geist, der im Höchsten Yogatantra zur Wahrnehmung der Leerheit eingesetzt wird, von seinem Wesen her eine spontane Erfahrung großer Glückseligkeit ist und diese Kraft der großen Glückseligkeit dem Zweck der Analyse genügt.

In der Dzogchen-Praxis bemüht man sich nicht darum, Glückseligkeit zu erzeugen, indem man die Kanäle, subtilen Energien und Essenzen nutzbar macht, wie es in den Tantras der neuen Übersetzungsschulen der Fall ist. Stattdessen wird die Natur des Rigpa direkt vorgestellt, und diese Sicht wird dann aufrechterhalten. Dies ist jedoch kein analytischer Prozess, denn bei einer Analyse wäre der Geist von gewöhnlichem Bewusstsein beeinträchtigt. Rigpa ist vollkommen entspannt, obwohl der Begriff *Thamal gyi Shepa* – »gewöhnliches Gewahrsein« – hier nicht wirklich benutzt wird. In diesem Zustand völlig entspannten Gewahrseins wird die Aufmerksamkeit nicht konzentriert; das Bewusstsein ruht einfach, ohne sich mit irgendeiner Art von Analyse zu befassen. Sollte analytisches Denken einsetzen, wäre die Erfahrung von gewöhnlichem Bewusstsein beeinträchtigt; sie wäre vom Geist erzeugt und gehörte zum »Ansatz intellektueller Spekulation«.

Frage: *Können Sie Beispiele für die Erfahrung klaren Lichts nennen?*

SHDL: Es gibt verschiedene Arten von Erfahrung, bei denen das klare Licht in unterschiedlichen Abstufungen von Subtilität erfahren wird. Generell unterscheidet die Dzogchen-Terminologie zwei Situationen:

1.) Auflösung durch den Einfluss von Befreiung und
2.) Auflösung durch den Einfluss von Verwirrung.[106]

Geht man von einem Unterschied zwischen dem Grund und den Erscheinungen des Grundes aus, kann die Auflösung der Erscheinungen des Grundes eine der folgenden zwei Ursachen haben: Auflösung durch den Einfluss von Befreiung oder Auflösung durch den Einfluss von Verwirrung. Ersteres bezieht sich auf die Auflösung durch die Kraft des Yoga, der auf dem Pfad praktiziert wird, wobei gröbere und subtile Ebenen des Bewusstseins aufgelöst werden, und Letzteres bezieht sich auf die Auflösung, die automatisch zum Zeitpunkt des Todes stattfindet. Was dies betrifft, kann es, je nachdem, wie weit dieser Auflösungsprozess fortgeschritten ist, zu unterschiedlichen Abstufungen in der Erfahrung des klaren Lichts kommen. Für uns geht es auf jeden Fall darum, dass wir durch Praxis zur letztendlichen Erfahrung des klaren Lichts gelangen.

Wenn diese letztendliche Erfahrung des klaren Lichts stattfindet, sind alle anderen Arten von Bewusstsein, die groben Ebenen des Geistes – Sinneskräfte, Sinnesbewusstseine und die groben Ebenen des geistigen Bewusstseins –, aufgelöst, und der Atemprozess hört auf. Doch eine Frage, die noch nicht geklärt oder mit Gewissheit beantwortet ist, lautet, ob in diesem Zustand noch eine subtile Hirnfunktion vorhanden ist oder nicht. Das ist etwas, was wir noch entdecken müssen, und ich habe es mit einigen Neurowissenschaftlern diskutiert. Unter der Prämisse der Neurowissenschaft, dass Bewusstsein, Gewahrsein und jedweder psychischer Zustand ein Zustand des Gehirns ist, müssen wir herausfinden, ob das Gehirn im Moment des klaren Lichts noch eine gewisse Funktion beibehält oder nicht.[107]

Frage: *Haben fühlende Wesen freien Willen?*

SHDL: Laut Buddhismus ist jeder seines eigenen Glückes Schmied. Und man glaubt, dass alle Lebewesen die Natur des ursprünglichen Buddha Samantabhadra, das Potential oder den Keim der Erleuchtung, in sich tragen. Unsere Zukunft liegt also in unserer Hand. Was brauchen wir mehr?

3. »Die Natur des Geistes ist klares Licht«

Gemäß dem Ansatz der Nyingma-Tradition werden die Lehren des Tantra also unterteilt in die äußeren Tantras, das heißt die drei Klassen der niedrigeren Tantras, sowie die inneren Tantras, nämlich Mahāyoga, Anuyoga und Atiyoga. Die Belehrungen dieser drei inneren Tantras betonen die Praxis der letztendlichen Klaren-Licht-Natur des Geistes, und erläutern die Praxis daher im Sinne der zweiten Zeile des Zitats, das ich zu Beginn der Belehrung angeführt habe:

Denn die Natur des Geistes ist klares Licht.

Wenn wir von der Klaren-Licht-Natur des Geistes sprechen, können wir das auf zwei Ebenen verstehen: im Sinne der Lehren des Sūtra-Systems und im Rahmen der tantrischen Lehren, speziell des Höchsten Yogatantra. Wird die Klare-Licht-Natur des Geistes nun so verstanden, wie sie sowohl im Sūtra als auch im Tantra erklärt wird, kann man sich auf zwei unterschiedliche Weisen beziehen: Zum einen bezieht man sich auf die Leerheit des Geistes, das objektive, klare Licht, und zum anderen auf die essentielle Klarheit und das essentielle Gewahrsein der Natur des Geistes, die subjektive Erfahrung von klarem Licht.

In Dharmakīrtis *Kommentar zur »Gültigen Erkenntnis«*, einem wichtigen Text über buddhistische Logik und Erkenntnistheorie, gibt es zum Beispiel Passagen, die beschreiben, wie die vom Geist abhängigen – also mentalen – Qualitäten stabil und fest verwurzelt sind. Er führt diesen Punkt als Teil seiner Beweisführung über die Möglichkeit des Erlangens der Allwissenheit an, wobei eines der Hauptargumente lautet, dass die Basis dieser Qualitäten, nämlich der Geistesstrom, stabil und ununterbrochen ist. Diese feste Verwurzelung und Stabilität des Geistes sollte hier in Hinsicht auf die essentielle Natur des Geistes, also auf Klarheit und Gewahrsein, verstanden werden.[108]

Dieser Aspekt von Klarheit und Gewahrsein – die Klare-Licht-Natur des Geistes – wird auch in Maitreyas *Erhabenem Kontinuum* und in Nāgārjunas *Sammlung von Lobpreisungen* definiert, besonders in seiner *Lobpreisung des Dharmadhātu.* Aufgrund dessen entwickelte sich der Standpunkt, dass die Sicht der Leerheit, wie sie in Nāgārjunas *Sammlung von Beweisführungen* dargelegt wird, dem zweiten Drehen des Dharmarades und den Weisheits-Sūtras entspricht, wohingegen seine *Sammlung von Lobpreisungen* die Sicht der Leerheit gemäß den Lehren des dritten Drehens des Dharmarades, besonders dem Tathāgatagarbha-Sūtra, präsentiert.

Klares Licht im Höchsten Yogatantra

Eine ausdrückliche Betonung des Entwickelns und Erforschens der Klaren-Licht-Natur des Geistes findet man jedoch in den Schriften des Höchsten Yogatantra. Um die volle Bedeutung der Lehren des Höchsten Yogatantra verstehen zu können, muss man wissen, dass im Höchsten Yogatantra zwei Ebenen des Geistes unterschieden werden. Eine ist die Ebene, auf der die achtzig Arten von Konzeptualisierung am Wirken sind, einschließlich der drei Stadien von Erscheinung, Anwachsen und Vollendung.[109] Die andere ist die sehr subtile Ebene der »vier Leeren«, die sich entfalten, sobald sich die achtzig Arten der Konzeptualisierung und ihre subtilen Energien aufgelöst haben.[110] Die »vier Leeren« dieses äußerst subtilen Geisteszustands repräsentieren vier Abstufungen der Erfahrung der Leerheit. Die erste, zweite und dritte werden »leer«, »sehr leer« und »in großem Maße leer« genannt. Hat man diese drei durchlaufen, gelangt man zum vierten Grad von Leerheit, »allumfassend-leer«, der als das letztendliche klare Licht gedeutet wird.[111]

Was nun die Techniken betrifft, die benutzt werden, um die Erfahrung des subtilen klaren Lichts hervorzubringen und es im

Geist manifest werden zu lassen, findet man in den verschiedenen Tantras unterschiedliche Ansätze. In den Vater-Tantras wie dem Guhyasamāja liegt die Betonung vorrangig auf dem Prāñayoga, das heißt auf den subtilen Energien in den subtilen Kanälen. In den Mutter-Tantras wie dem Heruka-Tantra hingegen liegt das größte Gewicht auf dem Visualisieren der subtilen Essenzen oder »Tikle«[112] an bestimmten ausschlaggebenden Punkten innerhalb der Kanäle und dem Hervorrufen der vier Freuden.[113] Beide Ansätze haben gemein, dass sie zum Hervorbringen der Erfahrung des klaren Lichts die groben Ebenen des Geistes benutzen.

Ein weiteres Tantra der neuen Übersetzungsschule ist das Kālachakra-Tantra. Obwohl auch hier die Betonung wieder darauf liegt, durch Praxis eine offenkundige Erfahrung des klaren Lichts hervorzubringen, gibt es einen Aspekt, der nur in diesem Tantra erscheint. Ich meine damit die Praxis der »leeren Form«,[114] die nicht nur die Erfahrung klaren Lichts hervorruft, sondern speziell den Erscheinungsaspekt des klaren Lichts. Obwohl man dies mit der Praxis des Illusionskörpers in Tantras wie dem Guhyasamāja vergleichen könnte, besteht doch ein deutlicher Unterschied.

Einige Meister der Nyingma-Tradition vertreten die Ansicht, dass der Erscheinungsaspekt leerer Form im Kālachakra-Tantra und der Erscheinungsaspekt der Tögal-Erfahrung in der Dzogchen-Praxis sich zwar dahingehend ähneln, als sie beide Erscheinungen leerer Formen, beziehungsweise leerer Körper sind. Der Unterschied liege jedoch darin, dass es sich im Falle des Kālachakra-Tantras um einen Aspekt des Geistes handele, wohingegen es im Tögal absolut kein Aspekt des Geistes, sondern ein Aspekt ursprünglichen Gewahrseins oder von Weisheit ist.

Selbst unter Gelehrten des Kālachakra-Tantras gibt es zwei grundlegende Meinungen darüber, was diese leere Form sein mag. Die eine besagt, dass es sich um eine innere Erfahrung handelt, die ganz natürlich von innen her aufsteigen muss, womit sie ein auf Erfahrung beruhender Zustand wäre, ganz ähnlich der Erfahrung des Tögal. Die andere vertritt, dass dieser leere Körper auch äußerlich erschaffen und manifestiert werden kann; in diesem Falle gäbe es einen Unterschied zwischen der Erfahrung des Tögal und der leeren Form, wie sie im Kālachakra-Tantra erklärt wird.

In den Schriften der neuen Übersetzungsschulen des Tantra wird auch ausdrücklich erwähnt, wie Praktizierende, die das letztendliche, klare Licht erfahren haben, bestimmte Verhaltensweisen ausüben sollten. Dadurch soll dem Praktizierenden geholfen werden, die Polaritäten normaler ethischer Konventionen zu überwinden. Eine davon ist das Jagen. Obwohl man nun auf solche Empfehlungen für Praktizierende stößt, Handlungen auszuführen, die üblicherweise mit negativen Assoziationen besetzt sind und normalem ethischen Verhalten völlig zuwiderlaufen, wäre es für jemanden wie mich recht schwierig, sie allein aufgrund der Schriften der neuen Übersetzungsschulen als notwendig zu erachten. Ich denke, hier kann das Verständnis der *vier Chokshyak*[115] – der Arten, die Dinge in ihrer natürlichen Einfachheit zu belassen – der Nyingma-Tradition der Dzogchen-Praxis einiges Licht in die Sache bringen, ganz besonders jene, die sich auf Verhalten und Handlung bezieht, nämlich: »Handlung, Erscheinungen: Lasse sie, wie sie sind.«

Unter den achtzig Arten der Konzeptualisierung, die der Meditierende auflösen muss, um zur Erfahrung des letztendlichen, klaren Lichts zu gelangen, befinden sich auch einige tugendhafte Geisteszustände. Diese müssen nicht deshalb aufgelöst werden, weil sie irgendwie negativ oder neutral wären, sondern weil es sich um konzeptuelle Gedankenprozesse handelt.

Die Praxis des Tantra, wie ich sie bis hierher erklärt habe, ist die der neuen Übersetzungsschulen Tibets, nämlich der Sakya-, Kagyü- und Geluk- beziehungsweise Neuen Kadam-Traditionen. Schauen wir uns nun jede einzelne von ihnen etwas genauer an.

In der Praxis der Kagyü-Tradition liegt der größte Schwerpunkt auf Mahāmudrā. Letztlich läuft auch die Praxis der Mahāmudrā auf die Erfahrung des grundlegenden, angeborenen Geistes klaren Lichts hinaus. In der Kagyü-Tradition der Mahāmudrā wird die gesamte Praxis im Rahmen der so genannten vier Yogas ausgeführt: Einsgerichtetheit, Nicht-Dualität, Ein Geschmack und Nicht-Meditation. In den Quellen, die ich gesehen habe, gibt es leichte Unterschiede in der Anwendung dieser Begriffe. Einsgerichtetheit und Nicht-Dualität betonen auf jeden Fall die zwei Stufen von Śhamatha und Vipaśhyana, während man auf der Stufe des Yoga des Einen Geschmacks zur Praxis des klaren Lichts gelangt ist.[116] Unter den Texten, die die Praxis der Mahāmudrā darlegen, ist der ausführlichste der von Dakpo Tashi Namgyal.[117] In seinen Schriften vertritt er den Standpunkt, der Mahāmudrā-Ansatz könne weder dem Sūtra- noch dem Tantra-System zugeordnet werden, sondern sei ein deutlich unterscheidbarer Pfad.[118] »Deutlich unterscheidbar« scheint darauf hinzuweisen, dass es ein recht spezieller Pfad ist, der weder zum Sūtra noch zum Tantra gehört. Natürlich haben einzelne Gelehrte ihre eigenen Ansichten, und wenn ein anderer lediglich einen schnellen Blick darauf wirft, kann es passieren, dass sie ihm nicht unbedingt behagen. Da es so viele verschiedene Gelehrte gibt, gibt es unweigerlich auch eine Vielzahl unterschiedlicher Ansichten.

Wenden wir uns nun der Sakya-Tradition und der Praxis des *Lam Dre* zu – »dem Pfad, der sein Ergebnis beinhaltet«. Die besonderen Merkmale dieses Ansatzes werden anhand des so genannten »dreifachen Tantra« oder »den drei Kontinuen« erklärt. Das erste ist das kausale Kontinuum, Ālaya, die Basis von allem, und bezieht sich auf die Meditation der vier Maṇḍalas: den Yoga der Kanäle, Essenzen, subtilen Energien und Silben, welche an ausschlaggebenden Punkten des Körpers visualisiert werden. Im letztlichen Sinne bezieht sich auch dieser Begriff Ālaya, das kausale Kontinuum, wieder auf den grundlegenden, angeborene Geist klaren Lichts.[119]

Sie sollten sich übrigens durch den Gebrauch des Begriffs Ālaya nicht verwirren lassen. Im Sūtra-System, besonders in den philosophischen Lehrsätzen des Chittamātra, der Nur-Geist-Schule, wird von einem Aspekt des Geistes, dem so genannten Ālayavijñāna, gesprochen, dem achten Bewusstsein, das häufig als »Speicherbewusstsein« übersetzt wird.[120] In den Schriften des Madhyamaka wird Leerheit oft als Ālaya bezeichnet, und in den Tantras, besonders dem Guhyasamāja-Tantra, wird häufig darauf verwiesen, dass der grundlegende, angeborene Geist klaren Lichts Ālaya sei, genau wie im Kontext des *Pfades, der sein Ergebnis beinhaltet,* in der Sakya-Tradition.

Wird der Begriff Ālaya jedoch im Dzogchen verwendet, hat er keine dieser vorangegangenen Bedeutungen. Hier wird Ālaya vom Dharmakāya unterschieden, und wenn man diesen Unterschied macht, muss Ālaya als Bezeichnung für einen neutralen Geisteszustand verstanden werden. Ālaya wird auch als recht ruhig oder stabil bezeichnet. Erkennt man Rigpa, wird diese ruhige Ālaya vertrieben, und bevor noch Gedanken aufsteigen, erfährt man in dieser Lücke zunehmend ein klares, lebendiges Rigpa, frei von jeder Trennung zwischen »außen« und »innen«. Man sagt also, Ālaya sei ruhig, still oder ungestört; der Begriff wird im Dzogchen jedoch nicht als Bezeichnung für den grundlegenden, angeborenen Geist klaren Lichts verwendet.

Nun kommen wir zur Gelukpa- oder Neuen Kadam-Tradition. Wenn wir in den Madhyamaka-Lehren – der Sicht des Mittleren Weges – über Leerheit sprechen, sollten wir sie im Allgemeinen so verstehen, wie sie im Sūtra als auch im Tantra gleichermaßen verstanden wird. Denn selbst die Śhrāvakas und Pratyekabuddhas sind sich dieser Sicht bewusst. Darum kann man nicht sagen, dass die Sicht des Mittleren Weges *per se* dieselbe ist wie die Sicht der Untrennbarkeit von Saṃsāra und Nirvāṇa oder der Vereinigung von Klarheit und Leerheit in der Sakya-Tradition, die Mahāmudrā-Sicht der Kagyü-Tradition oder die Dzogchen-Sicht der Nyingmapas.

Im Rahmen des Höchsten Yogatantra kann man jedoch über die Sicht der Leerheit von einem subjektiven, auf Erfahrung beruhenden Standpunkt aus sprechen. In der Geluk-Tradition zum Beispiel wird eine auf Erfahrung beruhende Sicht der Leerheit durch einen Geisteszustand erkannt, der die vierte Ebene der Freude erfahren hat, die so genannte spontane oder gleichzeitig auftretende Glückseligkeit. Diese Art subjektiver Sicht und alle anderen Sichtweisen, von denen bereits die Rede war – die Untrennbarkeit von Saṃsāra und Nirvāṇa oder die Vereinigung von Klarheit und Leerheit der Sakyapas, die Mahāmudrā-Sicht der Kagyüpas und die Dzogchen-Sicht der Nyingmapas –, laufen alle auf dasselbe hinaus. Würde man sie einer Analyse unterziehen, könnte man sagen, dass sie alle zum selben Punkt gelangen.

Wenn wir hier den Begriff »ursprüngliche Weisheit der großen Glückseligkeit« benutzen, sollten wir uns darüber klar sein, dass diese große Glückseligkeit als kausal verstanden wird, das heißt, man erreicht die tiefstgehende Ebene der Erfahrung der Leerheit durch eine Erfahrung von großer Glückseligkeit, die wiederum durch bestimmte Techniken erzeugt wird. Obwohl es an diesem Punkt keine bewusste Erfahrung von Glückseligkeit oder Freude gibt, hat man diese Ebene des Geistes durch die Erfahrung verschiedener Stufen von Freude und Glückseligkeit erreicht. Die Erfahrung der Leerheit wurde durch die bewusste oder offenkundige Erfahrung des subtilsten Klaren-Licht-Zustands des Geistes erreicht.

Das Schöne an dieser Herangehensweise ist, dass die Erfahrung von Glückseligkeit genutzt wird, um die Auflösung der groben Ebenen des Geistes und der Energien herbeizuführen. Dies mündet in der äußerst subtilen Erfahrung von klarem Licht, der so genannten »ursprünglichen Weisheit der großen Glückseligkeit«. Über eine Erfahrung wie diese zu sprechen, die Leerheit bestätigt – die Weisheit der Nicht-Dualität von Glückseligkeit und Leerheit –, ist eine weitere Weise, über den grundlegenden, angeborenen Geist klaren Lichts zu sprechen. Es ist dieselbe Erfahrung, zu der Mahāmudrā führt, zu der Dzogchen führt und auch die Vereinigung von Klarheit und Leerheit.

Die Einzigartigkeit des Dzogchen

Nun könnten wir uns fragen: Wenn diese unterschiedlichen Herangehensweisen der verschiedenen Traditionen letztendlich alle zur selben Erfahrung oder zum selben Punkt führen, warum bezeichnet man Dzogchen oder Atiyoga dann als den Gipfel der neun Yānas?[121] Wie ich schon sagte, ist das einzigartige Merkmal dieser Herangehensweise, dass man in der Meditation des Dzogchen nicht die groben Ebenen des Geistes, wie weitschweifige und konzeptuelle Gedanken, benutzt. Stattdessen lässt man gleich von Anfang an die Erfahrung des klaren Lichtes selbst manifest werden, fast als wäre sie etwas Greifbares – eine direkte, nackte Erfahrung von klarem Licht.

Lassen Sie mich nun aus einem Text von Dodrupchen Jikme Tenpe Nyima zitieren,[122] in dem er sagt:

> In den Vater-Tantras wird das klare Licht durch die Kraft des Kontrollierens der subtilen Energie – dem Prana – bloßgelegt und gemeistert. In dem Maße, in dem du diese Energie kanalisiert hast, wird sich die Erfahrung von klarem Licht vertiefen und stabilisieren.

Im Vater-Tantra wird das klare Licht also durch die Ausrichtung auf den Schlüsselpunkt der subtilen Energie sichtbar.

> Im Mutter-Tantra meistert man den Yoga des klaren Lichts durch die Kraft der Arbeit mit den Essenzen, und in dem Maße, in dem deine Tummo-Praxis an Stärke gewinnt, wird sich die Strahlkraft und Pracht der Erfahrung des klaren Lichts entfalten und kraftvoller werden.

In diesen beiden Fällen erreicht man das klare Licht also auf der Basis des Yoga der subtilen Energie im Vater-Tantra, beziehungsweise des Yoga der Essenzen im Mutter-Tantra. Daher heißt es:

> Im gleichen Maße, wie die subtile Energie innerlich gesammelt wird oder Glückseligkeit auflodert und anwächst, werden Gedanken und Konzepte durchschnitten und die Erfahrung von klarem Licht wird zunehmend deutlicher.

Damit behandelt Dodrupchen sowohl Vater- als auch Mutter-Tantras aus den neuen Übersetzungsschulen des Tantra. Er fährt fort:

> Diese Unterscheidung wird nur auf der Basis dessen vorgenommen, welches der wichtigste Fokus oder Schwerpunkt ist, denn beide Merkmale lassen sich in beiden Systemen finden.

Sowohl im Vater- als auch im Mutter-Tantra stehen subtile Energie und Essenzen im Vordergrund, und so lassen sich – sieht man von der jeweiligen Betonung ab – beide Merkmale in beiden Klassen des Tantra finden. In sämtlichen Vater- wie Mutter-Tantras wird die Weisheit nicht-dualer Glückseligkeit und Leerheit betont, und unter diesem Gesichtspunkt könnte man also all diese Tantras als nicht-duale Tantras bezeichnen. Würde man nun fragen, was das außergewöhnliche und tiefgründige besondere Merkmal der Dzogchen-Tradition ist:

> Im Dzogchen wird – auf der Basis des klaren Lichts selbst – die Art, wie das klare Licht verweilt, durch den Aspekt des Rigpa oder Wissens lebendig gemacht und sichergestellt. Dies ist frei von jeglicher Überlagerung durch Verblendung und von verfälschenden Auswirkungen aufgrund von

> konzeptuellen Gedanken, welche die Erfahrung des klaren Lichts behindern würden.

Dodrupchen bedient sich der Wendung »auf der Basis des klaren Lichts«, statt »durch klares Licht« zu sagen. Laut seiner Aussage ist es »der Aspekt von Rigpa oder Wissen«, der klares Licht entweder »lebendig und sicher« werden lässt oder der Macht der Konzepte unterliegt.

> Es wird nicht als etwas Neues erlangt, als Ergebnis von Umständen und Bedingungen,

denn es ist bereits von Anfang an gegenwärtig, in und aus sich selbst heraus. Hier kommt nun das so genannte »strahlende Rigpa« oder »Rigpa als Energie« ins Spiel. Strahlendes Rigpa ist Rigpa, das sich aus dem Grund und als Erscheinung des Grundes erhebt. Die Tatsache, dass ich von den Erscheinungen des Grundes spreche, weist darauf hin, dass ich von Dzogchen spreche, doch um es zu erläutern, werde ich an dieser Stelle das Vokabular der neuen Schulen des Tantra benutzen.

Der grundlegende, angeborene Geist klaren Lichts wird als die Natur des Geistes oder die letztendliche Wurzel des Bewusstseins betrachtet. Was die fünf Arten von Sinnesbewusstsein und so weiter betrifft – die Bewusstseine, die im Moment des Kontakts mit groben, materiellen Objekten entstehen –, so treten sie als Zustand auf, der in seiner Essenz klar und gewahr ist. Würde man fragen: »Aber ist das vom Bewusstsein erschaffen?«, so würde die Antwort lauten, dass diese klare, gewahre Essenz aufgrund des grundlegenden, angeborenen Geistes klaren Lichts erscheint. Deshalb wird der grundlegende, angeborene Geist klaren Lichts als der Grund oder die Wurzel allen Bewusstseins angesehen. Aus diesem Grund erlöscht grobes Bewusstsein, wenn das äußerst subtile und letztendliche, klare Licht offenbar wird. Umgekehrt hört die Erfahrung des letztendlichen, klaren Lichts auf, wenn grobes Bewusstsein in Erscheinung tritt. Wir müssen den Begriff »erlöschen« oder »aufhören« verwenden, da es in gewissem Sinne wirklich aufhört, weil es kein direktes Objekt der Erfahrung mehr ist.

Nehmen wir das Beispiel eines Sesamsamens: er ist ganz und gar von Sesamöl durchdrungen. Gleichermaßen sagt man: Sobald klares und gewahres Bewusstsein vorhanden ist, ist es von klarem-Licht-Rigpa durchdrungen. Diese klare, gewahre Qualität lässt sich nun sowohl in der Erfahrung der Ālaya als auch in den Erscheinungen des Grundes finden. An diesem Punkt unterscheiden wir ausdrücklich zwischen dem gewöhnlichen Geist und Rigpa, und dieses so genannte Rigpa ist ein außergewöhnlicher und besonderer Fall von Klarheit und Gewahrsein.

Wir scheinen es also mit einer außergewöhnlichen Qualität von Gewahrsein zu tun zu haben, und man könnte dies wie folgt in Worte fassen: Sobald es klares und gewahres Bewusstsein gibt, ist dieser Aspekt des Rigpa, diese besondere und außergewöhnliche Qualität, bereits vorhanden. Diesen Aspekt des Rigpa, dieses innewohnende klare Licht, nennt man nun »essentielles Rigpa«.

Wenn grobes Bewusstsein am Wirken ist, ist die Erfahrung des grundlegenden, angeborenen Geistes klaren Lichts »erloschen«. Es ist jedoch noch immer eine eindeutige Qualität von Klarheit und Gewahrsein vorhanden, die die gröberen Bewusstseinszustände durchdringt. In der Tat ist alles – von »Erscheinung, Anwachsen und Vollendung« an – von klarem Gewahrsein durchdrungen. Diese spezifische Qualität des Rigpa ist zwar nicht das, was wir als unsere grundlegende Natur bezeichnen würden, die Natur des außergewöhnlichen, ungehinderten Rigpa, aber sie ist als Qualität vorhanden, die diese Zustände duchdringt. Wenn sich also Sinnesobjekte manifestieren, ist bereits grobes Bewusstsein in Erscheinung getreten, und doch ist es immer und von Natur aus klar und gewahr. Dieser Faktor, der als eine außergewöhnliche Qualität von Rigpa gegenwärtig ist, ist »strahlendes Rigpa«.

Da dies so ist, ist selbst das im Vordergrund stehende grobe Bewusstsein von dieser Qualität des klaren Lichts des Rigpa durchzogen. *Das* ist die Qualität von Rigpa, die es bloßzulegen gilt. Sie ist ein Geheimnis, das verborgen und verdeckt hinter konzeptuellem Denken und anderen Faktoren liegt. Doch durch den Segen des Meisters, die Kraft Ihres Verdienstes und Ihre Meditation über die Kernanweisungen kann sie direkt und auf solche Weise vorgestellt werden, dass Sie selbst inmitten aufsteigender Gedanken diesen außergewöhnlichen Zustand von ungehindertem, alles-durchdringendem Rigpa erfahren. Dieses Rigpa, das inmitten aller Gedanken präsent ist, geht weder äußeren Objekten noch innerem Greifen nach, sondern ist in der Lage, sich als Gewahrsein zu behaupten.

Zuvor sah es so aus, als ob klares, gewahres Bewusstsein sich behaupten würde. Dann erreicht man Ālaya, einen unerschütterlichen Zustand des Bewusstseins, in dem das Bewusstsein verbleibt, ohne zu schwanken oder Objekten nachzulaufen. Langsam wird diese Erfahrung tiefer und tiefer. Ālaya ist ein gedankenloser, dumpfer, in gewisser Hinsicht unbewusster Zustand. Ohne Gedanken, denen man nachhängen könnte, und so auch ohne Abgrenzung zwischen innen oder außen, ist er ungehindert und klar, in dem Sinne, dass er durch nichts behindert und unverhüllt ist. Er ist jedoch mit einer Qualität von Dumpfheit behaftet.

Gelangt man einmal über Ālaya hinaus, ist es, als nähme man einen schweren Hut vom Kopf: eine außergewöhnliche Qualität von Rigpa kommt zum Vorschein. Es gibt kein Innen und kein Außen, kein »dies« oder »das«, nichts, was erfahren werden könnte von etwas, das erfährt, und nicht die geringste Dualität von Subjekt und Objekt. Trotzdem handelt es sich nicht um einen unbewussten Zustand, in dem man nichts weiß oder an überhaupt nichts denkt. Um dieses Rigpa muss man sich nicht auf dieselbe Weise bemühen, wie das Bewusstsein um ein Objekt weiß. Es ist, als würden alle Objekte des Wissens, äußere und innere, zu ihm zurückkommen und in es zurückkehren, und das ist der außergewöhnliche Zustand von Gewahrsein, der entstehen wird.

Wenn dieser gewahre Aspekt des Klaren-Licht-Rigpa direkt vorgestellt und erkannt wird, kann er selbst inmitten dichter aufsteigender Gedanken entdeckt werden. Kann sich das, was direkt vorgestellt wurde, behaupten, bietet es eine außergewöhnliche Voraussetzung für das Entstehen der tiefgründigen Erfahrung des klaren Lichts. Man muss auf keine Konzepte, Gedanken oder Sonstiges zurückgreifen. Die einzigartige Qualität des grundlegenden, angeborenen Geistes klaren Lichts wurde vorgestellt; man richtet sich darauf als wichtigstem Fokus aus, und als Ergebnis steigt eine unvergleichliche Erfahrung auf. Das scheint mir das außergewöhnliche Merkmal des Dzogchen zu sein.

Dodrupchen fährt fort:

> Es wird nicht als etwas Neues erlangt, als Ergebnis von Umständen und Bedingungen, sondern ist von Anfang an gegenwärtig. Klares Licht wird durch seine eigene subtile Energie hervorgebracht und erwacht in Klarheit hinein; ohne zuzulassen, dass es wieder absorbiert wird und verloren geht, legst du es bloß und machst es zu deinem ausschließlichen Fokus.

Wenn Sie einen gröberen Zustand als den des klaren Lichts erfahren, einen, in dem Gedanken sich ausbreiten und wieder auflösen, sind diese beiden Faktoren – grobes Bewusstsein und klares Licht – vermischt. Kann man sich an diesem Punkt nicht auf einen Schlüsselpunkt der Praxis ausrichten, ist es daher sehr schwer, zwischen Gedanken und klarem Licht zu unterscheiden. Die geheimen Mantra-Lehren der neuen Übersetzungsschulen gehen dies auf ihre eigene Art an: Die zuvor so aktiven Gedanken werden durchschnitten und radikal abgewehrt, was zu einer Erfahrung des grundlegenden, angeborenen Geistes klaren Lichts führt. Im Dzogchen stützt man sich auf die geschickten Kernanweisungen und legt inmitten der Gedanken selbst die gleichzeitig vorhandene Qualität des Gewahrseins des klaren Lichts bloß und konzentriert sich auf dies als dem Schlüsselpunkt. Daraus folgt:

> Klares Licht wird durch seine eigene subtile Energie hervorgebracht und erwacht in Klarheit hinein; ohne zuzulassen, dass es wieder absorbiert wird und verloren geht, legst du es bloß und machst es zu deinem ausschließlichen Fokus. Der letztendliche Schlüsselpunkt ist ein Gewahrsein, das die Art, in der grundlegender Raum und Weisheit gegenwärtig sind, deutlich wahrnehmen kann. Auf der Basis dieses Schlüsselpunktes strahlt die Erkenntnis des klaren Lichts in voller Pracht und wird klarer und klarer, wie hundert Millionen Sonnen.

Würde man fragen, was diese Herangehensweise nun so einzigartig und außergewöhnlich macht:

> Der Prozess des Sammelns der groben subtilen Energie in den Zentralkanal oder des Aufloderns und Schmelzens der roten und weißen Essenzen findet nur so lange statt, wie man ihn praktiziert.

Weil die Erfahrung hier durch die Kraft Ihrer Bemühungen entsteht, sagt Dodrupchen, es »findet nur so lange statt, wie man es praktiziert«. Im Dzogchen hingegen sind die Gedanken in ihrer Aktivität alle von Rigpa durchdrungen, so dass selbst in dem Augenblick, in dem kraftvolle Gedanken wie Anhaftung und Abneigung aufsteigen, eine durchdringende Qualität von Klarem-Licht-Rigpa verbleibt. Genau dieses Rigpa versucht man zu erkennen, hervorzuheben, bloßzulegen und zur eigenen Praxis zu machen.

> Da es in der natürlichen Art des klaren Lichts liegt, wie die Sonne und ihre Strahlen zu sein – untrennbar –, wirst du,

> wenn du die Strahlkraft des wahren Geistes hierdurch hervorzubringen verstehst, hier im Dzogchen die Erfahrung von klarem Licht in der Meditation aufrechterhalten können, ohne dass sie schwankt oder kommt und geht.

Selbst im Zustand der »Nach-Meditation«, während die sechs Arten von Bewusstsein tatsächlich aktiv sind, wird man direkt eingeführt, auf der Basis des klaren Lichts des Rigpa. Infolgedessen müssen selbst solcherlei Situationen als Meditation angesehen werden. In diesem Kontext nimmt man in der Meditation keine Aufspaltung in Subjekt und Objekt vor. Kann Rigpa sich behaupten und stabil bleiben, führt das auf jeden Fall zu dem, was »kein Unterschied zwischen Meditation und Nach-Meditation« genannt wird.[123] Es gibt hier also eine Art Verknüpfung zwischen Meditation und Nach-Meditation. Daher heißt es weiter:

> Du wirst die Erfahrung von klarem Licht in der Meditation aufrechterhalten können, ohne dass sie schwankt oder kommt und geht. Das bedeutet nun nicht einfach, dass uns klares Licht vorgestellt wird und wir es aufrechterhalten *auf der Basis unseres gegenwärtigen Geisteszustands.*

Das ist wirklich wichtig. Es geht hier nicht darum, in einem Zustand zu ruhen, in dem unser gegenwärtiges Bewusstsein, während die sechs Bewusstseinsarten im Einsatz sind, einfach nicht über seine Objekte nachdenkt oder sich nicht mit ihnen befasst. Das ist der wichtigste Schlüsselpunkt. Viele von uns könnten sagen: »Ich habe einen Zustand von geistiger Ruhe erlangt«, oder: »Ich halte die Natur des Geistes aufrecht«, während die Verwirrung der Gedanken in Wirklichkeit nur für eine Weile beiseite geschoben wurde und der Geist sich nur ausruht. Dies kann sehr leicht missverstanden werden. Es entspricht nicht dem, was Dodrupchen unter klarem Licht versteht:

> Das bedeutet nun nicht einfach, dass uns klares Licht vorgestellt wird und wir es aufrechterhalten *auf der Basis unseres gegenwärtigen Geisteszustands.*
> Hier wird der Gewahrseins-Aspekt des klaren Lichts oder strahlenden Rigpa …

Er bezieht sich hier auf das strahlende Rigpa, das aus dem essentiellen Rigpa hervorgeht.

> Hier wird der Gewahrseins-Aspekt des klaren Lichts oder strahlenden Rigpa bloßgelegt, und man dringt weiter in die Tiefen des klaren Lichts vor zu dem, was »Wärme erlangen« genannt wird. Dies entspricht dem Training im Yoga des klaren Lichts, wie es in den Mutter-Tantras und anderen Herangehensweisen vorkommt, in denen man sich im Wesentlichen auf die Kanäle, subtilen Energien und Essenzen konzentriert. Im Dzogchen verhält es sich mit dem Gewahrseins-Aspekt des klaren Lichts so, dass selbst, wenn Objekte aufzusteigen scheinen …

Es kommt zu Erscheinungen von Objekten, doch selbst während sie auftreten, ist Rigpa noch gegenwärtig, und so …

> … selbst, wenn Objekte aufzusteigen scheinen, ist es Rigpa, das erweckt wird, ohne sich in diesen Objekten zu verfangen, …

Das heißt, Rigpa läuft Objekten dualistischen Greifens – äußeren wie inneren – nicht hinterher, sondern wird bloßgelegt, »erweckt« in dem Sinne, dass es sich behauptet.

> … und auf dieser Basis übst du dich. Das ist mehr als ein Ersatz für die Meditation auf die Kanäle, subtilen Energien und Essenzen.

Das sagt Dodrupchen Jikme Tenpe Nyima.

An diesem Punkt – der Herbeiführung der Erfahrung des grundlegenden, angeborenen Geistes klaren Lichts – stimmen die Ansätze der neuen Übersetzungsschulen des Tantra und der alten Übersetzungsschulen des Tantra also letztlich überein. Wenn Sie das unterscheidende Merkmal des Dzogchen-Ansatzes auf diese Weise verstehen, werden Sie seine Einzigartigkeit zu schätzen wissen.

Mit diesen Beobachtungen möchte ich nicht andeuten, dass ich irgendeine größere Einsicht besäße. Ich habe jedoch eine Reihe verschiedener Texte zu Rate gezogen und weiß, dass man, wenn man sie vergleicht und miteinander in Beziehung setzt und so zu einem gewissen Verständnis gelangt, wirklich die Merkmale erkennen kann, die einzigartig sind. Würde ich hingegen ausführlich über das sprechen, was man in ein paar verstreuten Quellen finden kann, könnten Sie höchstens sagen: »Nun ja, das wird wohl stimmen«, doch es wäre schwierig für Sie, zu echter Gewissheit zu gelangen.

Die Verbindung zwischen niedrigeren und höheren Quellen ist so beschaffen, dass die wesentlichen Punkte und Qualitäten, von denen im Rahmen der niedrigeren Ansätze gesprochen wird, in die höheren Ansätze übernommen werden. Das ist kein Problem, aber wenn man die Tatsache, dass etwas in den niedrigeren Ansätzen einfach nicht deutlich ausgesprochen wird, als Beweis dafür nimmt, dass dies ein besonderes Merkmal der höheren Ansätze sei, wird das problematisch. Es gibt vielleicht etwas, das in einer niedrigeren Herangehensweise als positive Qualität gesehen und in eine höhere Herangehensweise übernommen wird. Genauso kann etwas in einem höheren Ansatz vorhanden sein, das in niedrigeren Ansätzen nicht zu finden ist. Wenn in einem niedrigeren Ansatz etwas als wunderbare Qualität dargestellt wird und es sich noch vollständiger in einem höheren Ansatz wiederfinden lässt, dann handelt es sich um eine tiefgründige und besondere Qualität. Würden wir jedoch etwas in einem höheren Ansatz als positive Qualität betrachten, nur weil es in niedrigeren buddhistischen Herangehensweisen unbekannt ist, wohin würde uns das führen? Welchen Sinn hätte es dann überhaupt, über die Unterschiede zwischen nicht-buddhistischen Systemen und Buddhismus zu diskutieren, ganz zu schweigen von denen innerhalb buddhistischer Ansätze? Das Konzept ursprünglicher Materie – *Prakṛiti* – wird zum Beispiel in buddhistischen Quellen nicht erwähnt, aber das anzuführen, um zu sagen, dass es daher etwas Tiefgründiges sein muss, wird wohl kaum ausreichen, oder?

Essentielles Rigpa und strahlendes Rigpa

Dodrupchen Jikme Tenpe Nyima erwähnt vier mögliche Zustände, die Fälle von essentiellem und strahlendem Rigpa darstellen:[124]

- ein Zustand, der strahlendes Rigpa ist, aber kein essentielles Rigpa
- ein Zustand, der essentielles Rigpa ist, aber kein strahlendes Rigpa
- ein Zustand, der beides ist
- ein Zustand, der weder das eine noch das andere ist

1.) Der erste von diesen Zuständen – der nur strahlendes Rigpa ist und kein essentielles Rigpa – ist der Aspekt des Rigpa, über den wir bereits gesprochen haben und der ausschließlich erkannt und erfahren werden kann, wenn die groben Ebenen des Geistes und konzeptuelle Gedanken aktiv sind. Das klare Licht, das hier erfahren wird, ist strahlendes Rigpa.

2.) Das essentielle Rigpa, das kein strahlendes Rigpa ist, wird als letztendliches Rigpa erfahren und ist ausschließlich klares Licht.

3.) Nun zur dritten Alternative, die beides ist: Wenn es strahlendes Rigpa ist, muss das nicht zwangsläufig bedeuten, dass es kein essentielles Rigpa ist. Denn in der dritten Vision[125] – Rigpa, das sein volles Ausmaß erreicht – ist strahlendes Rigpa vorhanden, in dem Sinne, dass diese Visionen Erscheinungen des Urgrundes sind, und gleichzeitig gibt es jedoch auch essentielles Rigpa, in dem Sinne, dass man eine stabile Stellung innerhalb der Essenz eingenommen hat. Die Verbindung von strahlendem und essentiellem Rigpa lässt sich also in der dritten Vision fin-den – Rigpa, das sein volles Ausmaß erreicht.

In der Tat entstehen die Erfahrungen der ersten drei der vier Visionen als Ergebnis davon, dass man eine solide Stellung in Rigpa eingenommen hat, und so sind sie Erfahrungen oder Qualitäten von Rigpa, die gleichzeitig sowohl essentielles als auch strahlendes Rigpa sind.

4.) Nun zur vierten möglichen Alternative: Rigpa, das weder das Rigpa des Grundes noch das Rigpa der Erscheinungen des Grundes ist. Wenn Rigpa vorhanden ist, muss es dann nicht entweder das Rigpa des Grundes oder das Rigpa der Erscheinungen des Grundes sein? Nein, nicht unbedingt, denn es gibt ein »Rigpa der alles-umfassenden, spontanen Präsenz – die Dharmakāya-Weisheit der Frucht«, das auch »Rigpa der alles-umfassenden, spontanen Präsenz, welches der höchste Zustand von Freiheit ist«, genannt wird, und das ist weder das Rigpa des Grundes, noch das Rigpa der Erscheinungen des Grundes.

Auf der einen Seite haben die Erscheinungen des Grundes aufgehört, sich in den grundlegenden Raum hinein aufzulösen, und so scheint es, dass dies eins wird mit dem äußerst subtilen klaren Licht des Grundes. Auf der anderen Seite muss man hier jedoch einen Unterschied machen, denn dies »Rigpa der alles-umfassenden, spontanen Präsenz« ist die letztendliche Frucht. Der Begriff deutet auf die letztendliche Natur hin und impliziert Vollendung.

Selbst-entstehende Weisheit

In seinem Kommentar zum *Schatz des Dharmadhātu* spricht Longchen Rabjam[126] von selbst-entstehender Weisheit, die in der Tat das Rigpa ist, das ich erklärt habe:

> Selbst-entstehende Weisheit ist Rigpa, das leer und klar ist, frei von jeglicher Fabrikation, wie eine makellose Kristallkugel. Es ist von Natur aus so beschaffen, dass es niemals die Objekte der Sinne erforscht.

Diese »selbst-entstehende Weisheit« ist Rigpa, das in seiner Essenz ursprünglich rein ist. Longchenpa beschreibt es als »leer und klar«. Es leer zu nennen bezieht sich auf seine Essenz: ursprünglich rein. Es klar zu nennen bedeutet, von seiner Natur zu sprechen: spontan präsent. Als solches ist es »frei von jeglicher Fabrikation« und frei von den Fabrikationen flüchtiger Phänomene. Es ist also wie eine makellose Kristallkugel und wahrhaftig »von Natur aus so beschaffen, dass es niemals Objekte der Sinne erforscht«. Welche Phänomene des dualistischen Greifens auch erscheinen, ob äußerlich oder innerlich – Longchenpa sagt:

> Es verweilt als die Basis dafür, dass all dies auftauchen kann, doch was seine eigene wahre Natur betrifft, ist es unbedeutend, ob etwas aufsteigt oder nicht. Und so ist es strahlend in seiner natürlichen Lichtheit, ungehindert in seiner Leerheit und unberührt in seiner ursprünglichen Reinheit.

Er fährt fort:

> In seiner wahren Natur ist Rigpa frei von jeglicher Fabrikation, und wenn sich Dinge als seine Energie erheben, analysiert es Objekte weder äußerlich, noch untersucht es sie innerlich und stellt sich auch nicht dazwischen. Indem man einfach das nicht-konzeptuelle, unberührte, nackte Rigpa identifiziert, wird man erkennen, dass es nichts anderes als diese wahre Natur gibt, frei von Fabrikation, in all ihrer schieren Nacktheit. Das ist nicht-duale, selbst-entstehende Weisheit.

Longchenpa verwendet nun das Beispiel einer Reflexion im Spiegel. Wenn die Reflexion erscheint, muss der Spiegel nicht nach außen auf die Form zugehen, die er widerspiegelt, denn der Ort, an dem jene äußerlichen Formen entstehen, ist im Spiegel selbst zu finden. Er erklärt:

> Wenn Objekte und Wahrnehmungen sich wie eine Reflexion in einem Spiegel dem Rigpa manifestieren, wird das ursprüngliche und nackte Gewahrsein, das sich nicht in Gedanken ergeht, »die innere Kraft«[127] genannt, »die mitfühlende Energie, die der Grund für das Aufsteigen der Dinge ist«.

Was auch immer als Subjekt oder Objekt aufsteigt: Rigpa ist von keinerlei dualistischem Greifen gebunden. Longchenpa fährt fort:

> Wenn es kein Erkennen gibt und das Bewusstsein auf Konzepte zuströmt, nennt man das »dualistisches Denken« … Für einen Yogin, der die nackte Bedeutung des Dzogpa Chenpo erkennt, ist Rigpa frisch, rein und nackt, und Objekte mögen sich innerhalb von Rigpa manifestieren und erscheinen, doch es verliert sich nicht nach außen in jenen

Objekten. Dualistisches Greifen, die Quelle des Saṃsāra, ist beseitigt; Rigpa verweilt in all seiner unberührten, nackten Frische, und als Zeichen, dass es sich nicht in seinen Objekten verliert, gibt es keine Fixierung auf Erscheinungen noch den Drang, sie zu unterdrücken oder ihnen nachzuhängen.[128]

Die drei Arten von Befreiung

Die Lehren beschreiben drei außergewöhnliche Formen von Befreiung:[129]

1.) Befreiung durch Erkennen von Gedanken
2.) Befreiung, in der der Gedanke sich selbst befreit, und
3.) Befreiung von Gedanken als Dharmakāya, ohne Nutzen oder Schaden zu verursachen.

Die wahre und beste Form von Befreiung ist die, in der Gedanken befreit werden, ohne zu nutzen oder zu schaden; das wird mit einem Dieb verglichen, der in ein leeres Haus einbricht. Für den Dieb gibt es nichts zu stehlen und für das leere Haus nichts zu verlieren. Obwohl Gedanken aufsteigen, geschieht das innerhalb der weiten Ausdehnung des Rigpa und aufgrund der Energie des Rigpa. Wenn sie vergehen, vergehen sie in und aus sich selbst heraus.

Wenn ein Gedanke aufsteigt, ist er weiterhin ungetrennt vom grundlegenden Raum des Rigpa. Es kann aber passieren, dass wir denken: »Oh! Ein Gedanke ist aufgestiegen«, oder: »Ein Gedanke ist gerade vergangen«, oder: »Denken ist unangemessen«. Die Dzogchen-Methode der Befreiung ist nicht im Geringsten von solcherlei Greifen gefärbt. Tatsächlich geht es nicht einmal darum, ob Gedanken aufsteigen oder nicht. Gedanken selbst sind hier weder nützlich noch schädlich und werden auf diese Weise als Dharmakāya befreit.

Es gibt noch ein oder zwei weitere Punkte, die die drei Arten von Befreiung im Dzogchen erhellen können. In gewissem Sinne existiert ein Verständnis, dass Gedanken etwas sind, das es zu beseitigen gilt. Nehmen wir also einmal an, wir erklären einen Gedanken zu »etwas, das beseitigt werden muss«. Dies wäre eine Art, Gedanken auf eine gewisse Weise zu befreien, aber es ist *nicht* die außergewöhnliche Form der Befreiung, wie sie sich in den drei eben genannten Arten finden lässt.

Nun kann ein Gedanke allerdings nicht für sich allein bestehen, weil die ganze Essenz der Gedanken derart beschaffen ist, dass sie sich Moment für Moment verändern und auflösen. Ein Gedanke wird also sowieso vergehen, ganz von selbst, und dadurch sozusagen befreit werden. Dies geschieht jedoch in einem Zustand, der von Greifen nach Konzepten über die Gedanken gefärbt ist, und so wird uns ein solches Erkennen der Gedanken noch immer binden. Auch dies ist *nicht* die außergewöhnliche Form der Befreiung, die mit den Dzogchen-Lehren verbunden ist.

Das Außergewöhnliche an der Form der Befreiung gemäß der Dzogchen-Tradition ist, dass Gedanken nicht die Kraft haben zu nutzen oder zu schaden. Das wird durchgehend angewendet, auf jeden einzelnen Gedanken.

Die Wichtigkeit der vorbereitenden Untersuchung

Um ein Beispiel aus der Tradition zu geben, die in Sūtras und Tantras gleichermaßen vorhanden ist, gibt es einen Schlüsselpunkt, den wir in Āryadevas *Vierhundert Versen über den Mittleren Weg* finden können:[130]

Das Gewahrsein, das der Keim der Existenz ist,
hat Objekte als seinen Aktivitätsbereich;
wenn Selbstlosigkeit in Objekten erkannt wird,
ist der Keim der Existenz zerstört.

Gemäß dieser Tradition, die in den Sūtras und Tantras gleichermaßen zu finden ist, liegt die Wurzel bedingter Existenz in unserer Kleingeistigkeit und unserem Greifen nach Dingen als wahrhaft existent. Der Weg, diese Kleingeistigkeit und das Greifen nach wahrer Existenz aufzugeben, führt über einen Geist, der die Abwesenheit eines wahren Selbstes oder wahrer Identität sieht. So wird sowohl in den Sūtras als auch den Tantras vorgegangen.

In einem streng tantrischen Kontext erklärt Buddhajñāna in seinen *Mitteln der Vollendung mit dem Titel »Allumfassend gut«*,[131] die Wurzel der Existenz werde durch den Denkprozess der Unwissenheit geschaffen, mit anderen Worten, sie wird durch Gedanken erzeugt. Das lässt die Frage aufkommen: »Zeichnet sich der Gottheiten-Yoga und die Erzeugungsphase des Tantra nicht besonders dadurch aus, dass man die Abwesenheit einer Identität oder eines Selbst erkennt? Ist nicht das Wahrnehmen des Fehlens einer innewohnenden Identität ein besonderes Merkmal der Meditation über Gottheiten? Wenn dies der Fall ist, wie können dann Gedanken, als Keim der bedingten Existenz, Schaden verursachen?« Das ist die Frage, die durch all diese Überlegungen aufgeworfen wird.

Der Begriff *Namtok*, Gedanke, bedeutet in diesem Falle Greifen nach den Dingen als wahrhaft existent. In seinem Kommentar zu den *Mitteln der Vollendung mit dem Titel »Allumfassend gut«* sagt Thagana,[132] dass der Begriff »Gedanke«, wie er hier in diesem Text verwendet wird, als Greifen nach einer wahren Realität verstanden werden muss. Auf jeden Fall heißt es sowohl in den Sūtras als auch den Tantras, dass Unwissenheit – *Marigpa* – die Wurzel von Saṃsāra ist. Und um diese Unwissenheit zu vernichten, widerlegen wir unsere jeweilige Art, wie wir auf Dinge fixiert sind, indem wir mit einem Geist schauen, der Gewissheit darüber erlangt hat, dass Dinge kein Selbst besitzen.

Nun kommen wir zur Besonderheit des Dzogchen samt all ihren Auswirkungen. Aus der Sicht von jemandem wie mir, der dem Dzogchen Schritt für Schritt folgt, sieht eine Untersuchung folgendermaßen aus: In Traditionen, die nur von gröberen Ebenen des Bewusstseins ausgehen, ist das Objekt, das es zu untersuchen gilt, die Art, wie das Bewusstsein nach einer Identität oder einem Selbst in den Dingen greift, und so hat man keine andere Wahl, als darüber zu meditieren, wie man die Dinge als frei von einem Selbst betrachten kann.

Gemäß der Traditionen, die subtilere Ebenen von Bewusstsein akzeptieren, taucht das Greifen nach Dingen als wahrhaft existent nie wirklich auf, sobald der grundlegende, angeborene Geist klaren Lichts erfahren wird. Gleichzeitig können jedoch tugendhafte Geisteszustände erzeugt werden. Beachten Sie, dass der Begriff »ursprüngliche Weisheit« – *Yeshe* – hier nicht verwendet wird, sondern eher der Begriff »grundlegender, angeborener Geist klaren Lichts«, und genau dieser ist in der Lage, tugendhafte Geisteszustände zu erzeugen. Im Rahmen des klaren Lichts kann man zu tugendhaften und positiven Faktoren gelangen, aber Untugendhaftes taucht nicht auf. Sobald es also einen Geist gibt, der die falschen Vermutungen fehlerhafter Denkmuster durchschneidet, verschwinden alle Gedanken, und im Zuge der Auflösung der achtzig Arten von Konzeptualisierung taucht einfach kein Greifen mehr auf, das die Dinge für real hält. Dies ist eine weitere Vorgehensweise. In diesem Ansatz untergräbt man das Objekt der Fixierung, das für wahr gehalten wird, und meditiert über seinen Mangel an innewohnender Identität. Auf diese Weise beseitigt man die gesamte Basis für ein mögliches Entstehen von Gedanken, die nach einem Selbst und nach Dingen als real existent greifen. Durch das Schwächen und Beseitigen dieser Basis überwindet man das Greifen nach einem Selbst.

Im Dzogchen gibt es drei Faktoren: Essenz, Natur und Energie. Einfach nur zu sagen: »Die Essenz ist ursprüngliche Reinheit«, reicht nun allerdings nicht aus; Sie müssen zu einer Gewissheit in Ihrem Geist gelangen, dass die Essenz ursprünglich rein *ist*. Die bloße Tatsache, dass sie ursprünglich rein ist, ist keine große Hilfe; Sie müssen eine Erfahrung und ein Verständnis dieser Essenz als ursprüngliche Reinheit haben. Dasselbe gilt für jedes Phänomen, zum Beispiel eine Vase. Es nützt nichts, dass sie leer ist, und auch nicht, dass sie ihrer Natur nach ursprünglich rein ist, wenn Sie nicht wissen und verstehen, dass dies so ist.

Genauso können wir, wenn wir von den drei Aspekten von Essenz, Natur und Energie sprechen, ständig wiederholen: »Die Essenz ist ursprüngliche Reinheit«, doch welche Relevanz hat das für unsere Situation? Genau das sollten wir gleich von Anfang an verstehen. Darum befassen wir uns an dieser Stelle mit der so genannten »Suche nach dem verborgenen Makel des Geistes«, als eine der vorbereitenden Übungen. In der Tradition, die sowohl im Sūtra als auch im Tantra zu finden ist, ist diese Suche nach dem verborgenen Makel des Geistes eine Etappe, ohne die man nicht auskommt.

Wenn im Dzogchen über die Essenz von Rigpa gelehrt wird und es heißt, man solle ohne jegliche Analyse meditieren und ohne unter den Einfluss dualistischen Greifens zu geraten, dann unterscheidet sich das stark von den beiden vorangegangenen Ansätzen. Man folgt keinerlei Objekten nach, die vom Geist begriffen oder erfasst wurden. Wenn man zum Beispiel über Leerheit meditiert, benutzt man beim Meditieren Mittel, um die leere Natur der Dinge begreifen zu können, und somit folgt in diesem Fall gewöhnliches Bewusstsein einem Objekt nach. Die Diskrepanz zwischen der Dzogchen-Praxis und den zwei gerade beschriebenen Praktiken wird recht kontrovers behandelt.

Wir dürfen allerdings nicht vergessen, dass wir hier von einer vorbereitenden Phase sprechen. Nehmen wir ein Beispiel: Wenn Astronauten in den Weltraum befördert werden, erreichen sie einen Zustand der Schwerelosigkeit. Diesen erleben sie aber erst, wenn sie bereits im Weltraum sind. Bis dahin werden sie keine Erfahrung von Schwerelosigkeit haben. Wir müssen also auf der Basis unserer spezifischen Situation vorgehen, und während wir dabei sind, unseren Geist zu üben, ist das, worüber wir hier gesprochen haben – die vorbereitende Untersuchung – unabdingbar, um weiter fortschreiten zu können. Darüber gibt es keinerlei Kontroversen.

Dodrupchen Jikme Tenpe Nyima sagt nun etwas dazu. Ich betrachte Dodrupchen als meinen Lehrer, und er führt einen Punkt an, der sehr wichtig ist: »Wie es heißt, musst du, um ein geeignetes und empfängliches Gefäß für die direkte Einführung in Rigpa zu werden, deinen Geist durch logisches Denken üben, das die letztendliche Realität untersucht.«[133] Wie er damit sagt, braucht man, um ein geeignetes Gefäß für die Einführung in Rigpa zu werden, die vorbereitende Phase des Suchens nach dem verborgenen Makel des Geistes, wobei man den Geist in logischem Denken übt, das die letztendliche Realität untersucht.

Dodrupchen fährt fort: »Die Lehren beschreiben, auf welche Weise Rigpa, wie es auf dem Pfad erfahren wird, aus dem ursprünglichen Grund hervorgeht.« Wenn man sich auf dem Pfad des Dzogchen übt, ist der grundlegende Punkt strahlendes Rigpa. Da dem Praktizierenden des Dzogchen dieses strahlende Rigpa vorgestellt wurde und er auf Basis dessen praktiziert, wird es zum Rigpa im Rahmen des Pfades.

Tatsächlich sagt Dodrupchen drei Dinge: Erstens muss man sich zur Vorbereitung mit »logischem Denken, das letztendliche Realität untersucht« befassen. Zweitens »beschreiben die Lehren, auf welche Weise Rigpa, wie es auf dem Pfad erfahren wird, aus dem ursprünglichen Grund hervorgeht«. Und drittens »ist es von Nutzen zu sagen, dass Rigpa keine stabile Basis oder festen Ursprung besitzt«.

Er fährt fort: »Wie es heißt, wird in der Trekchö-Praxis die Untrennbarkeit von Raum und Rigpa deutlich gemacht. Kennst du dich mit dieser ganzen Basis also gut aus, wirst du wissen, wie man die Einheit von Rigpa und Leerheit praktiziert. Es wäre jedoch unangemessen, davon zu sprechen, ohne darüber nachgedacht zu haben, und nur etwas zu erfinden.« Folgt man dieser Logik, heißt es also, dass man zu einem definitiven Verständnis der Sicht des Madhyamaka gelangen muss.

Doch eine Frage bleibt noch immer unbeantwortet: »Wurde einem Rigpa, der Urgrund des Dzogchen, einmal direkt vorgestellt, und erhält man es in der Praxis aufrecht, benutzt man da kein Objekt, auf das man sich ausrichtet? Richtet man sich an diesem Punkt in gewisser Weise auf Leerheit als Objekt aus, oder nicht?« Da diese Frage aufgeworfen wurde, sollte sie auch eingehend betrachtet werden.

Die Stellung der analytischen Meditation

Im Allgemeinen gibt es in vielen Tantras der neuen Übersetzungsschulen keine ausdrücklichen oder ausführlichen Hinweise auf die Meditation über Leerheit in der Hauptpraxis, sondern eher auf meditative Zustände großer Glückseligkeit. Obwohl das so ist, findet man doch eine Betonung der Wichtigkeit des Verständnisses der Leerheit, bevor man die Praktiken des Höchsten Yogatantra ausführt, und die Erkenntnis von Leerheit wird als Grundvoraussetzung beziehungsweise als unbedingt erforderlich angesehen, um die Stadien des Höchsten Yogatantra erfolgreich verwirklichen zu können. Ohne das Verständnis von Leerheit kann es ansonsten keine Meditation über große Glückseligkeit geben.

Was die Meditation über Leerheit betrifft, gibt es zwei Herangehensweisen: zum einen die Form von Meditation, die sich des Unterscheidungsvermögens und der Analyse bedient, und zum anderen Meditation auf der Basis des Sich-Setzen-Lassens, ohne zu analysieren. Analytische Meditation mag die große Glückseligkeit des Systems des Höchsten Yogatantra zwar unterstützen, aber im Allgemeinen besteht Meditation über Leerheit im Höchsten Yogatantra der neuen Übersetzungsschulen ausschließlich aus Meditation, in der man die Dinge zur Ruhe kommen lässt. Meditation wird hier nicht in analytischer Form erklärt, da analytische Meditation das Aufsteigen großer Glückseligkeit hemmt und das Erlangen subtilerer Geisteszustände verhindert. Aufgrund dieser Wirkung wird analytische Meditation in diesem Zusammenhang nicht praktiziert.

Im Fahrzeug der Pāramitās gilt analytische Meditation jedoch als etwas, das praktiziert werden muss. In den Stufen bis hin zu den niedrigeren Tantras, und diese einschließend, wird analytische Meditation aus dem Grunde praktiziert, weil man sie für notwendig erachtet, um Gewissheit über jegliche Objekte zu erhalten. Das Bewusstsein gewinnt Gewissheit bezüglich seines Objekts und wird mit voranschreitender Auflösung der subtilen Energie immer subtiler; durch die Kraft eines solchen Trainings wird das Objekt mit immer größerer Klarheit erfahren. Daher führt analytische Meditation im Pāramitā-Yāna zur Gewissheit über die Objekte des Bewusstseins, durch die fortschreitende Verfeinerung des Geistes in Zustände von zunehmender Subtilität. Und die Gewissheit, zu der diese Art der Meditation führt, kann ums Hundert- oder Tausendfache anwachsen – bis zu einem außergewöhnlichen Grad.

Warum sollte analytische Meditation dann im Höchsten Yogatantra vermieden werden? Widmet man sich der Analyse, besteht die Gefahr, dass sich die subtile Energie, die man nach innen versammelt hat, durch diese Praxis nach außen verliert, und damit wäre sie ein großes Hindernis für den ganzen Sinn und Zweck der Meditation. Darum erklären die neuen Übersetzungsschulen des Höchsten Yogatantra, dass man analytische Meditation beiseite lassen und über Leerheit ausschließlich durch Meditation des Sich-Setzen-Lassens meditieren sollte.

Gemäß der Dzogchen-Lehren der Nyingma-Schule des Vajrayāna wendet man, sobald der Yogin oder die Yogini durch das

Analysieren der Sicht der Selbstlosigkeit zu einer definitiven Erfahrung gelangt ist und den Zustand von Rigpa als Hauptpraxis aufrecht erhält, keine gewöhnliche Analyse an. Stattdessen ruht das Bewusstsein einfach. Es scheint sich hier um einen außergewöhnlich wichtigen Punkt zu handeln, und Dodrupchen stimmt dem zu.[134]

Im Kommentar zu seinem *Schatz des Dharmadhātu* schreibt Longchen Rabjam, dass die Art, in der Dinge erscheinen, der Beweis für ihre essentielle Leerheit ist. Wie beschreibt er dies? Er nimmt die Tatsache, dass Dinge auf gegenseitig abhängige und unfehlbare Weise entstehen, als Begründung, und auf dieser Basis gelangt er zu seinem Beweis. Genau das wird in der Prāsaṅgika-Schule als »Erscheinung, die das Extrem der Existenz vertreibt, und Leerheit, die das Extrem der Nicht-Existenz ausräumt« beschrieben. Tatsächlich fährt Longchen Rabjam damit fort, Nāgārjuna in diesem Sinne zu zitieren. Zuerst sagt er jedoch:[135]

> Weil Erscheinungen sich in all ihrer Vielfalt manifestieren, sind sie Leerheit. Der *Widerhall des Klangs*[136] erklärt:
>
> > Desweiteren werde ich die Natur der Dharmata
> > erklären:
> > Eine Natur wie diese kann nicht auf ein einziges Ding
> > festgelegt werden,
> > wie immer du sie daher auch bezeichnest, so wird
> > sie erscheinen.
> > Auf der Basis, die der Vielfalt der Namen
> > zugrunde liegt,
> > erscheinen die Fabrikationen vieler Begriffe.
> > Aufgrund der Vielfalt der Namen, die in keiner Weise
> > eindeutig sind,
> > ist die zugrundeliegende Bedeutung leer, da sie lediglich
> > auf einer Bezeichnung beruht.

> Da Leerheit niemals als irgendetwas existiert hat,
> manifestiert sich die Natur der Dinge als rein.

Ārya Nāgārjuna sagt:

> Da es keine Phänomene gibt,
> die nicht in gegenseitiger Abhängigkeit erscheinen,
> gibt es auch keine Phänomene,
> die nicht leer sind.

Wird, wie in diesem Fall, etwas in einer Quelle ausgesagt, das auch in einer anderen erwähnt wird, muss man wissen, wie höhere und niedrigere Quellen in Bezug zu setzen sind.

Zwei Arten, Rigpa einzuführen

Um auf das Thema »Rigpa« zurückzukommen – Longchenpa erklärt:

> An diesem Punkt gibt es zwei Wege, Rigpa direkt zu bestimmen:
>
> *Direkte Einführung, ohne sich auf einen Schlüsselpunkt zu stützen,* bedeutet, dass es keine äußere Fabrikation oder Projektion des Geistes gibt, kein inneres Greifen, keinen Versuch, den Geist zwischen diese beiden zu stellen, keine künstliche Vorstellung durch den gewöhnlichen Geist und kein sich Regen von Gedanken. Ununterbrochene, nackte Bewusstheit, gleichmäßig und alles-durchdringend, ist jederzeit gegenwärtig.[137]

Dies scheint also eine Art zu sein, wie die Einführung stattfinden kann, und sie geschieht durch den Segen des Meisters. Geht man davon aus, dass das Bewusstsein, das wir bereits besitzen, anfangslos ist, wird der Gewahrseins-Aspekt des klaren Lichts – seine natürliche Ausstrahlung – an jedem Punkt gegenwärtig sein, so wie das Öl, das den Sesamsamen durchtränkt. Und das ist die Basis, auf der die Einführung stattfinden kann. Was hier also beschrieben wird, ist eine direkte Einführung, die erzielt wird, wenn äußere Umstände, wie intensive Hingabe zum Meister, und innere Umstände zusammenkommen.

Als nächstes präsentiert Longchenpa:

> *Sechs Arten von direkter Einführung, die Schlüsselpunkte verwenden.*[138]

1.) Direkte Einführung durch das Aufrechterhalten der Aufmerksamkeit des Geistes.
2.) Direkte Einführung, in der der Geist ruht; das heißt eine Einführung auf der Basis eines Geistes, der stabil und an seinem Platz bleibt.
3.) Direkte Einführung, indem man zur Wurzel der Sache vordringt.
4.) Direkte Einführung, indem man sich vom Gefühl für die substantielle Wirklichkeit der Dinge frei macht. Das heißt, sobald man jedes Gefühl für die Solidität der Dinge verworfen hat, unternimmt man eine gründliche Untersuchung. Longchenpa sagt, »wenn Geist sein Objekt vermissen lässt«, ist jedes Objekt, dem der Geist folgen könnte, verbannt, und so weiß der Geist schließlich nicht mehr, wohin er sich wenden soll. Das ist die Basis, auf der die Einführung stattfindet.
5.) Direkte Einführung im Intervall zwischen Bewusstsein und seinen Objekten.
6.) Direkte Einführung durch Ablenkung. Das ist wie die Erfahrung, wenn du ganz in ein Gespräch vertieft bist und plötzlich jemand deinen Namen ruft und dich ablenkt. In diesem Moment findet direkte Einführung statt. Ein gutes Beispiel

> wäre, wenn der Laut »Phäṭ!« ausgestoßen wird; in der Lücke zwischen dem vorherigen Gedanken und dem nächsten wird ungehindertes Rigpa vorgestellt. Zuerst ist der Geist erstaunt, doch in dieser Verblüffung liegt eine alles-durchdringende, ungehinderte Qualität: »Gebannt vor Verwunderung, und doch ist alles durchscheinend und klar.«[139]

Das Erstaunen an diesem Punkt ist nicht das Rigpa des Dzogchen. Es ist unser Gefühl und unsere Reaktion auf etwas Plötzliches, in dem wir uns fragen: »Was ist passiert?« Dieser Zustand, in dem man an nichts denkt und sich an nichts erinnert, ist der neutrale Zustand von Ālaya. Er wird als ruhig und stabil beschrieben und ist gegenwärtig von einfältiger Dumpfheit beeinträchtigt. Wäre dies die Einführung in Dzogchen, wäre alles recht einfach. Mit jedem Einschlafen wäre man im Begriff, in Dzogchen eingeführt zu werden, und könnte das gesamte Leben einfach in diesem Zustand verbringen.

Nichtsdestotrotz scheint diese Erfahrung, wenn sie zum ersten Mal auftaucht, eine äußerst nützliche Grundlage für die Einführung von Rigpa zu sein. Normalerweise ist der Geist in alle möglichen Gedanken verwickelt – und zwar in sehr viele. Also beginnt man damit, sie zu beseitigen, damit der Geist nichts tut und über nichts nachdenkt, sondern erst einmal ruht. Dieser Zustand ist nicht die Einführung in Dzogchen und auch nicht das Rigpa des Dzogchen. Aber an einem bestimmten Punkt, wenn äußere und innere Umstände zusammenkommen, wird die Natur dieses unerschütterlichen Zustands des Geistes zur Basis, auf der ein nacktes Gewahrsein erfahren werden kann – ein unvergleichlicher Zustand, ungetrübt von jeglicher Spur einfältiger Dumpfheit, alles-durchdringend und ungehindert, innerlich wie äußerlich.

Im Sprachgebrauch des Dzogchen wird dies herkömmlicherweise als »Rigpa« bezeichnet. Wollte man Rigpa beschreiben, könnte man unter anderem sagen, es sei alles-durchdringend, klar und ungehindert. Es zeigt keine Spur von der geistlosen, dumpfen Qualität, sondern ist natürlich entspannt, makellos und klar. So wird die Erfahrung sein, die sich einstellt. Wenn solch eine Erfahrung nun entsteht, sollte man mit einer so genannten »ursprünglich gegenwärtigen Achtsamkeit« meditieren. Wird Rigpa eingeführt, ist diese ursprünglich gegenwärtige Achtsamkeit eine natürliche Begleiterscheinung, genau wie die Sonne Strahlen hat. Wir müssen uns nicht um Achtsamkeit bemühen, da Rigpa selbst sich durch diese natürliche Art der Achtsamkeit behauptet.

Dann fährt man fort zu meditieren, und während die Meditation voranschreitet, gibt es die *vier Chokshyak* – oder Weisen, die Dinge in ihrer natürlichen Einfachheit zu belassen:

> Sicht wie ein Berg: Lass es, wie es ist.
> Meditation wie der Ozean: Lass es, wie es ist.
> Handlung, Erscheinungen: Lass sie, wie sie sind.
> Frucht, Rigpa: Lass es, wie es ist.

Und zur Unterstützung dieser Vier finden wir die drei Samādhis:[140]

> Samādhi des alles-durchdringenden Siegels,
> Samādhi des großen, natürlichen Verweilens,
> Samādhi der überragenden Unmittelbarkeit.

Dodrupchen sagt, dass alle Phänomene ziemlich eindeutig als Rigpas Energie oder Rigpas Entfaltung aufsteigen.[141] Aus der Sicht der neuen Schulen des Tantra ist alles, was sich erhebt, die Entfaltung großer Glückseligkeit und das Spiel der Leerheit. In der Terminologie des Dzogchen manifestiert sich alles als Ausdruck von Rigpa, und das ist gewiss. Die treibende Kraft, die für all das verantwortlich ist – und allem Raum und Grund gewährt –, ist einfach und allein der Zustand klaren Lichts. Tatsächlich ist alles das Spiel oder die Entfaltung des klaren Lichts, und auch der konzeptuelle Ansatz der Prāsaṅgikas scheint uns auf dieses außergewöhnliche Verständnis vorzubereiten.

Solche Erfahrungen von klarem Licht werden entstehen, und wenn das der Fall ist, werden Sie keinerlei Angst mehr haben, in Saṃsāra zu fallen; Sie werden keinerlei Hoffnung auf das Erlangen von Nirvāṇa haben – Sie werden jegliche Hoffnung oder Furcht verloren haben. Alle Erfahrungen und Gefühle, seien sie gut oder schlecht, Karma, seine Folgen, Geburt, Tod und Veränderung: All das manifestiert sich als magische Entfaltung des klaren Lichts.

Darauf deuten auch die »zwölf Arten von Vajra-Gelächter«[142] hin. Wenn wir in der äußeren Welt nach etwas greifen, hingerissen von seiner scheinbaren Solidität, sind wir davon überzeugt, dass es sehr real und sehr wahr ist und man diesbezüglich etwas tun müsste. Ist es etwas Schmerzhaftes, denken wir: »Was kann ich tun, um diesen Schmerz loszuwerden?« Sehen wir etwas Attraktives, das uns gefällt und das wir haben wollen, werden wir denken: »Das muss ich haben!« Das ist es, wovon die »zwölf Arten von Vajra-Gelächter« sprechen: von einem derartigen Geist, erfüllt von solch angespanntem und rigidem Greifen.

Nun gibt es noch einen weiteren Punkt aus dem Kommentar zum *Schatz des Dharmadhātu* zu behandeln. Wenn Erfahrungen wie diese auftreten, gibt es auch spirituelle Fallen, die so genannten »Arten, auf die Rigpa am meisten gebunden ist«.[143] Es gibt unzählige Variationen dieser spirituellen Fallen, doch Longchen Rabjam fasst sie in einer Gruppe von zehn zusammen. Diese sind:

1.) Die Falle, von Konzepten gebunden zu sein.
2.) Die Falle, in nicht-konzeptuellen Zuständen gefangen zu sein.
3.) Die Falle, sich in Anstrengung zu verfangen.
4.) Die Falle, nach Erscheinungen als wahr zu greifen.

5.) Die Falle, anderswo nach endgültiger Wahrheit zu suchen.
6.) Die Falle, nach leeren Formen zu greifen, als besäßen sie charakteristische Merkmale.
7.) Die Falle der Sicht der Leerheit, die die wahre Natur aus dem Auge verliert.
8.) Die Falle des sinnlosen Geschwätzes über deine »Verwirklichung« des Dzogchen.
9.) Die Falle der »Meditation« über »Leerheit«, die genauso unnütz ist, wie einen Stein im Dunkeln zu werfen.
10.) Die Falle, Leid zu ertragen, weil du die Schlüsselpunkte verfehlst.

Es gibt noch weitere Themen, aber diese kurze Erklärung deckt ab, was ich über Dzogchen weiß. Die Dzogchen-Quellen und -Schriften beschäftigen sich mit einer enormen Bandbreite von Themen. Es gibt zum Beispiel die Kategorie des Geistes, *Semde*, die Kategorie des Raumes, *Longde*, und die Kategorie der Kernanweisungen, *Mengakde*. Selbst innerhalb der Kategorie der Kernanweisungen gibt es noch einmal vier Zyklen: äußere, innere, geheime und die sehr geheimen, unübertroffenen. Es gibt also viele Themen, und es soll viele Hunderttausende damit verbundene Tantras geben. Außerdem gibt es eine große Anzahl von Lehrbüchern, aber sie unterscheiden sich nicht so sehr voneinander, da sie mit den großen Quellen der Schriften übereinstimmen. Es gibt eine weitere Herangehensweise, die in ihrem Stil nicht so sehr diese großen Quellen widergibt, sondern yogischen Praktizierenden direkte Anweisungen erteilt. Das sind die Grundlagen, auf denen die Belehrungen stattfinden.

Im Allgemeinen gibt es also eine Methode von Anweisungen, die der Tradition der Gelehrten oder Paṇḍita folgt, und eine, die der Yogin- bzw. Kusuli-Tradition folgt. Wenn wir über die Methode der Anweisung der Gelehrten sprechen, umfasst das *Die Sieben Schätze* von Longchen Rabjam, besonders den *Schatz des überragenden Fahrzeugs* und den *Schatz des Dharmadhātu*. Da solche Texte eine so riesige Anzahl von Themen in großer Ausführlichkeit besprechen, mit dem Ziel, zu Gewissheit zu führen, stellen sie die Methode der Anweisungen gemäß der Tradition der Gelehrten dar. In Sammlungen wie dem *Nyingtik Yabshyi* sind die Abhandlungen viel knapper und bündiger, weil sie gemäß der Methode der Anweisungen der Yogins gelehrt werden. Es gibt also eine Lehre, die die Schriftquellen erläutert, und eine Lehre, die der Tradition der Kernanweisungen folgt.

Die Grundlage meiner Belehrungen hier waren die Schriften Longchen Rabjams, und ich habe eine Auswahl daraus besprochen und meine Kommentare dabei auf den Kommentar zum *Schatz des Dharmadhātu* gestützt. Die letzten beiden Tage haben mir Freude bereitet, und ich möchte Ihnen allen hier danken, dass Sie mir mit so großem Interesse zugehört haben. Was ich bis jetzt gelehrt habe, sollte einfach als Schlüssel, Basis oder Quelle betrachtet werden, die später durch weiteres Lesen, Meditation und Praxis vervollständigt werden sollte. Erst dann wird das, was ich hier gelehrt habe, nützlich und hilfreich werden.

Für einen echten Dzogchen-Praktizierenden ist es von größter Wichtigkeit, sich kontinuierlich in der Praxis zu bemühen. Wie ich gestern schon anmerkte und was ich hier wiederholen möchte: Um zu einer echten Erfahrung und Verwirklichung einer fortgeschrittenen Stufe des Pfades zu kommen, ist es entscheidend, ein sehr stabiles Fundament und Grundwissen in den allgemeinen Pfaden zu besitzen. Darum wird im Dzogchen-System den vorbereitenden Praktiken oder dem *Ngöndro* große Bedeutung beigemessen. In der Herangehensweise des Dzogchen schließt die allgemeine Ngöndro- oder vorbereitende Praxis die Zufluchtnahme, das Erzeugen von Bodhichitta, die Vajrasattva-Meditation und -Rezitation, das Maṇḍala-Opfer, Niederwerfungen und Guru-Yoga ein. Die vollständigen vorbereitenden Praktiken werden systematisch und in großer Ausführlichkeit in einem Text namens »Die Worte meines vollendeten Lehrers« –

Kunsang Lame Shyalung – erklärt, den Dsa Patrul Rinpoche in Form von Notizen verfasste, die er während einer Belehrung seines Lehrers Jikme Gyalwe Nyugu niederschrieb. Dieser Text wurde ins Englische übersetzt und ist auch in Deutsch verfügbar.[144]

Wenn Sie sich also anhaltend bemühen, ohne die Hoffnung oder den Mut zu verlieren, werden Sie Fortschritte auf Ihrem spirituellen Pfad machen, das ist sicher.

Abschließender Rat

Die abschließenden Worte Seiner Heiligkeit, nachdem ihm im Namen von Rigpa und allen Anwesenden gedankt worden war:

Ich bin zutiefst berührt von Ihren Dankesworten. Wie ich immer sage, trägt jeder eine Verantwortung, und wir müssen uns dieser Verantwortung stellen und unseren persönlichen Teil beitragen. Lassen Sie uns versuchen, eine bessere Welt zu schaffen, eine glücklichere Welt, mit glücklicheren Menschen. Was ich gewöhnlich »mein Nirvāṇa« nenne – die dauerhafte Beendigung negativer, emotionaler Gedanken –, ist meine eigene Angelegenheit, mein privates Nirvāṇa. Was wir wirklich brauchen, ist Nirvāṇa für die Gesellschaft – eine glücklichere menschliche Gemeinschaft, eine Gesellschaft, erfüllt von liebender Güte. Das ist es, was wir uns wünschen, und wir können es aufbauen. Und dafür trägt jeder die Verantwortung. Nach meinem eigenen Nirvāṇa kann ich alleine streben, das ist meine Angelegenheit. Danke, ich danke Ihnen sehr.

ANHANG

EIN GESCHENK AN DIE WELT

Eine Belehrung
von Nyoshul Khenpo Jamyang Dorje

MITGEFÜHL, DAS HERZ DER ERLEUCHTUNG

Reflexionen über die Relevanz
des Mitgefühls
von Seiner Heiligkeit dem Dalai Lama

EIN GESCHENK AN DIE WELT

Eine Belehrung von Nyoshul Khenpo Jamyang Dorje

gegeben am 8. Oktober 1989 in San José

Nyoshul Khenpo wurde 1932 im Derge-Gebiet in Kham geboren. Er studierte unter fünfundzwanzig großen Meistern, unter anderem Shedrup Tenpe Nyima, der Reinkarnation von Nyoshul Lungtok. Von ihm erhielt er die Lehren des Longchen-Nyingtik und speziell die »Große mündliche Linie der Kernanweisungen« (*Mengak Nyengyü Chenmo*) des Dzogpa Chenpo. Dies wurde Khenpos besondere Linie, eine Linie, die ungebrochen bis auf den ursprünglichen Buddha zurückgeht, über so außergewöhnliche Meister wie Khenpo Ngakchung, Nyoshul Lungtok, Patrul Rinpoche, Jikme Lingpa, Longchenpa, Vimalamitra und Padmasambhava. Khenpo gab diese Lehren an einige wenige enge Schüler weiter sowie an einige der großen Meister und Linienhalter seiner Zeit. Er schrieb eine maßgebliche *Geschichte des Dzogchen-Nyingtik*, die die Biographien der Linien-Meister enthält, sowie eine bemerkenswerte Sammlung von poetischen Gesängen der Verwirklichung. Nyoshul Khenpo war ein so vollendeter Meister des Dzogchen und eine derartige Autorität in den Lehren Longchenpas, dass seine Schüler ihn als Longchenpa in Fleisch und Blut betrachteten. Er war der Lehrer vieler Lamas der jüngeren Generation sowie einiger westlicher buddhistischer Lehrer. Im August 1999 verstarb er in Frankreich. Niemand, der ihm begegnete, wird jemals seine außergewöhnliche Präsenz vergessen oder den Geist, in dem er lehrte und der auf so vollendete Weise die unermessliche Gelassenheit und Weite des Dzogpa Chenpo verkörperte.

Sogyal Rinpoche empfand eine große Liebe zu Nyoshul Khenpo, der im Zeitraum von 1984 bis 1996 viele Rigpa-Retreats und -Zusammenkünfte besuchte und Belehrungen gab. Einer dieser Anlässe war der Besuch Seiner Heiligkeit des Dalai Lama in San José, wo Nyoshul Khenpo am Abend des 8. Oktober, im Anschluss an die Sitzung Seiner Heiligkeit, die folgende Belehrung gab. Der Übersetzer war Richard Barron (Chökyi Nyima).

Nyoshul Khenpo Jamyang Dorje

Wie glücklich wir uns doch alle schätzen können, dass es uns möglich war, uns in Gegenwart Seiner Heiligkeit zu versammeln und diese tiefgründigen Lehren des Dzogpa Chenpo, der Großen Vollkommenheit, zu erhalten. Seine Heiligkeit ist kein gewöhnlicher Lehrer: Er wird einmütig als eine Emanation Avalokiteśhvaras betrachtet und anerkannt, des Bodhisattva, der das Mitgefühl aller Buddhas verkörpert. Eine so tiefgründige Belehrung von einem so authentischen und verwirklichten Lehrer wie ihm zu erhalten macht das Ganze zu einem sehr heiligen Ereignis.

An dieser Stelle möchte ich auch Sogyal Rinpoche meine Wertschätzung aussprechen, der, wie man wissen sollte, als die Inkarnation eines der engen Schüler Padmasambhavas erkannt wurde, einem Meister aus dem achten Jahrhundert namens Nanam Dorje Düdjom. Ich bin besonders davon beeindruckt, mit welcher Energie sich Sogyal Rinpoche darum bemüht, das Dharma in den Westen zu bringen und die Lehren des Buddha hier zu etablieren und zu verbreiten, so dass sie noch einmal erstrahlen mögen wie die Sonne, diesmal in den Ländern des Westens. Ich möchte ihm meine Anerkennung und meinen Dank für alle Vorbereitungen aussprechen, die in diese Zusammenkunft geflossen sind, und für die Arbeit, die er geleistet hat, um die Verbindung mit Ihnen allen aufzubauen, die Sie zu diesem Ereignis geführt hat.

Wenn wir vom Buddha-Dharma sprechen, reden wir von einer Tradition, die sich über zweieinhalbtausend Jahre zurückerstreckt, bis in die Zeit, als Buddha Śhākyamuni in Indien erschien und begann, die Lehren zu geben, die wir heute als Buddhismus kennen. Dieses Ereignis – das Erscheinen Buddha Śhākyamunis in Indien – wird in den Lehren mit dem Aufgehen der Sonne verglichen. So wie die Sonne die Dunkelheit in der Welt vertreibt, zerstreut das Erscheinen des Buddha die Dunkelheit in den Herzen aller Wesen.

Nachdem diese Sonne aufgegangen war, nachdem diese Lehren in der Welt erschienen waren, entwickelte sich die Tradition, dass Menschen über Generationen hinweg diesen Lehren folgten, ihren Sinn erkannten und durch ihre Lebensführung und Praxis anderen zum Vorbild wurden. Tausende und Abertausende von Menschen erlangten die Frucht dieser Praktiken gemäß der verschiedenen Ebenen und Fahrzeuge des Buddha-Dharma: die Stufe des Arhat durch die Praxis des Grundlegenden Fahrzeugs, die Stufen der großen Bodhisattvas durch Mahāyāna-Praxis und die Stufe des Siddha oder verwirklichten Heiligen durch das Vajrayāna oder den tantrischen Pfad. Durch die Arbeit dieser Praktizierenden und Gelehrten – von Tausenden und Abertausenden Menschen, die die Lehren praktizierten, studierten und verwirklichten, in einer Generation nach der anderen – verbreitete sich die Tradition des Buddhismus in ganz Asien und beeinflusste dort in gewissem Maße buchstäblich jede Kultur.

Vor ungefähr tausend Jahren kam diese Tradition des Buddhismus nach Tibet, zur Zeit der Regentschaft König Trisong Detsens, der von den Tibetern für seine erleuchtete Vision verehrt wird, die er als Herrscher des tibetischen Volkes bewies. Heutzutage sind wir daran gewöhnt zu denken, eine Regierung hätte in erster Linie die Funktion, Waffen anzuhäufen und eine Menge Geld für Armee und Kriegsführung auszugeben. König

Trisong Detsen betrachtete seine Herrschaft über das Land Tibet jedoch als ein Mittel, um die Tradition des Dharma zu etablieren und so eine spirituelle Tradition zu begründen, die seinem Volk großen Nutzen bringen würde. Während seiner Regentschaft machte er sich daran, diese Vision in die Tat umzusetzen und Wirklichkeit werden zu lassen. Er lud Gelehrte und Lehrer ein, nicht nur aus Indien, der Geburtsstätte des Buddha-Dharma, sondern auch aus China und anderen Gebieten rund um die tibetische Hochebene, in denen sich der Buddhismus bereits verbreitet hatte. Er scheute keine Mühe, Gelehrte und Lehrer aus allen Teilen der buddhistischen Welt nach Tibet zu bringen, wo sie zusammentreffen und sich der Aufgabe widmen konnten, das gesamte Erbe des Buddhismus in die tibetische Sprache zu übersetzen. Die Einführung des Buddhismus läutete ein Jahrtausend des Friedens und Wohlergehens für das tibetische Volk ein, ein Millennium, in dem die Betonung ganz darauf lag, Harmonie und Frieden zu schaffen, Zusammenarbeit zu fördern und allen Wesen in diesem Teil der Welt Nutzen zu bringen.

In diesem Jahrtausend des Friedens in Tibet erlangten große Lehrer wie Milarepa durch ihre gewissenhafte Praxis der Lehren des Buddhismus vollständige Erleuchtung. In diesem Jahrtausend des Friedens erlangten große Gelehrte und Meditierende wie Longchenpa durch die Praxis dieser Lehren die letztendliche Frucht des Regenbogenkörpers, die vollständige Verwandlung des physischen Körpers in Licht im Moment des Todes. Über den Zeitraum dieser ungefähr tausend Jahre hinweg erlangten viele Menschen durch ihre Praxis solche Stufen der Verwirklichung und erlebten dramatische Zustände der Verwandlung. Wir müssen hier auch den großen Tsongkhapa erwähnen, den Gründer der Gelukpa-Tradition, und Sakya Paṇḍita aus der Sakya-Schule. All diese großen Lehrer der verschiedenen Traditionen erschienen in dieser tausendjährigen Periode des Friedens und Wohlstands, die sich in Tibet entfalteten und in erster Linie dem Einfluss des Buddhismus auf die Kultur zuzuschreiben waren.

Die geographische Situation Tibets – auf dem Dach der Welt, umgeben von einem fast unüberwindlichen Schutzwall von Schneebergen – bot ein Umfeld, in dem tausend Jahre lang Tausende und Abertausende Menschen diese spirituelle Tradition praktizierten, studierten, über sie meditierten, sie lehrten und verwirklichten. Und die Rolle der Herrscher und Regierungen bestand im Großen und Ganzen darin, die Entwicklung dieser spirituellen Tradition zu unterstützen und zu fördern. Es gibt sogar Fälle in der tibetischen Geschichte, in denen Herrscher ihr eigenes Leben dafür hergaben, um Lehrer einzuladen, die diese kostbaren Lehren verbreiten sollten.

Der gesamte Schatz an buddhistischen Lehren, der in Tibet entwickelt wurde, ist bis zum heutigen Tag in vollem Umfang erhalten geblieben. Sein Fundament wurde nicht untergraben, sein Gipfel nicht zerstört. Wir betrachten unsere Tradition des Buddhismus als ein Geschenk, das wir der Welt machen können. Und alles, worum wir als Lehrer der tibetisch-buddhistischen Tradition bitten, ist, dass Sie unsere Gabe annehmen, sich daran erfreuen, davon Gebrauch machen und Ihren Nutzen daraus ziehen.

Sie denken vielleicht: »Was ist dieses Geschenk, was ist dieses Dharma, von dem Sie reden?« Es ist nichts mehr und nichts weniger als Ihr eigener Geist. Es gibt kein Dharma jenseits unseres eigenen Geistes. Dieser Geist, den wir alle erfahren, wenn wir »mein Geist« sagen, oder denken, »ich habe einen Geist«, dieses Ding, das wir »Geist« nennen, hatte seit anfangsloser Zeit nie einen Ausgangspunkt. Es gab nie einen Zeitpunkt, an dem er begann. Es gab vielmehr einen durchgängigen Faden von Bewusstsein, ein Kontinuum, von einem Moment zum nächsten, bis zum gegenwärtigen Augenblick und weiter in die Zukunft hinein. Selbst während der kurzen Spanne dieses Lebens, von dem Moment an, da wir aus dem Schoß unserer Mutter geboren wurden, war unser Geist unaufhörlich am Arbeiten, unaufhörlich am Denken.

Im Moment erleben wir den Geist als einen kontinuierlichen Strom von Gedanken, Vorstellungen und Emotionen. Einige von ihnen sind von Verlangen und Anhaftung gefärbt, andere von Stolz, manche von Aggression und Wut und wieder andere von Eifersucht, Neid oder Hass. Was es auch sei, ständig wirbeln diese Gedanken, Konzepte und Emotionen in unserem Geist herum, einen Moment nach dem anderen, Tag und Nacht.

In gewisser Hinsicht ähnelt die Art, wie wir unseren Geist im Wachzustand erleben, sehr unserer Erfahrung beim Träumen. Genau wie einige Träume fruchtbar sind und eine Bedeutung haben, andere jedoch nicht, sind einige der Dinge, die wir mit unserem Wachbewusstsein denken, nützlich und tragen Früchte, während andere reine Zeitverschwendung sind. Was auch immer der Fall sein mag, die unerbittliche Aktivität des Geistes geht immer weiter. An einem gewissen Punkt sind wir all dessen einfach müde. Unser Geist ist erschöpft. Viele von uns fühlen sich von dem unaufhörlichen Wirbeln und den Turbulenzen in unserem Geist verausgabt. Einige können sogar daran verrückt werden. Sie werden des großen Aufruhrs in ihrem Geist so überdrüssig, dass sie schließlich daran zerbrechen und ihren Verstand verlieren.

Die wichtigste, grundlegende Ursache unseres Leidens, dieses andauernden Schmerzes, des Leids und der Frustration, die wir tagein, tagaus spüren, ist wahrscheinlich die unbarmherzige Aktivität unseres Geistes. Wir sollten also anfangen, uns mit der grundlegenden Frage von Schmerz und Leid zu beschäftigen: Warum leiden wir? Das bringt uns direkt zur Praxis des Dharma. Denn genau dafür ist das Dharma gedacht: das Leid zu vertreiben, das wir als Resultat der unkontrollierten, unerbittlichen Aktivität unseres Geistes erleben. Es besteht eine grundlegende Verbindung zwischen dem Dharma und unserem Geist – solange, wie wir noch von einem Geist sprechen, gibt es Dharma.

Schauen Sie sich die Konflikte, das Chaos und die Disharmonie in der Welt um uns herum an. Auf nationaler wie internationaler Ebene sehen wir Krieg, Invasion und die Ausbeutung eines Landes durch ein anderes, alles aufgrund von nationalistischem Stolz oder Aggression. Darüber hinaus gibt es auf der privaten Ebene Streit und Disharmonie in unseren Familien, wo Mann und Frau, Eltern und Kinder ständig Meinungsverschiedenheiten haben und nicht in der Lage sind, miteinander auszukommen. Egal welche Ebene wir betrachten, alle Zwietracht und Disharmonie der Welt lassen sich auf die Tatsache zurückführen, dass sich unser eigener Geist in Aufruhr befindet. Aufgrund dieser inneren Dissonanz entstehen all ihre äußeren Manifestationen – zwischenmenschlicher, familiärer, nationaler und internationaler Art.

Wir alle streben nach einem Zustand, in dem unser Geist in Frieden weilt, doch was wir tatsächlich vorfinden, ist ein Zustand von Gewalt und Aufruhr. Unser Geist ist alles andere als friedlich, er ist oft sehr zornvoll und ständig wie besessen. Innerhalb der buddhistischen Lehren und ihrer Kosmologie wird nun von sechs Zuständen oder Klassen von Wesen in samsarischer Existenz gesprochen. Um ein Beispiel zu nehmen: Die Höllenbereiche werden als Bereiche intensiver Qualen und heftigen Leidens beschrieben. Wesen im Höllenzustand erleben extreme Qualen aufgrund von immenser Hitze oder Kälte. Die buddhistischen Lehren machen deutlich, dass die direkte Ursache für solch eine Wiedergeburt die Wut in unserem eigenen Geist ist.

In gewisser Hinsicht gibt es eine Verbindung, die wir sehen können. Wann immer Sie auf jemanden wütend werden, wird Ihnen ganz heiß. Ihre Temperatur erhöht sich. Ihr Gesicht läuft rot an, und irgendwann bekommen Sie sogar Kopfschmerzen. Kurzfristig hat Wut sehr beunruhigende Auswirkungen. Wenn sie zu einem Gewohnheitsmuster wird, das stark genug ist, um eine Wiedergeburt in der Hölle zu bewirken, erlebt das Wesen als Resultat dieses Musters eine Umwelt, die in Flammen steht, eine Umgebung, die völlig destruktiv und total feindselig ist. Wir sollten uns dies nicht als äußeren Ort vorstellen, an den

Menschen zur Strafe geschickt werden. Es handelt sich um eine verzerrte Erscheinung oder Projektion im Geist der Wesen, die sich in solchen Zuständen befinden, und wird von ihren karmischen Mustern erzeugt.

Hinsichtlich unserer eigenen geistigen Konditionierung und der Art, wie wir Dinge in Zukunft erleben werden, gibt es also guten Grund zu lernen, wie wir unseren Geist besänftigen und einen friedlichen Zustand entwickeln können, in dem der Geist einfach ruhen und in Frieden verweilen kann. Hier kann der Buddhismus von großer Hilfe sein, denn er bietet die Mittel, die uns dazu anhalten, unseren Geist zu trainieren und zu verwandeln. Tatsache ist, dass niemand uns diese Aufgabe abnehmen kann.

Es macht keinen Unterschied, wie viele Freunde sich darum bemühen, uns zu helfen, oder wie sehr wir versuchen, uns auf Dinge zu stützen, die außerhalb von uns liegen. Leider gibt es bis zum heutigen Tag keine Medizin für den Geist. Sicherlich, es gibt Medizin, um Stimmungen zu beeinflussen und das Gewahrsein oder Bewusstsein einzuschränken, doch es gibt keine Medizin für den Geist, in dem Maße, wie es sie für den Körper gibt. Wir können den Geist nicht so leicht heilen, erst recht nicht durch eine äußere Situation, einen Menschen oder eine Substanz. Um unseren Geist zu heilen und sein Gleichgewicht wiederherzustellen, müssen wir einem spirituellen Pfad folgen, und das ist es, was der Buddhismus in erster Linie anbietet.

Sonst stehen wir hilflos da, wenn uns persönlich Leid widerfährt, wie es uns allen geschieht. Wenn uns etwas Tragisches zustößt – sagen wir, wenn einer unserer Elternteile, unser Partner oder Geliebter stirbt –, haben wir nichts, auf das wir zurückgreifen können, keine geistige Ausgeglichenheit, keinen Zustand von Ruhe, auf den wir uns verlassen können, um mit solch einem persönlichen Unglück umzugehen. Stattdessen greifen wir zu Strategien, die selbstzerstörerisch sind, zum Beispiel indem wir uns betrinken, bis alles in Vergessenheit versinkt. Würde man Menschen, die von Drogen, Arzneimitteln oder Alkohol abhängig sind, jedoch fragen, warum sie so viel trinken oder Drogen nehmen, würden sie kaum antworten, dass es eine gute Sache oder von grundlegendem Wert sei, stockbetrunken zu sein. Das ist nicht der Punkt. Menschen tun sich das an, weil sie aufhören wollen zu denken. Ob sie sich dessen bewusst sind oder nicht, sie versuchen, Gedanken abzuwehren, die sie nicht denken wollen, und sie kennen kein anderes Mittel, um dies zu tun. Das kann Menschen dazu treiben, sich das Leben zu nehmen, als letzten Versuch, ihrem Schmerz zu entfliehen. Sie befinden sich in einem Zustand völliger Verzweiflung, weil sie keinen Ausweg mehr wissen. Niemand außerhalb ihrer selbst, nichts, was sie einnehmen können, keine äußere Situation, in die sie sich bringen können, kann ihnen letztlich helfen, und so greifen sie aus schierer Verzweiflung zum Mittel des Selbstmords.

Der ganze Sinn der buddhistischen Lehren ist es, eine Alternative zu diesem recht düsteren Bild zu bieten und denen, die nichts haben, auf das sie sich verlassen können, etwas zu geben, das wirklich verlässlich ist – nämlich einen durch eigene, persönliche Anstrengung entwickelten Zustand, in dem ihr Geist in Ruhe verweilt. Wir alle brauchen einen Geist, der in einem Zustand von Frieden verweilt. Das Letzte, was wir brauchen, ist noch mehr geistigen Aufruhr.

Lassen Sie mich Ihnen an dieser Stelle einen kurzen Überblick über die buddhistischen Lehren geben, wie ich sie verstehe. Wir hören viele Verweise auf drei anscheinend unterschiedliche Ansätze: Madhyamaka, Mahāmudrā und Mahāsandhi oder Dzogchen. Zunächst einmal sollten wir verstehen, dass sie alle eine gemeinsame Wurzel besitzen, das so genannte Grund-Yāna oder Grundlegende Fahrzeug. Dieses erfordert die Erkenntnis auf Seiten des Praktizierenden, dass alles Leid, das wir als Individuum erfahren, alles Leid, das ein Bestandteil dieses Daseinskreislaufs ist, im Geist verwurzelt ist, dem Geist des individuellen Wesens, das dieses Leid erfährt. Der vielleicht größte Stolperstein, der uns hindert, wahres Glück zu erlangen, ist unsere beharrliche und falsche Wahrnehmung eines Selbst oder Ego, wobei wir den Geist oder Körper oder das Geist-Körper-Gefüge für ein einzelnes, ewiges, in und aus sich selbst heraus bestehendes Gebilde halten.

Untersuchen wir diese Fixierung, sowohl intellektuell als auch durch die Praxis der Meditation, können wir feststellen, dass der Körper, den wir fälschlicherweise als etwas wahrnehmen, das mit einer eigenständigen Natur versehen ist, sich tatsächlich aus kleineren Elementen zusammensetzt. Wir können das bis hin zur subatomaren Ebene verfolgen. Wir können langsam sehen, wie unser Geist-Körper-Komplex nichts weiter als ein Gefüge ist, eine Verbindung aus verschiedenen Elementen, statt eines eindeutigen, in sich eigenständigen Gebildes. Statt von der naiven Annahme auszugehen, es gebe eine Selbstheit, beginnen wir dann, den physischen *Körper* als etwas Zusammengefügtes, Vergängliches zu verstehen, das jeglicher eigenständigen Natur entbehrt.

Wenn wir anfangen, unseren *Geist* zu untersuchen, das zweite Element, das uns ausmacht, können wir wieder feststellen – sowohl intellektuell als auch durch direkte Erfahrung –, dass der Geist *per se* kein Ding in und aus sich selbst ist. Wir erörtern kein einzelnes, eigenständiges Gebilde, wenn wir über den Geist sprechen. Was wir diskutieren, kennt keinen Ursprung, keine Beendigung und kann nicht mit gewöhnlichen, konzeptuellen Begriffen bestimmt oder beschrieben werden. Diese Untersuchung, diese Art von Analyse, nennt man das Kultivieren von *Prajñā* oder Weisheit, und es zielt darauf ab, zu einer tieferen Einsicht und Weisheit hinsichtlich der Natur der Wirklichkeit zu gelangen. Damit verbunden, obgleich nicht ganz dasselbe, ist die Entwicklung von *Samādhi*, einem tiefen Zustand meditativer Versenkung, in dem sich der Geist, wie ich zuvor erwähnte, setzen und zur Ruhe kommen kann. Dann übt man sich, als unterstützendes Element in unserer Praxis, in *Śhīla* – in Ethik, Moral und Disziplin. Nehmen wir das Beispiel eines Gärtners, der einen

Strauch pflanzt. Wenn der Gärtner möchte, dass der Strauch gesund und stark heranwächst, wird er einen Zaun oder eine Absperrung um den Strauch ziehen, um ihn vor Schaden zu bewahren. Auf gleiche Weise gewähren die verschiedenen Stufen der Ordination, alle Moralvorschriften, Disziplinen und ethischen Systeme des Buddhismus die schützende und unterstützende Umgebung, in der sich unsere Weisheit und Meditation entwickeln können. Diese drei höheren Schulungen in Weisheit, Meditation und Ethik bilden das Grundlegende Fahrzeug des Buddhismus, und auf sie bauen alle verschiedenen Ansätze und Yānas des Buddhismus auf.

Untersuchen wir all die verschiedenen Elemente unserer Erfahrung, alle Phänomene in der Welt, die uns umgibt, können wir sowohl durch intellektuelle Analyse als auch durch Meditation feststellen, dass nicht nur die individuelle Persönlichkeit jeglicher wahrhaft eigenständigen Natur entbehrt, sondern auch jedem einzelnen Gebilde oder Phänomen, dem wir begegnen, eine eigenständige Natur fehlt. Und so kommen wir zu dem Schluss, dass alle Phänomene leer sind. Leerheit durchzieht nicht nur unser eigenes, individuelles Ich- oder Selbst-Gefühl, sondern die gesamte Realität. Das nennt man den Madhyamaka-Ansatz oder die Philosophie des Mittleren Weges.

Darüber hinaus existiert nicht nur das Verständnis, dass alle Phänomene in Saṃsāra und Nirvāṇa im Grunde leer oder frei von eigenständiger Natur sind, sondern auch, dass die Wurzel all dieser Phänomene, die Quelle, der sie alle entspringen, der Geist ist. Das entspricht mehr dem Mahāmudrā-Ansatz und ist ein wenig tiefgründiger. Madhyamaka und Mahāmudrā untersuchen dasselbe von unterschiedlichen Standpunkten aus, und der Mahāmudrā-Ansatz geht tendenziell einen Schritt weiter.

Der nächste und letzte Schritt besteht dann darin zu bestimmen, wo dieser Geist herkommt – den Grund des Seins, aus dem der gewöhnliche, samsarische Geist sich erhebt, die Mutter, die das Kind des gewöhnlichen Geistes zur Welt bringt. Diese

Entdeckung des selbst-entstehenden Zustands ursprünglichen Gewahrseins, der über gewöhnliches, konzeptuelles Denken hinausgeht, ist der Ansatz, mit dem sich das Mahāsandhi oder Dzogchen befasst. Auf dieser Grundlage, diesem Schimmer oder dieser Erkenntnis findet wahre Dzogchen-Praxis statt. Darum wird Dzogchen oft als vollkommenes Resultat bezeichnet, die letztliche Frucht der Praxis.

Um zusammenzufassen: Die Quelle des Leids in unserer Erfahrung ist unser Festhalten an oder unser falsches Verständnis von Geist und Körper, was ein Selbst oder Ego angeht. Durch Praxis gelangen wir zur Erkenntnis des Nicht-Selbst, der Abwesenheit einer eigenständigen Natur des Geistes und Körpers. Im Madhyamaka-Ansatz erkennen wir dann die Leerheit aller Phänomene und nicht nur die des Geistes und Körpers des Individuums. Das merzt alle widerstreitenden Emotionen, die als tiefverwurzelte Muster im Geist jedes gewöhnlichen Menschen vorhanden sind, völlig aus und löst sie auf. Mit dieser Erkenntnis werden alle Leidenschaft und Aggression, Anhaftung und Stolz, Eifersucht, Neid und Gier, die durch das Festhalten am Selbst unterstützt werden, aufgelöst und mit ihnen auch jene Vorstellung von einem Selbst. Der nächste Schritt ist, den Geist als die Quelle all dieser Phänomene zu entdecken und die Natur dieses Geistes zu verwirklichen. Der letzte Schritt – aus der Sicht des Dzogchen – besteht darin, den Grund des Seins zu entdecken, aus dem der Geist entsteht. Dieser Grund des Seins wird oft in der Figur des ursprünglichen Buddha Samantabhadra oder Kuntu Sangpo dargestellt, dessen Name »allumfassend gut« oder »positiv in jeder Hinsicht« bedeutet. Wenn wir das Ziel des Dharma als das Erlangen eines Zustands von Frieden definieren, ist dies vom Dzogchen-Standpunkt aus der letztendliche oder höchstmögliche Zustand des Friedens, den ein Mensch entdecken kann.

Wem diese Entdeckung gelingen wird, bleibt völlig freigestellt. Es spielt kein Rolle, ob Sie männlich oder weiblich sind, zu welcher ethnischen Gruppe Sie zählen oder aus welchem Land Sie kommen. All das macht keinerlei Unterschied. Der Einzige, der Sie davon abhalten kann, dieses Ziel zu erreichen, sind Sie selbst. Jeder Einzelne von uns besitzt das Potential, die Frucht zu verwirklichen. Der Einzige, der die Tür zur Praxis verschließt, sind Sie selbst. Es ist nicht so, als käme jemand vorbei und würde sagen: »Oh, nein! Sie können das nicht praktizieren ... Sie passen hier nicht her.« Genausowenig wird Ihnen jemand die Tür aufreißen und sagen: »Das ist das Buddha-Dharma, bitte treten Sie doch ein ...« Das passiert nicht. Sie selbst sind es, der die Entscheidung trifft. Sie sind es, der die Tür öffnet und hineintritt, von ganz allein. Und Sie sind es dann, der dem Pfad folgt, bis zu seinem Ende.

An diesem Punkt habe ich das Gefühl, dass ich nicht weitergehen muss, denn ich habe genug gesagt, um Ihnen aus meiner Sicht eine Einführung und einen Überblick über die buddhistischen Lehren zu verschaffen. Dennoch möchte ich Ihnen noch einen kleinen Rat geben, den ich allen gebe. Entspannen Sie sich. Entspannen Sie sich einfach. Seien Sie nett zueinander. Wenn Sie durch Ihr Leben gehen, seien Sie einfach freundlich zu den Menschen. Versuchen Sie, Ihnen zu helfen, statt Sie zu verletzen. Versuchen Sie, mit Ihnen auszukommen, statt sich mit ihnen zu zerstreiten. Dabei werde ich es nun belassen, mit meinen allerbesten Wünschen.

MITGEFÜHL, DAS HERZ DER ERLEUCHTUNG

Reflexionen über die Relevanz des Mitgefühls

Ein öffentlicher Vortrag von Seiner Heiligkeit dem Dalai Lama in Santa Cruz, Kalifornien, 7. Oktober 1989

Dieser öffentliche Vortrag Seiner Heiligkeit des Dalai Lama wurde von Sogyal Rinpoche und der Rigpa Fellowship organisiert und fand in der Stadthalle von Santa Cruz statt. Der Übersetzer war Geshe Thupten Jinpa. Seine Heiligkeit wurde vorgestellt von Gary Patton, Umweltschützer und Vorsitzender des Landkreises Santa Cruz:

> Die Worte »Dalai Lama« sind ein Titel, und bedeuten »Ozean der Weisheit«. Der Dalai Lama, dessen Name Tenzin Gyatso ist, bezeichnet sich selbst als einfachen buddhistischen Mönch. Ich glaube, das ist er auch. Er ist aber auch ein vielseits gebildeter Gelehrter und ein Wissenschaftler. Er besitzt große Geduld. Er ist der führende Lehrer des Buddhismus in der Welt. Er ist das spirituelle und weltliche Oberhaupt des tibetischen Volkes, von sechs Millionen Tibetern, deren Nation seit über dreißig Jahren von den Chinesen besetzt ist. Über eine Million Tibeter haben aufgrund dieser Besetzung und der damit einhergehenden Unterdrückung ihr Leben verloren.
>
> Dieser einfache buddhistische Mönch steht an der Spitze einer Exilregierung, die ein gewähltes demokratisches Parlament besitzt, welches die Regierungsaufgaben für das ti-

betische Volk ausführt, auch wenn sich die Regierung zur Zeit außerhalb Tibets befindet. Er ist ein großartiger spiritueller Anführer und Lehrer, großartig als politischer Anführer und Staatsoberhaupt, und als solches hat er die Welt ausgiebig bereist und seine Reise hat ihn heute nach Santa Cruz geführt. Er traf mit Staatsmännern und Regierungschefs zusammen sowie mit ganz normalen Männern und Frauen wie Sie und mich.

Er ist zutiefst dem Wiederaufbau und Schutz der empfindlichen Umwelt dieses schönen Planeten verpflichtet. Er ist einer der führenden Umweltschützer dieser Welt. Darüber hinaus setzt er sich hingebungsvoll dafür ein, dem Schreckgespenst eines möglichen Atomkrieges ein Ende zu bereiten; er vertritt Gewaltlosigkeit, ist ein Fürsprecher für religiöse Vielfalt, internationales Verständnis und Weltfrieden. Und wie wir alle wissen, wurde der Dalai Lama gerade mit dem Friedensnobelpreises geehrt.

Seine Heiligkeit der Dalai Lama

Brüder, Schwestern …

Es ist mir immer eine große Befriedigung und Freude, anderen Menschen zu begegnen und unsere Erfahrungen in einem Geist von Altruismus auszutauschen. Daher bin ich äußerst glücklich, heute hier bei Ihnen zu sein. Wann immer ich komme, um einen Vortrag wie diesen zu halten, tue ich das in erster Linie als ganz normaler Mensch. In dieser Hinsicht habe ich das Gefühl, dass die guten menschlichen Eigenschaften der Liebe und des Mitgefühls von größter Wichtigkeit sind. Im Grunde hat jeder Mensch das Potential, diese Qualitäten zu erwecken, die einzige Frage ist, ob wir das ernst nehmen oder nicht. Selbst in den grausamsten Menschen gibt es tief im Inneren noch einen Funken Mitgefühl und Liebe. Das Anzeichen dafür ist, dass selbst sie es natürlicherweise gern haben, wenn ihnen jemand seine Zuneigung zeigt. Es macht sie glücklich, weil tief in ihnen Liebe und Mitgefühl, die wahre Natur eines Menschens, vorhanden sind.

Wenn wir uns Menschen betrachten, können wir feststellen, dass zu Beginn unseres Lebens die wichtigsten Faktoren, die uns nähren und am Leben erhalten, Mitgefühl oder Liebe sind. Wissenschaftler gehen davon aus, dass in der Zeit, die ein ungeborenes Kind im Leib der Mutter verbringt, die geistige Ruhe der Mutter für seine Entwicklung von wesentlicher Bedeutung ist. Und direkt nach der Geburt und in den ersten Wochen, der entscheidenden Zeit für die Entwicklung des Gehirns, ist die körperliche Berührung durch die Mutter für eine gesunde Entwicklung des kindlichen Gehirns ausschlaggebend. Dies zeigt uns deutlich, wie Menschen schon von Natur aus so beschaffen sind, dass sie eine gewisse Zuwendung brauchen, auch auf körperlicher Ebene. Dann ist unsere erste Handlung am ersten Tag, die Milch unserer Mutter aufzunehmen. Als Menschen sind unsere allerersten Handlungen also innigst mit Zuwendung verbunden.

Im Grunde ist der Mensch ein soziales Wesen. Wir müssen zusammenleben, ob wir nun wollen oder nicht. Das ist eine Tatsache. Das ist die Realität. Da dies so ist, hat die Natur es irgendwie so eingerichtet, dass dies möglich ist. Es liegt nun an uns, die Verantwortung dafür zu übernehmen. Schauen wir uns einmal ganz kleine Geschöpfe an. Nehmen wir zum Beispiel Bienen. Ich mag Honig ziemlich gern und so bin ich natürlich recht interessiert an Bienen. Ich finde, Bienen sind mir wohlgesinnt, denn im Laufe der Zeit habe ich jahrein, jahraus eine große Menge Honig verzehrt, das heißt, dass viele, viele Tausende von Bienen gearbeitet haben, um ihn zu produzieren. Diese winzigen Insekten haben keine Religion, keinen Lehrer, keine Ausbildung. Allein aufgrund der natürlichen Gegebenheiten, aufgrund der Weise, wie sie existieren, müssen sie als soziale Wesen zusammenleben und haben daher ein instinktives Verantwortungsgefühl.

Manchmal habe ich das Gefühl, dass wir Menschen, obwohl unsere Intelligenz viel ausgeprägter und das menschliche Herz viel größer ist, in gewisser Hinsicht ärmer dran sind als diese winzigen Insekten. Sie gehen ganz treu ihrer Aufgabe nach. Natürlich kann es manchmal zu Kämpfen kommen, doch insgesamt kann ihr Volk aufgrund ihres individuellen Verantwortungsgefühls überleben und fortbestehen.

Unsere menschliche Natur ist im Wesentlichen genauso. Wäre sie anders, wie es bei einigen anderen Arten von Tieren der Fall ist, die außer zur Paarung allein und von anderen getrennt leben, wären hier auf unserem Planeten nie diese großen Städte und Metropolen entstanden. Es liegt in der Natur der Menschen, zusammenzuleben. Doch gleichzeitig fehlt es uns an Verantwortungsgefühl, und unsere Haltung gegenüber unseren Mitmenschen lässt meinem Gefühl nach sehr zu wünschen übrig.

Als Ergebnis gibt es zwar Millionen von Menschen in unseren riesigen Großstädten, doch so viele von ihnen leiden unter Einsamkeit. Sie haben niemanden, an den sie sich wenden und mit dem sie ihre tiefsten Gefühle teilen könnten. Statt Freundschaft zu empfinden, bringt sie am Ende noch jeder, der ihnen begegnet, aus der Fassung. Das ist doch tragisch!

Wir müssen uns die Frage stellen: Was läuft da schief? Hapert es auf der materiellen Ebene? Gewiss nicht. Ist etwas falsch an den Maschinen, die wir haben, oder mit der Wissenschaft und Technologie? Ich glaube nicht. Natürlich kann man nicht leugnen, dass die industrielle Entwicklung unser Leben verändert hat. Doch letztlich ist die Antwort auf diese Frage ganz eng mit unserer eigenen geistigen Einstellung verbunden. Ich habe mich in den letzten Tagen mit Wissenschaftlern getroffen, in erster Linie mit Spezialisten der Neurologie und Hirnforschung sowie mit Psychologen und Psychotherapeuten. Laut einer wissenschaftlichen Erhebung ist der prozentuale Anteil von psychisch kranken Menschen in diesem Land recht hoch – zwölf oder dreizehn Prozent der Gesamtbevölkerung. Ich war ziemlich erstaunt, als ich das hörte. Die Prozentzahl ist im Grunde so hoch, dass auch wir dazugehören könnten! Obwohl wir das Gefühl haben, an unserem Geist gebe es nichts auszusetzen, ist im tieferen Sinne vielleicht auch mit uns etwas nicht in Ordnung.

Im Laufe dieser wenigen Tage legte jeder einzelne Wissenschaftler den eigenen Standpunkt dar und stellte verschiedene Erklärungsmodelle vor, doch die Mehrheit war sich über die Hauptursache der heutzutage so weit verbreiteten geistigen Ruhelosigkeit einig. Es wurde deutlich, dass die grundlegende Quelle geistiger Ruhelosigkeit und Depression ein Mangel an Sympathie und Zuwendung ist.

Vielleicht finden Sie die folgende Geschichte ganz interessant. Vor einigen Wochen begegnete mir jemand, dessen Geist – so wurde mir gesagt – schwer gestört war. Anfangs benutzte ich all meine Vernunft, um ihm Mut zu machen, indem ich ihm erklärte, dass es für ihn als Menschen keinen Grund zur Mutlosigkeit gebe, weil wir solch ein gutes menschliches Gehirn und viel Intelligenz besitzen. Ich wies ihn darauf hin, wie wir mit Entschlossenheit all unsere menschlichen Probleme lösen und alle Hindernisse überwinden können und dass es daher keinen Grund gebe, sich zu sorgen, entmutigt oder deprimiert zu sein. Ich persönlich finde diese Art von Argumentation immer recht wirkungsvoll, doch diesmal versagte sie. Er war von diesem Gedankengang nicht beeindruckt. Im Gegenteil, statt ihn zu würdigen, entwickelte er eine Haltung, die dem eher zuwiderlief. Nachdem er sich angehört hatte, was ich zu sagen hatte, wurde er noch unruhiger und fragte mich: »Was scheren Sie sich um meine Probleme? Wie kann ich wissen, ob Ihre Haltung aufrichtig ist oder nicht?« Das machte mich wirklich traurig. Ich war auch ziemlich bewegt, und als ich irgendetwas erklärte, streckte ich meine Hand nach ihm aus und streichelte seinen Arm. Es war eine ganz natürliche Geste, ein aufrichtiger Ausdruck dessen, was ich fühlte. Langsam wechselte seine Stimmung; ich konnte sehen, wie sein Gesicht sich langsam veränderte, und schließlich fing er an zu lächeln. Als ich dann zuversichtlicher wurde, verstärkte ich diesen Ausdruck der Zuneigung. Am Ende überzog ein breites Lächeln sein Gesicht.

Ich sagte ihm: »Bitte betrachten Sie mich als einen alten Freund. Sie können mich jederzeit besuchen kommen. Ich bin bereit, alles zu tun, was ich kann, um Ihnen zu helfen. Ich stehe Ihnen stets zu Diensten.« Als ich das sagte, wurde seine Stimmung sichtlich glücklich und freudig. Am nächsten Tag kam er, um mich wiederzusehen. Schon als er ankam, machte er einen glücklichen Eindruck, dennoch versuchte er, so zu tun, als wäre dem nicht so, und lächelte nicht. Wie dem auch sei, dieser Vorfall war für mich eine weitere Bestätigung dafür, wie kraftvoll die Wirkung von echtem Mitgefühl, wahrer Liebe oder Altruismus auf den Geist anderer Menschen sein kann – und wie sie Furcht und Argwohn beseitigt und Gefühle von Unsicherheit und Misstrauen lindert.

Ich betrachte Mitgefühl also immer als Schlüssel, nicht nur, um für uns selbst geistige Ruhe, Stabilität und Glück zu erreichen und beizubehalten, sondern auch als etwas außerordentlich Nützliches, um eine gesunde menschliche Gesellschaft zu schaffen. Damit meine ich eine glücklichere Gesellschaft, die weniger Schaden anrichtet. Ob im Einzelfall, im Rahmen der Familie, auf nationaler oder internationaler Ebene – Altruismus, Liebe und Mitgefühl sind die Grundlagen für Erfolg, für Glück und für eine glückliche Umwelt.

Wir haben gesehen, wie entscheidend diese guten menschlichen Eigenschaften für einen Menschen sind, sowohl vor der Geburt als auch danach. Die einzige Frage ist nun, ob wir sie ernst nehmen und uns um sie kümmern. Das heißt nicht unbedingt, dass man ein religiöser Mensch oder ein »Gläubiger« werden muss. Es ist nicht notwendig, sich einem Glaubenssystem anzuschließen. Sie können ohne Glauben bleiben. Solange wir jedoch Menschen sind, brauchen wir Liebe und Mitgefühl. Darum halte ich Altruismus für unabdingbar.

Darüber hinaus stellt sich die Frage nach der Zukunft der Menschheit. Hier geht es um diejenigen, die jetzt noch kleine Kinder sind und damit den Schlüssel für die Zukunft der menschlichen Rasse in der Hand halten. Auch hier ist eine Atmosphäre von Freundschaft, Harmonie und Mitgefühl von höchster Wichtigkeit für ihre gesunde geistige und körperliche Entwicklung.

Wir können recht deutlich sehen, dass Kinder, die sehr fürsorgliche Eltern haben und in einer mitfühlenden Atmosphäre aufgewachsen sind, sich einer viel gesünderen geistigen und körperlichen Entwicklung erfreuen. Sie sind viel glücklicher. Wenn Familien dagegen entzweit sind, die Familienmitglieder ständig miteinander im Streit liegen und keine glückliche Atmosphäre herrscht, hat dies enorme Auswirkung auf die geistige Verfassung der Kinder. Wenn wir von der Zukunft sprechen, spielen Mitgefühl und Altruismus also offensichtlich auch hier eine entscheidende Rolle.

Das bringt uns zum Thema des Weltfriedens. Wie erreichen wir Frieden in der Welt? Nicht durch Wut, Hass oder zügellosen Konkurrenzkampf. Atomraketen mögen vielleicht als Abschreckungsmittel gedient haben, doch sie sind nur eine vorübergehende Lösung und langfristig gesehen unklug. In Zeiten von Wirtschaftskrisen wird dieses Thema auf jeden Fall höchst kompliziert. Auf der einen Seite geben Regierungen Milliarden für die Rüstung aus, auf der anderen Seite will niemand wirklich einen Krieg oder einen Einsatz dieser Waffen. So viel Geld, so viel Energie und so viel menschliche Intelligenz werden in Waffen gesteckt, dass es, so gesehen, besser wäre, sie auch zu benutzen! Doch niemand will das, denn niemand kann es sich leisten, solch ein Risiko einzugehen. Während wir uns also darum bemühen, immer schlagkräftigere und zerstörerischere Waffen zu entwickeln, wollen wir sie gleichzeitig gar nicht benutzen. All dieses Geld und diese Energie sind nur verschwendet, und das Einzige, was sie uns bringen, ist Furcht.

Wahrer Frieden auf der Welt kann nur durch Frieden im Geist geschaffen werden. Und Frieden im Geist entspringt der aufrichtigen Erkenntnis, dass alle Menschen Brüder und Schwestern sind. Unterschiede in den Ideologien und den politischen oder ökonomischen Systemen sind nur zweitrangig; das Wichtigste ist, dass wir als Menschen alle gleich sind und auf demselben kleinen Planeten leben. Schon allein für unser Überleben brauchen wir die anderen Kontinente und Menschen; wir sind auf die Kooperation anderer Menschen angewiesen. Es ist ziemlich klar: Erst wenn wir inneren Frieden entwickelt haben, gibt es eine echte Hoffnung oder Chance für einen dauerhaften Weltfrieden.

Alles auf diesem Planeten gehorcht den Gesetzen der Natur. Teilchen kommen zusammen, und auf der Basis ihres Zusammenwirkens kann alles um uns herum, unsere gesamte Umwelt, sich entwickeln und bestehen. Unser eigener Körper besitzt dieselbe Struktur. Verschiedene Zellen kommen zusammen und kooperieren, und als Resultat ist menschliches Leben möglich. Für eine menschliche Gemeinschaft gilt dasselbe Gesetz und Grundprinzip der Kooperation. Damit ein Flugzeug fliegen kann oder eine einzige Maschine funktioniert, sind viele fremde Faktoren und deren Zusammenspiel vonnöten. Ohne sie wäre es unmöglich. Genauso sind wir zur Aufrechterhaltung des täglichen Lebens in einer menschlichen Gesellschaft auf Zusammenarbeit angewiesen.

Auch der Weg zu aufrichtiger Kooperation stützt sich also auf echtes Mitgefühl und auf Liebe. Manchmal missverstehen wir Mitgefühl nur als ein Gefühl von Mitleid. Mitgefühl ist viel, viel mehr. Es umfasst nicht nur ein Gefühl von Nähe, sondern auch ein Gefühl von Verantwortung. Wenn Sie Mitgefühl entwickeln, wird es Ihnen enorm dabei helfen, zu innerer Stärke und Selbstbewusstsein zu finden und Ihre Gefühle von Angst und Unsicherheit zu verringern. Mitgefühl und Liebe, verkörpert in einer Haltung von Altruismus, sind also Qualitäten, die von immenser Wichtigkeit sind, sowohl für den Einzelnen als auch für die Gesellschaft und die Gemeinschaft insgesamt.

Was Mitgefühl und Liebe am meisten im Wege steht, sind Wut und Hass. Um also Mitgefühl zu entwickeln, ist es erst einmal von entscheidender Wichtigkeit, mit der eigenen Wut umzugehen und mit ihr fertig zu werden. Wenn Sie nicht in der Lage sind, Gegenmittel anzuwenden und Ihre eigene Wut zu überwinden, wird es ziemlich schwierig sein, Liebe und Mitgefühl zu entwickeln und wachsen zu lassen. Die Methode, die wir üblicherweise anwenden, um unsere Wut zu reduzieren, sieht wie folgt aus: Erst einmal versuchen wir, den Fall zu untersuchen, und fragen uns: »Was ist der Nutzen der Wut? Hat sie überhaupt einen Wert?«

Wir werden feststellen, dass uns Wut, wenn wir mit einem Problem oder einer schwierigen Situation konfrontiert sind, zusätzliche Energie gibt. Oft verlieren wir in solchen Zwangslagen den Mut oder haben Angst, doch dann steigt Wut als unser Helfer auf und versorgt uns mit einer gewissen Energie. Das scheint der einzige Vorteil der Wut zu sein.

Wir sollten dies jedoch sehr sorgfältig untersuchen. Ja, Wut gibt uns eine gewisse zusätzliche Energie, doch bei näherer Betrachtung können wir sehen, dass es eine fast blinde und daher gefährliche Energie ist. Der Grund ist ziemlich klar. In dem Moment, in dem Wut aufsteigt, anschwillt und unseren Geist vollständig beherrscht, funktioniert der beste Teil des menschlichen Gehirns nicht richtig. Wenn die Wut ihren Höhepunkt erreicht, wird die Person fast wahnsinnig. An diesem Punkt kann man viele falsche Entscheidungen treffen. So kann es sein, dass wir in unserer Wut vielleicht sehr grob zu jemandem sind, doch wenn unsere Wut dann verraucht ist, genieren wir uns, demjenigen wieder zu begegnen. Das liegt daran, dass wir solche Worte im Grunde nie benutzen wollten, doch als unser Geist von Wut beherrscht war, hatten wir uns nicht mehr im Griff. All diese ungewollten negativen Reaktionen entstehen daraus, dass wir impulsiv handeln und außer Kontrolle geraten.

Die Energie, die uns die Wut gibt, ist also doch nicht so verlässlich und nützlich. Es ist eine Energie, aber wir können nicht garantieren, welche Richtung sie einschlägt. Handlungen, die aus der blinden Energie der Wut heraus begangen werden, mögen ihr Ziel erreichen oder nicht – das ist nie ganz sicher, oder? Also bleibt selbst bei der einzig positiven Eigenschaft oder dem einzigen Nutzen, den wir überhaupt mit Wut verbinden können, nämlich der Energie, die sie mit sich bringt, äußerst fraglich, ob sie nützlich ist oder nicht.

Auf der anderen Seite kann dieselbe Energie kanalisiert werden, indem wir unsere Situation sorgfältig prüfen. Nehmen wir einmal an, wir hätten ein Problem, doch während wir aufrichtig und bescheiden bleiben, nutzt jemand anderes dies aus. Jetzt sollten wir die Situation untersuchen. Wir stellen vielleicht fest, dass diese Person, wenn wir keine Gegenmaßnahmen ergreifen, noch aggressiver wird und noch mehr Handlungen ausführt, die eigentlich ungerecht sind. Bedenken Sie einfach das Interesse des Menschen, der Sie angreift. Wenn Sie es zulassen, dass er so weitermacht und sie ungerechterweise übervorteilt, wird es ihm letztlich noch mehr schaden, und Ihnen natürlich auch. Wir erkennen also sämtliche Implikationen, und unser Verantwortungsgefühl ist immer noch vorhanden. Um den langfristigen Konsequenzen für diesen Menschen Einhalt zu gebieten, sollten wir handeln, doch ohne eine Spur von Wut oder unguten Gefühlen. Gegenmaßnahmen, die ohne Wut ergriffen werden, sondern auf einer sorgfältigen Untersuchung der ganzen Situation beruhen, sind viel wirkungsvoller.

Inzwischen dürfte es wohl mehr als klar geworden sein, dass Wut unseren geistigen Frieden vernichtet und dass sie in dieser Hinsicht äußerst schädlich für unsere Gesundheit ist. Aus meiner eigenen geringen Erfahrung habe ich beobachtet, dass Gesundheit und geistige Stabilität sehr eng miteinander verbunden sind. Jeder muss sich um seine eigene Gesundheit kümmern, und wenn ich Ihnen ein kleines Geheimnis verraten kann, ist es folgendes: Lassen Sie Ihren Geist einfach ruhig verweilen – in einer Atmosphäre von Altruismus. Das hat eine enorme Auswirkung auf unseren Körper.

Um die Gewalt der Wut zu verringern und auf ein Minimum zu reduzieren, ist es wichtig, Vergebung und Toleranz zu üben. Oft werden Toleranz und Geduld als Zeichen von Schwäche betrachtet. Ich glaube jedoch, dass Wut in Wirklichkeit weniger schnell in jemandem aufsteigt, der sich von Vernunft und Wahrheit leiten lässt, während Menschen mit weniger Vernunft und Selbstsicherheit der Wut leichter zum Opfer fallen. Dies zeigt, dass Wut ein Zeichen der Schwäche ist und Toleranz und Geduld ein Zeichen innerer Stärke.

Toleranz und Geduld sind unglaublich wichtig für die Ausgeglichenheit unseres Geistes. Wie üben wir sie? Sie nur als edle Prinzipien zu betrachten ist nicht genug. Erst wenn wir tatsächlich auf Schwierigkeiten treffen, bietet sich uns eine wirkliche Chance, Geduld zu üben. Wer verschafft uns diese Möglichkeit? Unser Feind. In dieser Hinsicht ist unser Feind wie ein Lehrer, der uns aufrichtig Geduld und Toleranz lehrt. Für jemanden, der an die Wichtigkeit von Mitgefühl und Liebe glaubt, ist die Praxis der Geduld und Toleranz unabdingbar. Und der einzige Faktor, der uns die Möglichkeit bietet, Geduld zu üben, ist unser Feind. Wenn es uns gelingt, in diesem Sinne zu reflektieren, werden sich unsere starke negative Haltung und unsere unguten Gefühle gegenüber unserem Feind von ganz allein verringern.

Oberflächlich betrachtet scheinen Altruismus, Mitgefühl und Liebe Handlungen zu sein, die mit Selbstlosigkeit verbunden sind. Doch ich habe das Gefühl, wenn wir wahrhaft »selbstsüchtig« sind, werden wir uns um andere Menschen kümmern, anderen helfen und anderen dienen, uns mehr Gedanken um das Wohl anderer machen, mehr Freundschaften schließen und mehr lächeln. Dann werden wir, wenn wir selbst Hilfe brauchen, stets viele Helfer finden. Wenn wir uns keine Gedanken um andere machen, sie nicht beachten und uns nicht um ihr Wohlergehen kümmern, werden wir selbst langfristig die Verlierer sein.

Eines ist ziemlich klar: Als Mensch brauchen wir Freunde, und Freunde werden nicht durch Streitigkeiten, Wut oder Eifersucht gewonnen. Die einzige Eigenschaft, die echte Freundschaft anzieht, ist Zuneigung. Manchmal haben wir vielleicht den Eindruck, dass wir durch Geld oder Macht automatisch Freunde gewinnen würden. Doch diese Vorstellung hält keiner genaueren Prüfung stand. Diejenigen, die mit einem breiten Lächeln im Gesicht auftauchen, sobald Sie Macht und Geld haben, sind keine echten Freunde für Sie persönlich, sondern Freunde des Geldes oder Freunde der Macht. Das ist offensichtlich. Solange Sie Macht oder Reichtum besitzen, sind diese Freunde immer da. Selbst wenn Sie sie abweisen, werden sie zurückkommen, doch wenn Sie kein Geld und keine Macht mehr haben, sind diese so genannten Freunde spurlos verschwunden. Es kann sogar schwierig sein, herauszufinden, wo sie sind. Wenn Sie versuchen, sie anzurufen, erhalten Sie keine Antwort – oder höchstens eine ganz kurze!

Diese Freunde denken, kurz gesagt, nur an Geld und Macht. Und wann brauchen wir einen Freund am meisten? Wenn wir wohlhabend sind und alles gut läuft, sind Freunde nicht so notwendig; wir kommen gut allein zurecht. Doch wenn unser Glück abnimmt, brauchen wir Freunde. Dann ist die gerade beschriebene Art von Freunden wirklich nutzlos.

Sie werden echte Freunde haben, wenn Ihre Geisteshaltung aufrichtig und wirklich altruistisch ist. Gewöhnlich sagen die Leute, wie sehr sie ein Lächeln lieben. Doch es muss ein aufrichtiges Lächeln sein. Manches Lächeln hat etwas sehr Gekünsteltes an sich, und statt uns zu erfreuen, macht es uns nur misstrauisch. Ein aufgesetztes Lächeln ist zu nichts nütze. Ich glaube jedoch, dass ein aufrichtiges Lächeln etwas ist, das einzig uns Menschen gegeben ist.

Wenn Sie diese altruistische Haltung hegen oder einen aufrichtigen Respekt für andere, können Sie auf dieser Basis das Gefühl entwickeln, dass alle Menschen Brüder und Schwestern sind. Es gibt eigentlich keine Schranken zwischen uns. Wenn ich in verschiedenen Ländern rund um die Welt öffentliche Vorträge gebe, kenne ich einige der Gesichter, die meisten sind mir jedoch neu. In meinem Geist sind wir Menschen jedoch im Grunde genommen alle gleich, und so weiß ich aus meiner eigenen inneren Erfahrung als Mensch, dass Sie sich Glück wünschen und kein Leid wollen. Wir bezeichnen jemanden als Menschen, wenn er einen menschlichen Körper und einen menschlichen Geist aufweist. Dieser Körper ist ein menschlicher Körper, diese Stimme eine menschliche Stimme, und es gibt eine gewisse Energie, die wir den menschlichen Geist oder den menschlichen Verstand nennen können. Darüber hinaus können wir nichts finden, was einen Menschen wirklich ausmacht, auch wenn wir danach forschten.

Als Menschen sind wir alle gleich. Daher ist es nicht nötig, irgendwelche künstlichen Schranken zwischen uns zu errichten. Meine eigene Erfahrung ist zumindest, dass es für jemanden mit dieser Haltung keine Schranken gibt. Ich kann ausdrücken, was immer ich fühle; ich kann Sie »meinen guten Freund« nennen. Es gibt nichts zu verbergen und keinen Grund, nicht offen zu sprechen. Das gestattet mir also eine geistige Offenheit, mit dem Ergebnis, dass ich anderen gegenüber nicht ständig misstrauisch sein muss. Und das gibt mir wirklich innere Befriedigung und inneren Frieden.

Dieses Gefühl nenne ich eine »echte Erkenntnis der Einheit der gesamten Menschheit«. Wir alle sind Mitglieder einer einzigen menschlichen Familie. Ich denke, dass dieses Verständnis sehr wichtig ist, besonders jetzt, da die Welt immer kleiner wird. In früheren Zeiten waren die Leute selbst in kleinen Dörfern in der Lage, mehr oder weniger selbständig zu überleben. Man war nicht so sehr auf die Zusammenarbeit mit anderen angewiesen. Heutzutage hat sich die Wirtschaftsstruktur völlig gewandelt; die moderne Wirtschaft, die sich auf Industrie und Technik stützt, ist ganz anders. Wir sind sehr aufeinander angewiesen, und durch die Massenkommunikationsmittel sind die Beschränkungen der Vergangenheit so gut wie aufgehoben. Aufgrund der Komplexität der gegenseitigen Abhängigkeit ist heutzutage jede Krise auf diesem Planeten mit jeder weiteren verbunden, wie eine Kettenreaktion. Infolgedessen lohnt es sich, jede Krise als global zu betrachten. Hier sind Schranken wie »diese Nation« oder »jene Nation«, »dieser Kontinent« oder »jener Kontinent« einfach nur hinderlich. Darum ist es für die Zukunft der Menschheit wichtiger als je zuvor, dass wir ein echtes Gefühl von Brüderlichkeit und Schwesterlichkeit entwickeln. Ich nenne das meist ein Gefühl von »universeller Verantwortung«.

Das ist der erste Punkt, den ich aufzeigen wollte. Normalerweise spreche ich überall darüber, wo immer ich auch hingehe. Wenn Sie etwas von dem, was ich gesagt habe, interessant oder nützlich fanden, dann probieren Sie es in Ihrem täglichen Leben aus. Wenn es sich als nützlich erweist, schön und gut; wenn Sie finden, dass es sinnlos und belanglos ist, dann vergessen Sie es.

Jetzt kommen wir zum zweiten Thema, dass ich ansprechen möchte. Als buddhistischer Mönch versuche ich immer, ein besseres Verständnis zwischen den verschiedenen Religionen zu fördern. Schließlich soll Religion das Heilmittel zum Abbau geistiger Spannung sein. Doch leider wird manchmal die Religion selbst zu einem Anlass für Zerwürfnisse, Streitigkeiten und Konflikte zwischen Menschen. Das ist ausgesprochen tragisch. Daher halte ich einen eingehenden Dialog und Harmonie unter den verschiedenen Religionen für unbedingt notwendig und versuche immer, Wege zu finden, die zu einem besseren Verständnis führen.

Natürlich gibt es Unterschiede zwischen den Glaubensrichtungen, und manche davon sind recht grundlegend. Zum Beispiel gehen die Anhänger des Buddhismus und Jainismus nicht von einem Gott oder Schöpfer aus. Viele andere Religionen wie das Christentum, das Judentum und der Islam finden ihren grundlegenden Glauben in Gott, dem Schöpfer. Ich neige dazu, diese Unterschiede von einem anderen Gesichtspunkt aus zu betrachten. Wie kommt es, dass zwei so verschiedene Lehren nebeneinander existieren? Ich glaube, weil die Menschen von ganz verschiedenen Mentalitäten sind, ist eine bestimmte Lehre für gewisse Personen wirkungsvoller und passender. Für andere Menschen wiederum ist eine andere Religion angemessener und effektiver. Schauen Sie sich nur an, wie unterschiedlich die Dinge sind, die wir essen. Verglichen mit dem menschlichen Geist ist der menschliche Körper weniger kompliziert und anspruchsvoll, doch trotzdem gibt es so viele verschiedene Geschmacksrichtungen, und verschiedene Menschen mögen verschiedene Speisen. Der Geist ist viel weiter entwickelt, und so gibt es eine große Vielfalt an Mentalitäten. Eine Religion allein könnte einfach nicht alle Menschen zufriedenstellen, und so ist es meines Erachtens aufgrund der großen Vielfalt von Menschen von größerem Nutzen, unterschiedliche Lehren und Philosophien zu haben.

Die wichtigste Einsicht werden wir jedoch gewinnen, wenn wir uns die Resultate anschauen. Wir können in jeder dieser verschiedenen Religionen als Ergebnis ihrer Praxis gute, sehr warmherzige Menschen finden. Das zeigt uns, dass alle Glaubensrichtungen, wie unterschiedlich ihre Philosophien oder Lehren auch sein mögen, in gleichem Maße gute Menschen hervorbringen. Daher macht es keinen Sinn, der einen oder anderen Religion keinen Respekt entgegenzubringen. Dies verdient sorgfältige und aufmerksame Untersuchung, denn das daraus resultierende Verständnis kann helfen, aufrichtigen Respekt für all die verschiedenen Religionen zu entwickeln.

Hier bietet sich also ein weites Feld, um zusammenzukommen, zusammenzuarbeiten und zu versuchen, uns gemeinsam um Frieden in der Welt zu bemühen, indem wir Frieden in der Familie und Frieden im Geist jedes Einzelnen entwickeln. Das ist der Sinn von Religion, und nicht, Kirchen, Tempel oder Kathedralen zu errichten. Das wichtigste Ziel der verschiedenen Religionen ist es, positive Gefühle zu erzeugen, positive menschliche Eigenschaften zu verstärken und negative zu verringern. Daher lehrt uns jede große Religion Liebe, Mitgefühl, Vergebung und ein Gefühl von Brüderlichkeit und Schwesterlichkeit. Obwohl Liebe und Mitgefühl unterschiedlich erklärt und ihnen verschiedene Bedeutungsnuancen beigemessen werden, lehrt jeder Glaube im Allgemeinen das gleiche grundlegende Prinzip. Und bis jetzt konnte ich, zusammen mit einigen meiner Freunde, die anderen Religionen angehören, feststellen, dass wir durch einen Dialog und regelmäßigen Austausch unserer Sichtweisen und Erfahrungen gegenseitigen Respekt entwickeln und voneinander lernen können. Dieses Lernen ist so hilfreich zur Bereicherung unserer eigenen Praxis! Einige meiner christlichen Freunde praktizieren bereits bestimmte buddhistische Methoden, und genauso können wir Buddhisten viele Dinge von unseren christlichen Brüdern und Schwestern lernen. Dieser Ansatz ist sowohl nützlich als auch wichtig.

Ich bin recht zufrieden mit den Fortschritten in diesem Bereich, und manchmal habe ich sogar das Gefühl, dass ich ein wenig dazu beigetragen habe. Im Allgemeinen hat der Dialog zwischen den verschiedenen Religionen in den letzten Jahren zugenommen und sich verbessert.

Als Drittes möchte ich als Tibeter und als Dalai Lama denjenigen meinen tiefen Dank aussprechen, die solch ein Interesse für unsere tibetische Kultur – einschließlich des tibetischen Buddhismus – und solch eine Sympathie für die tibetische Sache zeigen. Ich weiß das sehr zu schätzen. Es gibt nur sechs Millionen Tibeter, doch unser kulturelles Erbe ist einzigartig. Wir können auf eine dokumentierte Geschichte von mehr als zweitausend Jahren zurückblicken. Aufgrund von archäologischen Belegen glauben einige, die Wurzeln der tibetischen Kultur könnten sechs- oder sogar achttausend Jahre zurückreichen. Tibet ist auf jeden Fall eine der alten Kulturen dieser Welt. Heutzutage besteht größte Gefahr, dass diese Zivilisation vollständig vernichtet wird. Dies ist also eine wirklich wichtige Zeit. Wenn Menschen uns in solch einer Zeit als Brüder und Schwestern beistehen und so viel Anteil nehmen, ermutigt uns das sehr. Daher möchte ich Ihnen danken und durch Sie auch Ihren Freunden, die solch ein lebhaftes Interesse zeigen und die tibetische Sache unterstützen.

Herzlichen Dank.

ANMERKUNGEN

VORWORT

1 Seine Heiligkeit lehrte auch im Anschluss an den Zeitraum, der von diesem Buch abgedeckt wird, im Westen über Dzogchen. Im Mai 1990 gab er auf Einladung von Chogyal Namkhai Norbu anlässlich der Eröffnung des Shang Shung Instituts eine eintägige Belehrung über Dzogchen in Merigar in Italien. Diese Belehrung wird in Kürze veröffentlicht. Im September 2000 lehrte Seine Heiligkeit auf Einladung von Rigpa, Sogyal Rinpoche und den Zentren aus der Gegend des Golfs von Lyon während seiner fünftägigen Belehrung in Lerab Gar in Frankreich über Longchen Rabjams »Wohlbefinden und Gelassenheit finden in der Meditation über Dzogpa Chenpo«.

2 Siehe Anmerkung 1.

3 *Die Lehre des Buddha vom Abhängigen Entstehen*, S. 141.

4 rDo grub chen, *in rDzogs chen skor*, 8b/1, Neue Auflage, S. 554.

GRUND, PFAD UND FRUCHT

5 In Düdjom Rinpoche, *History of the Nyingma School,* in *The Nyingma School of Tibetan Buddhism, Its Fundamentals and History*, übersetzt und bearbeitet von Gyurme Dorje und Matthew Kapstein, Boston, Wisdom, 1991, S. 821–824.

6 Im Leben des fünften Dalai Lama waren einige sehr wichtige Nyingma- und Dzogchen-Lehrer vertreten. Er erhielt Belehrungen von Khöntön Paljor Lhundrup (1561–1637), einem wichtigen Lehrer in der Übertragung des Guhyagarbha-Tantra und Dzogchen. Sein engster Schüler war *Surchen Chöying Rangdrol* (1604–1657 oder 1669), der seit seinem siebzehnten Lebensjahr bei ihm studierte und dem er Belehrungen über das Guhyagarbha-Tantra und über Nyingtik gab. Surchen Chöying Rang-

drol war ein sehr kraftvoller Meister, der oft um Schutz gebeten wurde und der dem »Großen Fünften« viele Belehrungen gab, darunter Vajrakīlaya, Kagye und Nyingtik. Er erkannte in Rigdzin Pema Trinle (1641–1717), einem der engen Schüler des fünften Dalai Lama, die vierte Reinkarnation des großen Tertön Rigdzin Gödemchen (1337–1408), und inthronisierte ihn im Dorje-Drak-Kloster, das 1610 von seinem Vorgänger Rigdzin Ngak gi Wangpo (1580–1639) gegründet worden war. Der für die Übertragung der Nyingma- und Dzogchen-Lehren wichtigste Meister dieser Zeit war der große Tertön *Terdak Lingpa, Minling Terchen Gyurme Dorje* (1646–1714). Er war der Sohn von Nyötön Sangdak Trinle Lhundrup (1611–1662), einem Meister, der eine wichtige Rolle in der Übertragung des Do Gongpa Düpa spielte und der vom fünften Dalai Lama Belehrungen zum Guhyagarbha-Tantra erhielt. Terdak Lingpa studierte unter seinem Vater und dem fünften Dalai Lama. Er errichtete das große Orgyen-Mindroling-Kloster und arbeitete sehr erfolgreich an der Wiederbelebung der alten Tradition der Nyingmapas. Seine äußeren, inneren und geheimen Biographien existieren noch und führen in allen Einzelheiten seine Entdeckung einer großen Anzahl von Termas und seine tiefgründige Verwirklichung auf. Unter seinen hervorragenden Schülern befanden sich der fünfte Dalai Lama selbst, Desi Sangye Gyatso und Lochen Dharmaśhrī. Der jüngere Bruder von Terdak Lingpa, *Lochen Dharmaśhrī* (1654–1717) wurde vom fünften Dalai Lama ordiniert. Er studierte unter seinem Bruder und erlangte außergewöhnliche Gelehrsamkeit. Seine gesammelten Werke umfassen achtzehn Bände, worunter sich seine berühmten Kommentare zum Guhyagarbha-Tantra und den Drei Gelübden befinden. Terdak Lingpa und Lochen Dharmaśhrī wurden als Inkarnationen von Vairochana und Yudra Nyingpo betrachtet. Siehe Düdjom Rinpoche, S. 825–834; 683–684 und besonders S. 679–683.

7 *Tashi Topgyal*, Meister der Nördlichen Schatz-Tradition, geboren um 1557, war ein Tertön und die Reinkarnation von Ngari Panchen. Sein Sohn, Rigdzin Ngak gi Wangpo, war die dritte Inkarnation von Rigdzin Gödemchen, Enthüller der »Nördlichen Schätze«; er segnete den fünften Dalai Lama in dessen erstem Lebensjahr.

8 Vergleiche Düdjom Rinpoche, S. 822–823.

9 Siehe *Secret Visions of the Fifth Dalai Lama*, Samten Karmay, London, Serindia, 1988, speziell S. 20–21.

10 Guru Rinpoche und seine acht Manifestationen erscheinen in der Ermächtigung als: der Meister Padma Thötreng, der Vidyādhara Padma-

jungne, der Bhikṣhu Padmasambhava, der Gelehrte Loden Chokse, der majestätische Bezwinger Padma Gyalpo, der Yogin Nyima Öser, der Bhagavān Śhakya Senge, der große zornvolle Senge Dradok und der verrückte Dorje Drolö.

11 Der Ehrw. Georges Dreyfus machte ad hoc eine zusammfassende Übersetzung. Für dieses Buch wurde diese Belehrung in ihrer Gesamtheit von Richard Barron (Chökyi Nyima) neu übersetzt.

12 Taktra Rinpoche (sTag brag rin po che ngag dbang gsung rab) diente Seiner Heiligkeit dem Dalai Lama als Tutor und nahm ihm die Novizen-Gelübde ab. 1941 wurde er als Regent für Tibet eingesetzt und trat 1950 im Alter von 75 Jahren zurück, als der Dalai Lama volle Autorität über Tibet erhielt. In: *Tibet: A Political History*, von W. D. Shakabpa, New York, Potala, 1984, S. 286.

13 Seine Heiligkeit bezieht sich auf die zwei Arten des Svābhāvikakāya: »Die Definition eines Naturkörpers ist ein absoluter Bereich, der zwei Arten von Reinheit besitzt. Die beiden Reinheiten sind Reinheit vom Objekt der Negation – inhärente Existenz – und Reinheit von wesensfremden Makeln. Entsprechend dieser zwei Reinheiten kann der Naturkörper in zwei Typen unterteilt werden. Der erste ist der natürlich reine Naturkörper (Rang bzhin rnam dag gi ngo bo nyid sku) und der zweite der Naturkörper, welcher ›rein von Wesensfremdem‹ ist (glo bur rnam dag gi ngo bo nyid sku). Der natürlich reine Naturkörper ist die endgültige Wahrheit des Buddha, die Leerheit von inhärenter Existenz des allwissenden Geistes des Buddha. Der Naturkörper, welcher ›rein von Wesensfremdem‹ ist, ist die endgültige Beendigung [der Verblendung] des Buddha, da es die vollständige und endgültige Beendigung der wesensfremden Makel ist.« *The Fundamental Potential for Enlightenment*, Geshe Acharya Thubten Loden, Melbourne, Tushita, 1996, S. 155.

14 *Mūlamadhyamakakārikā*, XXIV, Vers 8.

15 *Madhyamakāvatāra*, VI, Vers 89. Der Vers geht weiter: »Buddha lehrte, dass alle lebenden Wesen durch Karma entstehen, und ohne Geist kann es kein Karma geben.«

16 *Das Sūtra über die zehn Ebenen*, Daśhabhūmikasūtra, mDo sde sa bcu pa, P 761.31, Band 25. Übersetzt von M. Hoinda in *An Annotated Translation of the »Dasabhumika«*, in *Studies in Southeast and Central Asia*, bearbeitet von D. Sinor, Neu Delhi, Satapitaka Serie 74, 1968, S. 115–276.

17 Er behandelt dies in der *Madhyamakāvatāra*, VI, Vers 84–90. In der Widerlegung des Chittamatrin-Standpunkts weist Chandrakīrti darauf hin, dass Buddha im Sūtra das Vorhandensein von äußeren Formen nicht

bestreitet und dass »nur Geist« in diesem Zitat so verstanden werden sollte, dass Geist der primäre Faktor ist und nichts von vergleichbarer Wichtigkeit wäre. Siehe *On the Interpretation of the Mahāyāna Sūtras*, Donald S. Lopez, Jr., in *Buddhist Hermeneutics*, Honolulu, University of Hawaii Press, S. 53–56.

18 Über die Vier Verlässlichkeiten siehe *The Central Philosophy of Tibet*, R. A. F. Thurman, Princeton, Princeton University Press, 1984, S. 113–130.

19 B. Allan Wallace schreibt: »Dieser Vers, der in der tibetisch-buddhistischen Literatur oft zitiert wird, ist dem Vimalaprabha-Kommentar über das Kālachakra entnommen, obwohl er auch im Pali-Kanon enthalten ist. Auf Sanskrit erscheint er als Zitat im Tattvasamgraha, bearbeitet von D. Shastri, Varanasi, Bauddhabharati, 1968, K. 3587«. Siehe *Consciousness at the Crossroads*, Ithaca, Snow Lion, 1999, S. 183.

DAS TREFFEN DER ESSENZ IN DREI WORTEN

20 Sonett CXVI in der Übersetzung von Max Josef Wolff, erschienen 1903 in der Goldenen Klassikerbibliothek.

21 In Deutsch 1996 unter dem Titel *Die Lehre des Buddha vom Abhängigen Entstehen* erschienen.

22 *Takdrol* ist eine der »fünf Methoden, die ohne Hilfe der Meditation zur Befreiung führen«. Diese werden manchmal aufgeführt als: Befreiung durch Sehen (Chakras), Befreiung durch Hören (Mantra), Befreiung durch Schmecken (Nektar), Befreiung durch Berühren (Mudrā oder Takdrol) und Befreiung durch Erinnerung oder Denken (Phowa). Es existieren unzählige Arten von *Takdrol*, viele in Form von Mantra-Diagrammen, die mit den Dzogchen-Lehren in Zusammenhang stehen; andere gehören den Tantras an. Das Takdrol kann Bestandteil einer ausführlicheren Ermächtigung sein oder einzeln als einfache Ermächtigung gegeben werden. Manchmal wird der Text eines Tantra als Takdrol verwendet und zum Beispiel in einem Medaillon auf dem Kopf getragen. (Diese Information wurde freundlicherweise von Tulku Thondup Rinpoche gegeben.)

23 Obwohl der Titel gern als *Das Treffen der Essenz in drei Worten* übersetzt wird, handelt es sich bei den so genannten »Worten« eher um »Aussagen«, »Verse« oder »Zeilen«. Zur Wichtigkeit dieser Verse siehe Namkhai Norbu Rinpoches Vorwort in John Reynolds *Golden Letters*, S. 11–19.

24 Siehe Tulku Thondup, *Masters of Meditation and Miracles*, S. 59–60, und John Reynolds, *Golden Letters*, S. 179–189, der Garab Dorjes Lebensgeschichte gemäß dem *Logyu Chenmo* erzählt, der »Großen Geschichte« im *Vima Nyingtik*.

25 Patrul Rinpoches Lebensgeschichte findet sich in *Masters of Meditation and Miracles*, S. 201–210, *Das Herzjuwel der Erleuchteten*, S. 215–221, *Die Worte meines vollendeten Lehrers*, S. 23–24, *Golden Letters*, S. 297–305.

26 Zenkar Rinpoche (Thub bstan nyi ma), *rdza dpal sprul rin po che'i rnam thar mdor bsdus* in *Khams khul mkhas dbang rnams kyi snyan ngag dper brjod phyogs sgrib,* veröffentlicht von Si khron mi rigs dpe skrun khang, 1987, S. 10–16. Auch erschienen in *Sher phyin mngon rtogs rgyan rtsa 'grel* vom selben Herausgeber, 1997, S. 1–8.

27 »Der erste Punkt, das Erwecken des Erleuchtungsgeistes [Bodhichitta], entspricht den ersten drei Kapiteln [der Bodhicharyāvatāra]. ... Der zweite Punkt, wie das Schwinden des Erleuchtungsgeistes vermieden werden kann, wird in den drei Kapiteln beschrieben, die das ›Anwenden des Erleuchtungsgeistes‹, ›Wachheit‹ und ›Geduld‹ behandeln. Der dritte Punkt, wie man Bodhichitta immer weiter entwickelt, indem man Weisheit und Methode vereint, wird in den Kapiteln über ›Beharrliches Streben‹, ›Meditation‹ und ›Höchste Weisheit‹ eingehend erläutert. Das zehnte Kapitel ist die Widmung; durch sie wird alles Verdienst, das aus der Entwicklung des Erleuchtungsgeistes hervorgeht, unerschöpflich und ständig anwachsen.«*Der Friede beginnt in dir*, Dalai Lama, Bern, München, Scherz Verlag für den O. W. Barth Verlag, 1999, S. 34.

28 In *Tant Que Durera L'Espace*, Dalai Lama, aus dem Tibetischen übersetzt von Marie-Stella Boussemart, unter Anleitung von Dagpo Rinpoche, Paris, Albin Michel, 1996, S. 21–22.

29 Der vollständige Titel lautet: »Der Herzensschatz der Erleuchteten, die Praxis der Sicht, Meditation und Handlung: Eine Abhandlung, tugendhaft am Anfang, in der Mitte und am Ende«. Siehe Dilgo Khyentse Rinpoche, *Das Herzjuwel der Erleuchteten,* Berlin, Theseus Verlag, 1994.

30 In Dodrupchen Jikme Tenpe Nyimas Biographie von Patrul Rinpoche heißt es: »Viele Jahre lang erblühten jedesmal, wenn er über die *Bodhicharyāvatāra* lehrte, plötzlich eine große Menge so genannter *Serchen*-Blumen, mit dreißig bis fünfzig Blütenblättern, und man begann, sie *Bodhicharyāvatāra*-Blumen zu nennen.« Niemand hatte zuvor solch riesige Blüten gesehen: Sie waren orange und ähnelten Sonnenblumen, und man brachte sie in den mit der *Bodhicharyāvatāra* verbundenen Opferzeremonien dar. (Diese Information wurde freundlicherweise von Tulku Thon-

dup Rinpoche gegeben.) Dodrupchen Jikme Tenpe Nyimas *Gesammelte Werke*, Band Nga, S. 113, Blatt 7a/3. Zenkar Rinpoche erwähnt in seiner *Kurzbiographie Patrul Rinpoches*, dass dies in der Nähe des Śhrī-Siṅgha-Kollegs im Dzogchen-Kloster geschah.

31 Siehe Anmerkung 30.

32 Im Mittelpunkt der Nördlichen Ter-Tradition stehen die Terma-Enthüllungen von Rigdzin Gödem Ngödrup Gyaltsen (1337–1409). Der Hauptsitz und die wichtigste Quelle dieser Tradition ist das Thubten-Dorje-Drak-Kloster, 1632 vom dritten Rigdzin Chenmo Ngak gi Wangpo erbaut. Die Wiedergeburten Rigdzin Gödems, Rigdzin Chenmos genannt, sind immer noch das jeweilige Oberhaupt der Changter-Tradition und auch Dorje Draks. In Dartsedo (Kanding, in Ost-Kham), gibt es ein Kloster namens Do Dorje Drak, da einer der Rigdzin Chenmos in die Familie der Chagla-Könige von Dartsedo hineingeboren wurde. Es gibt auch einige Klöster in der Golog-Gegend, doch die meisten Changter-Klöster befinden sich in West-Tibet, in den Provinzen Tsang und Töd oder Ngari, und den Himalaya-Regionen Indiens, Nepals und Ladakhs. Zu den wichtigsten der vielen Terma-Enthüllungen Rigdzin Gödems zählen das *Kagye Rangjung Rangshar* und das *Dzogpa Chenpo Kunsang Gongpa Sangthal*. In der Nyingma-Welt besonders bekannt ist das *Le'u Dünma*, das »Gebet in sieben Kapiteln« an Guru Rinpoche. Viele der Termas wurden in Sangsang Lhadrak in Tsang, West-Tibet, entdeckt. Weil man diese Gegend als »nördlich« betrachtete, und vielleicht auch, weil sie nördlich von Samye lag, bekam diese Tradition diesen Namen.

33 In diesem Kontext sind Dhāraṇīs, auf tibetisch *Sung* (gZungs), Mantra-ähnliche mnemonische Formeln. Man unterteilt Mantras gewöhnlich in geheime Mantras, Wissens-Mantras und Dhāraṇī-Mantras.

34 Seine Heiligkeit erklärte dies am Tag zuvor, Freitag, den 6. Juli. Siehe *Die Lehre des Buddha vom Abhängigen Entstehen* S. 139–140.

35 »Wie Dodrupchen Jikme Tenpe Nyima sagt, lehren alle Texte des Höchsten Yogatantra in der Neuen und der Alten Übersetzungsschule gleichermaßen nur die Praxis des angeborenen, fundamentalen Geistes des Klaren Lichts.« *Die Lehre des Buddha vom Abhängigen Entstehen*, S. 139.

36 Zum Beispiel im *rDzogs chen thor bu*, S. 194, bzw. S. 555 der neuen Auflage. »Gemäß dem Dzogchen befindet sich selbst inmitten von Konzepten klares Licht, genau wie Öl den Sesamsamen durchtränkt, und in genau dieser Situation kann man Rigpa direkt erkennen und ein Gewahrsein dessen aufrechterhalten …«

37 Die gesamten sechs Bewusstseinsarten sind die fünf Arten von Sinnesbewusstsein (Sehen, Hören, Riechen, Schmecken, Fühlen) sowie das geistige Bewusstsein.

38 Siehe *rDzogs chen skor*, S. 295, neue Auflage S. 659.

39 Siehe unten in der Belehrung Seiner Heiligkeit 1989, S. 232.

40 Wie der Dalai Lama erklärt: »Es gibt verschiedene Arten, die Gottheit zu visualisieren, je nachdem, ob man den Methoden des Mahāyoga, Anuyoga oder Atiyoga folgt. Hier, in der Dzogchen-Tradition des Atiyoga, wird die Gottheit in einem einzigen Augenblick vollständigen Erinnerns visualisiert.«

41 Seine Heiligkeit behandelt dieselbe Frage der Dauerhaftigkeit in seiner Abhandlung über die *Einheit der alten und neuen Übersetzungsschulen*, in *Logik der Liebe*, S. 263: »Diese Wirklichkeit gilt als ›permanent‹ in dem Sinne, daß sie immer währt. Und deshalb wird sie als permanenter Geist vorgestellt. Dieser Geist ist permanent nicht in dem Sinne, daß er nicht etwa von Moment zu Moment zerfallen würde, sondern in dem Sinne, daß sein *Kontinuum* nicht unterbrochen ist. Dies steht in Analogie zu der Aussage, die Maitreyas *Schmuck der Klaren Geisterfahrung* (Abhisamayālaṃkāra, mNgon rtogs rgyan) enthält, daß die erhöhten Handlungen eines Buddha als permanent zu betrachten seien, insofern sie unerschöpflich sind. Außerdem ist dieser Geist nicht-hervorgebracht in dem Sinne, daß er nicht zufällig und neu aus der Verbindung von Ursachen und Bedingungen hervorgegangen ist [da sein Kontinuum immer existiert hat].« Das Zitat stammt aus Maitreyas *Abhisamayālaṃkāra*, Vers 11, Kapitel 8.

42 In seiner Abhandlung über die *Einheit der alten und neuen Übersetzungsschulen* sagt Seine Heiligkeit: »Im selben Sinne sagt der Ge-luk-Gelehrte und Meister Nor-san-gya-tso (*Nor-bzang-rgya-mtsho*, 1423–1513), dass alles, was existiert, notwendigerweise zusammengesetzt (*saṃskṛita, 'dus byas*) ist, obwohl sein Begriff allgemeiner ist, als es die gewöhnliche Bedeutung von ›zusammengesetzt‹ nahelegt. Er behauptet nicht, dass alle Erscheinungen, einschließlich derer, die permanent sind, auf Grund des Zusammentreffens von Ursachen und Bedingungen entstehen, sondern dass alle Erscheinungen konditional existieren, d. h. in Abhängigkeit von ihren Teilen und einem begriffsbildenden Bewusstsein, das sie als solche bezeichnet. Ähnlich wird dieser Geistgrund der Nying-ma-Tradition als ›nicht-hervorgebracht‹ bezeichnet, weil er nicht [und niemals] *neu* entsteht. Hier handelt es sich also um einen Begriff, der im weiteren Sinne gebraucht wird.« *Logik der Liebe*, S. 263.

43 Das *Vajrapañjaratantra.* Dies ist die Quelle des berühmten folgenden Verses.

44 Innerhalb der Dzogchen-Lehren erhalten die Begriffe *Tantra, Āgama* und *Upadesha,* auf tibetisch *rGyud, Lung* und *Man ngag,* eine besondere Bedeutung. Siehe zum Beispiel Chögyal Namkhai Norbu in *Primordial Experience,* Mañjuśhrīmitra, übersetzt von Namkhai Norbu und Kennard Lipmann, Boston, Shambala, 1987, S. xii–xiv.

45 »Auf Sanskrit«, fügte Seine Heiligkeit hinzu, »ist ›A‹ eine Silbe der Verneinung.«

46 Auf tibetisch: *Rig pa mig la gtad / Mig nam mkha' la gtad.*

47 Patrul Rinpoches Text erscheint von hier an in eingerückter Form. Er beginnt mit dem Wurzeltext, gefolgt vom Kommentar, der den Wurzelvers in sich trägt. Wie bereits in der Einleitung erwähnt, wurde diese Übersetzung der *Besonderen Belehrung des weisen und glorreichen Königs* von Patrick Gaffney auf Basis einer Übersetzung von Sogyal Rinpoche zusammengestellt. Übersetzungen von Erik Pema Kunzang, Sarah Harding und John Reynolds sind in der Liste der Literaturempfehlungen aufgeführt.

48 *Lung* bedeutet Schriften; *Rig* ist logische Schlussfolgerung.

49 Mangtö Ludrup Gyatso (1523–1596) war ein herausragender Gelehrter der Sakya-Schule. Seine Heiligkeit zitierte ihn am Tag zuvor, als er über die Sakyapa-Sicht des kausalen Kontinuums als der Ālaya sprach, die Mangtö Ludrup Gyatso mit dem fundamentalen, angeborenen Geist klaren Lichts gleichsetzt. »Gemäß dem Gedankenansatz von Mangtö Ludrup Gyatso werden alle Phänomene des Daseinskreislaufs und des Nirvāṇa als Darbietung oder Widerspiegelungen des angeborenen, fundamentalen Geistes des Klaren Lichts betrachtet, denn sie alle sind in der Sphäre des Klaren Lichts von einem Geschmack. Dieses ist die Sicht der Nicht-Unterscheidbarkeit von Saṃsāra und Nirvāṇa.« *Die Lehre des Buddha vom Abhängigen Entstehen,* S. 137. Seine Heiligkeit berief sich auch 1992 während seiner Belehrung im Dzogchen-Kloster sowohl auf Jamyang Khyentse Wangchuks (1524–1568) als auch auf Mangtö Ludrup Gyatsos Sicht der zwei Wahrheiten.

50 Im April 1988 in London nimmt Seine Heiligkeit Bezug auf »eine Passage aus der Sakya-Literatur, … die besagt, dass zwischen dem Entstehen verschiedener Momente des begrifflichen Denkens die Klare-Licht-Natur [des Geistes] ohne Unterbrechung präsent ist«. *Die Lehren des tibetischen Buddhismus,* S. 215. Dies wird Sakya Paṇḍita zugeschrieben.

51 Seine Heiligkeit hat diese Aussage von Dodrupchen Jikme Tenpe Nyima zu mehreren Anlässen zitiert. »Do-drup-chen sagt, dass wir, wenn wir alle erscheinenden und sich ereignenden Objekte der Erkenntnis als Spiel dieses Geistgrundes erkennen, damit notgedrungen die Position der Konsequenz-Schule viel besser verstehen, dass diese Erscheinungen nur durch die Kraft der Begrifflichkeit existieren.« *Logik der Liebe*, S. 266. Siehe auch *Die Lehren des tibetischen Buddhismus*, S. 168–169, sowie *The Gelug/Kagyü Tradition of Mahāmudrā*, S. 225–226.

52 Ansonsten gehört »die Suche nach dem verborgenen Makel des Geistes« zu den Vorbereitungen auf dem Pfad des Dzogchen. Siehe unten, S. 163–164 und S. 224–225.

53 Einer der Gesänge Milarepas war an eine junge Frau, Paldarbum, gerichtet: »Wenn du problemlos auf den Himmel meditieren konntest, soll es mit den Wolken genauso sein. Wolken sind nichts als eine Manifestation des Himmels; daher ruhe direkt in der Sphäre des Himmels.« Garma C.C. Chang, *The Hundred Thousand Songs of Milarepa*, Gekürzte Fassung, New York, Harper, 1962, S. 50–62.

54 Siehe unten, S. 208–209, S. 214, S. 216–217, S. 225.

55 »Gleichmäßig und alles-durchdringend«: Seine Heiligkeit erklärt, das tibetische Wort *phyal ba* bedeute »immer unverändert«.

56 Patrul Rinpoche schreibt diesen Ausspruch Dzogchen Guru Shyiwa zu und erklärt ihn in seiner *Kernanweisung über das Höchste Fahrzeug des Ati, Eine klare Erklärung des natürlichen Zustands* in seinen Gesammelten Werken, Band 4, S. 709–735. Dieser Hinweis findet sich in *The Lion's Gaze*, S. 89.

57 *Uttaratantra*, Kapitel 1, Vers 51.

58 Seine Heiligkeit behandelt dies ausführlicher im vierten Teil dieses Buches.

59 Der Titel des Textes, *Die besondere Belehrung des weisen und glorreichen Königs,* enthält auch einen Bezug auf seinen Autor. »Glorreich«, das im Titel als das Sanskrit-Wort »Śhrī« erscheint, ist auf tibetisch »Pal«, die erste Silbe von Patrul Rinpoches Namen.

60 Dodrupchen, in *rDzogs chen skor*. Herausgegeben von Dodrupchen Rinpoche, Gangtok, Gesammelte Werke, Band Cha, S. 207, Blatt 4a; neue Ausgabe, Band Ka, S. 586.

DZOGCHEN UND DAS BUDDHA-DHARMA

61 Er dokumentiert seine Ausbeute in: *Across Asia, From East to West in 1906–1908*, Teil I – II, Helsinki, Société Finno-Ougrienne 1940. Teil I, S. 687–695. Mannerheims Bericht an den Zar über seine Begegnung mit dem Dalai Lama ist festgehalten in: *The Memoirs of Marshal Mannerheim*, übersetzt von Graf Eric Lewenhaupt, New York, Dutton, 1954, S. 71–72. Siehe auch: *Mannerheim, The Years of Preparation*, JEO Screen, London, Hurst, 1993, S. 58.

62 Heute: Myanmar.

63 In der Belehrung, die unter dem Titel *Die vier edlen Wahrheiten* veröffentlicht wurde, zitiert Seine Heiligkeit Maitreya, der im *Erhabenen Kontinuum* sagte: »Genauso wie eine Krankheit diagnostiziert werden muss, die Ursache beseitigt werden muss, die Gesundheit wiederhergestellt werden muss und die Medizin eingenommen werden muss, genauso müssen Leid, Ursachen des Leids, die Beendigung des Leids und der Weg erkannt, beseitigt, erlangt und befolgt werden.« S. 41.

64 Vergleiche *Die vier edlen Wahrheiten*, S. 55.

65 Ebenda S. 55. Seine Heiligkeit fügt hinzu: »Es wird als Leid des Bedingtseins bezeichnet, weil diese Form der Existenz die Grundlage für die schmerzlichen Erfahrungen nicht nur in diesem Leben darstellt, sondern auch für die leiderzeugenden Ursachen und Umstände in zukünftigen Existenzen.«

66 Siehe *Die Lehren des tibetischen Buddhismus*, S. 138–139, in dem die Vereinigung von Methode und Weisheit ausführlicher besprochen wird.

67 Oder »angeborene Unerleuchtetheit«. Siehe *Buddha Mind* bzw. *The Practice of Dzogchen*, in dem Tulku Thondup Longchenpa zitiert: »Synonym für den universellen Grund der Spuren sind: angeborene Unerleuchtetheit,…« S. 220. »Im Moment der Ablenkung in Täuschungen hinein wird der Aspekt des eigenen Nicht-Erkennens der eigenen innewohnenden Weisheit angeborene Unerleuchtetheit genannt.« S. 252.

DER GIPFEL ALLER YĀNAS

68 Einige dieser Konferenzen wurden veröffentlicht in: J. Hayward/F. Varela (Hrsg.), *Gewagte Denkwege – Wissenschaftler im Gespräch mit dem Dalai Lama*, München, Piper Verlag, 1996 (Mind and Life I, 1987), *Consciousness at the Crossroads*, bearbeitet von Zara Houshmand, Robert B. Li-

vingston und B. Alan Wallace, Ithaca, Snow Lion, 1999 (Mind and Life II, 1989), Daniel Goleman (Hrsg.), *Die heilende Kraft der Gefühle – Gespräche mit dem Dalai Lama über Achtsamkeit, Emotion und Gesundheit*, München, dtv Verlag, 1998 (Mind and Life III, 1991), Francisco Varela, *Traum, Schlaf und Tod. Grenzbereiche des Bewusstseins. Der Dalai Lama im Gespräch mit westlichen Wissenschaftlern*, München, Eugen Diederichs Verlag, 1998 (Mind and Life IV, 1992).

69 Veröffentlicht als *Worlds in Harmony, Dialogues on Compassionate Action*, Berkeley, Parallax Press, 1992.

70 Dies erscheint in *Logik der Liebe*, S. 251–278.

71 *Logik der Liebe*, S. 276 und S. 259–260. Siehe *Die Lehren des tibetischen Buddhismus,* S. 181–183 zum selben Thema.

72 Zitiert in *Dzogchen und Padmasambhava*, Sogyal Rinpoche, Berlin, Rigpa e.V. und Ratnakosha Pubklikationen und Veranstaltungen, 1990, S. 85, sowie *Natural Great Perfection*, Nyoshul Khenpo, übersetzt von Surya Das, Ithaca, Snow Lion, 1995, S. 158.

73 Er fügt hinzu: »Darüber hinaus ist es wichtig, Kunkhyen Jikme Lingpas Text ›Ein Schatz von erleuchteten Eigenschaften‹ [*Yönten Dzö*], zu studieren, in dem die Praxis des Dzogchen im letzten Teil erläutert wird.« *Die Lehren des tibetischen Buddhismus*, S. 207.

74 Siehe auch *Logik der Liebe*, S. 273.

75 Für Kommentare von Seiner Heiligkeit zu den *Acht Versen des Geistestrainings* siehe *Ohne Anfang, ohne Ende*, Dalai Lama, Bern, München, Wien, Scherz Verlag für den O. W. Barth Verlag, 2001, sowie *Logik der Liebe*, Dalai Lama, München, Goldmann Verlag, 1991, S. 137–153, sowie in *Four Essential Buddhist Commentaries*, H.H. XIV Dalai Lama, Dharamsala, LTWA, 1982, S. 89–120. Weitere Belehrungen über diesen berühmten Text sind: *Compassion, The Key to Great Awakening* von Geshe Tsultim Gyeltsen, Boston, Wisdom Publications, 1997, S. 25–43, sowie *The Essence of Mahāyāna Lojong Practice*, Sermey Khensur Lobsang Tharchin, Howell, NJ, Mahāyāna Sūtra and Tantra Press, 1998.

76 *Chos dbyings rin po che'i mdzod*, Band Ga (3) in Dodrupchen Rinpoches Neuauflage der *Sieben Schätze* in Gangtok.

77 Khenpo Ngakchung, Kathok Khenpo Ngawang Palzang (1879–1941) war eine Emanation von Vimalamitra und eine Schlüsselfigur in der Übertragung des Longchen Nyingtik. Er war der begabteste Schüler Nyoshul Lungtok Tenpe Nyimas (1829–1901/1902), der ihm Patrul Rinpoches mündliche Linie der Kernanweisungen übertrug. Unter Khenpo Ngakchungs Schülern befanden sich Jamyang Khyentse Chökyi

Lodrö, Shedrup Tenpe Nyima (der Wurzelmeister von Nyoshul Khenpo Jamyang Dorje) und Chadral Rinpoche.

78 Aus den 8.000 Versen der Prajñāpāramitā: *Aṣhṭasāhasrikāprajñāpāramitā*, 'Phags pa shes rab kyi pha rol tu phyin pa brgyad stong pa. Siehe *The Perfection of Wisdom in 8,000 Lines and Its Verse Summary*, E. Conze, Delhi, Sri Satguru Publications, 1994, S. 84. (Dieselbe Thematik wird in den Pali-Schriften im Anguttara-Nikaya I [10] behandelt, zitiert in *Buddhist Texts Throughout the Ages*, bearbeitet von Conze, Horner, Snellgrove und Waley, Oxford, 1954, S. 33, Nr. 6.)

79 Dodrupchen sagt zum Beispiel: »Das echte Rigpa und der Vajra-Geist klaren Lichts haben ein und dieselbe Bedeutung«, und »Der wichtigste Punkt ist, dass Rigpa, wie es im Dzogchen-Ansatz gelehrt wird, und die Weisheit des klaren Lichts ein und dasselbe sind«. In: *rDzogs chen thor bu*, S. 194 (S. 555, neue Ausgabe) und S. 198 (S. 559, neue Ausgabe). Er fügt hinzu: »Was den Standpunkt angeht, dass Rigpa das grundlegende, klare Licht des Höchsten Yogatantra ist, gibt es im Dzogchen unzählige unbestreitbare Quellen, die das klare Licht des Todes mit Rigpa gleichsetzen«. Aus: *rDzogs chen skor* S. 292 (S. 656, neue Ausgabe). Siehe auch *Die Lehre des Buddha vom Abhängigen Entstehen*, besonders S. 139–140, sowie *Die Lehren des tibetischen Buddhismus*, S. 181–183, in denen Seine Heiligkeit Dodrupchen erneut zitiert.

80 Für eine ausführliche Diskussion der buddhistischen Erkenntnistheorie siehe Lati Rinpoche und Elizabeth Napper: *Mind in Tibetan Buddhism*, Ithaca, Snow Lion, 1980, sowie *Mipham's Beacon of Certainty*, S. 57–60.

81 »Bewusste Wahrnehmung« oder »reflexives Gewahrsein« wird von den Sautrāntika-, Chittamātra- und Yogachāra-Svātantrika-Schulen akzeptiert, doch von den Vaibhāṣhika, Sautrāntika-Svātantrika and Prāsaṅgika widerlegt. Śhāntideva widerlegt ihre Existenz in der *Bodhicharyāvatāra*, Kapitel 9, Vers 17–25. Siehe auch *Mipham's Beacon of Certainty*, S. 497–498.

82 Die zwölf Glieder des abhängigen Entstehens sind Unwissenheit, karmische Gestaltungskraft, Bewusstsein, Name und Form, die sechs Grundlagen des Bewusstseins, Berührung, Empfindung, Verlangen, Anhaftung, Werden, Geburt sowie Alter und Tod. Siehe *Die Lehre des Buddha vom Abhängigen Entstehen*, an mehreren Stellen; Jeffrey Hopkins, *Meditation on Emptiness*, S. 275–283 und 707–711, sowie Steven D. Goodman, *Situational Patterning*, in Crystal Mirror III, Emeryville, Dharma Publishing, 1974, S. 93–101.

83 Buddha lehrte die zwölf Glieder ausführlich im *Sūtra vom Reiskeimling*, siehe *Die Lehre des Buddha vom Abhängigen Entstehen*, S. 18 ff und *Die Lehren des tibetischen Buddhismus*, S. 275.

84 Longchenpa diskutiert das Prāsaṅgika-Madhyamaka in seinem *Schatz der Wunsch-Erfüllung*, S. 536, und nennt es das höchste System dialektischer Philosophie. Er bestätigt dies in seinem *Schatz der Lehrsätze*, S. 201–212 und *Schatz des Höchsten Fahrzeugs*, S. 91. In seinem Kommentar zum achten Kapitel des *Schatz des Dharmadhātu* schreibt er: »Die meisten Methoden der Natürlichen Großen Vollkommenheit zum Verständnis der Freiheit von Extremen und so weiter ähneln denen des Prāsaṅgika-Madhyamaka. Madhyamaka erachtet Leerheit jedoch als sehr wichtig. Dzogpa Chenpo, das sich auf das ursprünglich reine und nackte innewohnende Gewahrsein (Rigpa) stützt, das einfach nicht-existent und unaufhörlich ist, versteht dies und alle Phänomene, die aus ihm entstehen, als frei von Extremen – wie der Raum.« Tulku Thondup, *Buddha Mind/The Practice of Dzogchen*, S. 104. *Lung gi gter mdzod*, S. 76b/1. Mipham schreibt in seinem *Beacon of Certainty*: »Um zur ursprünglichen Reinheit vorzustoßen, muss man die Prāsaṅgika-Sicht zur Vollendung bringen.« (Derge-Ausgabe, Band 9 von Miphams *Gesammelten Werken*, Blatt 9b/6 bzw. S. 119, Blatt 25a/6 des Mipham Sungbum Band Śhrī, Chengdu-Ausgabe.) Für die Hinweise auf Longchenpa siehe *Mipham's Beacon of Certainity*, S. 92–97 und 486–487, sowie Mipham auf S. 209 und S. 310–311.

85 Für eine umfassende Diskussion dieser Madhyamaka-Logik, siehe Jeffrey Hopkins, *Meditation on Emptiness*, S. 131–150, London, Wisdom, 1983. Siehe auch *Mipham's Theory of Interpretation*, Matthew Kapstein, in *Buddhist Hermeneutics*, bearbeitet von Donald S. Lopez, Jr., Honolulu, University of Hawaii Press, S. 156 und 170–171.

86 Seine Heiligkeit bezog sich in seiner Belehrung in Frankreich 1997 noch einmal auf dieses Kapitel des *Schatzes der Wunsch-Erfüllung*, wobei er sagte: »Longchen Rabjam schlägt zahlreiche Methoden zur Klassifizierung der zwei grundlegenden Wahrheiten vor, unter anderem eine, in der das Grundlegende oder Angeborene sich auf die endgültige Wahrheit bezieht und das Wesensfremde, Zeitweilige auf die konventionelle Wahrheit. Er erklärt also die endgültige Wahrheit der grundlegenden, angeborene Natur, frei von wesensfremden, flüchtigen Phänomen und etabliert die endgültige Wahrheit des grundlegenden, angeborenen Geistes klaren Lichts.« Siehe *Pacifier l'esprit*, Dalai Lama, transkribiert von Jigme Khyentse Rinpoche, aus dem Tibetischen übersetzt von Patrick Carré, Paris, Albin Michel, 1999, S. 144. Siehe auch *The Gelug/Kagyü Tradition of*

Mahāmudrā, S. 207. Kyabje Düdjom Rinpoche nimmt Bezug auf den *Schatz der Wunsch-Erfüllung* in »The Two Truths According to Great Madhyamaka«, in *Fundamentals of the Nyingma School*, S. 209 ff.

87 Vier Arten von Nirmāṇakāya- oder Emanationskörpern werden von Maitreya in seinem *Ornament für die Mahāyāna-Sūtras* angegeben: Artefakt-Emanationskörper, Geburts-Emanationskörper, großer Erleuchtungs-Emanationskörper und höchster Emanationskörper. Buddha Śhākyamuni ist ein Beispiel für den höchsten Emanationskörper. Siehe *The Fundamental Potential for Enlightenment*, S. 179 ff.

88 In seiner Abhandlung über die *Einheit der alten und neuen Übersetzungsschulen* weist Seine Heiligkeit auch auf die unterschiedliche Anwendung des Begriffs »endgültig« hin. Er führt das Zitat von Maitreya weiter aus, indem er erklärt: »Dort ist das *objektive* Letztgültige die Leere. Das *praktische* Letztgültige ist das Weisheitsbewusstsein im meditativen Gleichgewicht. Und das *erlangte* Letztgültige ist das Nirvāṇa.« *Logik der Liebe*, S. 261–262. Er bezieht sich noch einmal darauf in *The Gelug/Kagyü Tradition of Mahāmudrā*, S. 207. Der Vers stammt aus *Madhyāntavibhāṇga*, dBus dang mtha' rnam par 'byed pa, P 5522, Band 108, Kapitel 3, Vers 11.

89 Vergleiche *Logik der Liebe*, S. 261. Uttaratantra, Kapitel 1, Vers 20–21.

90 Seine Heiligkeit bespricht Shyentong ausführlich in *The Gelug/Kagyü Tradition of Mahāmudrā*, im Rahmen seines Kommentars zum »Root text for the Precious Gelug/Kagyü-Tradition of Mahāmudrā: The Main Road of the Triumphant Ones« vom Ersten Panchen Lama. Seine Analyse bezieht sich darauf, ob die Shyentong-Sicht das zweite und dritte Drehen des Dharmarades vereint. Siehe S. 234–239.

91 Vasubandhus *Abhidharmakośhakārikā*, Chos mgon pa'i mdzod kyi tshig le'ur byas pa, P 5590, Band 115. Es gibt eine englische Übersetzung von Leo Pruden auf der Basis der französischen Fassung von Louis de la Vallée Poussins: *Abhidharmakośhabhāṣhyam*, vier Bände, Freemont, Asian Humanities Press 1988–1989.

92 Über deren Erkenntnis der Leerheit vergl. *Mipham's Beacon of Certainty*, S. 278–279.

93 Kapitel 1, Vers 2.

94 Vergleiche *Die Lehren des tibetischen Buddhismus* S. 138–139.

95 In Tsepak Rigdzin, *Tibetan-English Dictionary of Buddhist Terms*, Dharamsala, Library of Tibetan Works and Archives, 1993, aufgeführt als: Handlungs-Siegel, Samaya-Siegel, Dharma-Siegel und Großes Siegel oder Siegel der Leerheit.

96 Sie werden so genannt, weil sie »körperliche Läuterungsübungen wie

Fasten, das Einhalten bestimmer Essensvorschriften und Ähnliches« lehren. *Die Lehren des tibetischen Buddhismus,* S. 145–146.

97 Die drei inneren Tantras werden auch »Fahrzeuge der überwältigenden Mittel« genannt, »denn sie enthalten Mittel zur Manifestation der subtilsten Ebene des Geistes durch Auflösen der groben geistigen Ebenen und Energien. Dadurch bringt der Übende seinen Geist auf eine [tiefreichende] Ebene, die jenseits der Polaritäten [des Unterscheidens] zwischen gut und schlecht, schmutzig und rein und so weiter liegt. Dadurch ist er in der Lage, die weltlichen Konventionen zu transzendieren, die von solchen polarisierenden Unterscheidungen beherrscht werden.« *Die Lehren des tibetischen Buddhismus* S. 146. Diese Unterteilung der neun Yānas in Fahrzeuge aus der Richtung des Ursprungs des Leidens, Fahrzeuge des Erlangens von Gewahrsein durch Entbehrungen und Fahrzeuge der überwältigenden Mittel leitet sich laut Kyabje Düdjom Rinpoche aus dem *Allgemeinen Sūtra, die alle Absichten sammelt,* ab. Siehe sein *The Nyingma School of Tibetan Buddhism*, übersetzt und bearbeitet von Gyurme Dorje und Matthew Kapstein, Boston, Wisdom, 1991, Band 1, S. 81.

98 Seine Heiligkeit behandelt diese drei Kategorien innerhalb des Höchsten Yogatantra in *Die Lehren des tibetischen Buddhismus*, S. 147, sowie *The Gelug/Kagyü Tradition of Mahāmudrā*, S. 242–244. Eine ausführlichere Beschreibung der vier Klassen des Tantra befindet sich in *Path of the Bodhisattva Warrior*, der Dreizehnte Dalai Lama und Glenn Mullin, Ithaca, Snow Lion, 1988, S. 275–306, und in Tsongkhapa u. a., *Tantra in Tibet*, S. 151–164, London, George Allen und Unwin, 1977, sowie *Kālachakra Tantra*, Tenzin Gyatso, der Dalai Lama, bearbeitet, übersetzt und vorgestellt von Jeffrey Hopkins, London, Wisdom, 1989, S. 162–167. (Die deutsche Ausgabe erscheint 2002 im Theseus Verlag.)

99 Im vierten Dialog zum Thema »Mind and Life« (vergl. Anmerkung 68) beschreibt Seine Heiligkeit verschiedene Arten von Rigpa: »Es gibt drei Arten von Ursprünglichem Gewahrsein: *Grundlegendes Ursprüngliches Gewahrsein* (tib.: *gzhi'i rig pa*) wirkt als Basis für das gesamte Saṃsāra und Nirvāṇa und ist identisch mit dem subtilen Klaren Licht. Dies ist das Ursprüngliche Gewahrsein, das man zur Zeit des Todes erfährt, nicht aber im Wachzustand. Aus diesem Gewahrsein heraus entsteht das Grundbewusstsein. Durch meditative Praxis kann man dann, nach der Erfahrung des Grundbewusstseins, die Erfahrung einer zweiten Art von Ursprünglichem Gewahrsein machen, nämlich des *Ausstrahlenden Gewahrseins* (tib.: *rtsal gyi rig pa*). Die dritte Art von Gewahrsein wird *Natürliches Ursprüngliches Gewahrsein* (tib.: *rang bzhin gyi rig pa*) genannt. Und was ist

das Natürliche Ursprüngliche Gewahrsein? Als Ergebnis meditativer Praxis ist es möglich, eine direkte Erfahrung des subtilen Klaren Lichts zu erlangen. Es wird das natürliche Klare Licht genannt, um es vom grundlegenden Klaren Licht zu unterscheiden, das man nur im Augenblick des Todes erfahren kann.« *Traum, Schlaf und Tod*, S. 110.

100 Siehe S. 59–60.

101 Es gibt eine Reihe von Belehrungen und Kommentaren zu diesen *Lojong*-Anweisungen, wie zum Beispiel: Dalai Lama, *Den Geist erwecken, das Herz erleuchten*, München, Droemersche Verlagsanstalt Th. Knaur Nachf., 1996; Gyalwa Gendun Druppa, der Erste Dalai Lama, *Training the Mind in the Great Way*, Ithaca, Snow Lion, 1993; Jamgön Kongtrul, *Der große Pfad des Erwachens*, Berlin, Theseus Verlag, 1989; Chögyam Trungpa, *Erziehung des Herzens*, Freiamt, Arbor Verlag, 2000; Geshe Rabten and Geshe Ngawang Dhargyey, *Advice From a Spiritual Friend*, New Delhi, Wisdom Culture, 1977; Gomo Tulku, *Becoming a Child of the Buddhas*, Boston, Wisdom, 1998; Sermey Khensur Lobsang Tharchin, *Achieving Bodhichitta*, Howell, Mahāyāna Sūtra and Tantra Press, 1999; Pema Chödrön, *Beginne, wo du bist*, Braunschweig, Aurum-Verlag, 1995; und B. Alan Wallace, *A Passage from Solitude*, Ithaca, Snow Lion, 1992.

102 Das *Triyik Yeshe Lama* wurde von Jikme Lingpa (1730–1798) verfasst und ist, wie Tulku Thondup Rinpoche bemerkt, »zu einem der umfassendsten Handbücher der Dzogpa Chenpo-Meditation in der Nyingma-Tradition geworden.« Auf der Grundlage des innersten, unübertroffenen Zyklus der Kategorie der Kernanweisungen umfasst es die Essenz der Dzogchen-Tantras und gibt in erster Linie die praktischen Anweisungen für Trekchö und Tögal sowie Anweisungen für die Befreiung in den Bardo-Zuständen und Befreiung in reinen Nirmāṇakāya-Bereichen.

103 Oder *Sūtra der Tathagata-Essenz*: *Tathāgatagarbhasūtra*, De bzhin gshegs pa'i snying po'i mdo, S. 924, Band. 36, Toh. 258.

104 Vergl. *Die Lehren des tibetischen Buddhismus,* S. 174 und 176, wo er als meist verbreitete Gottheit des Ausübungs-Tantra bezeichnet wird. Siehe auch Stephen Hodge, *Maha Vairocana Abhisaṃbodhi Tantra,* mit dem Kommentar von Buddhaguhya, Curzon Press, 2000.

105 Siehe John Whitney Pettit, *Mipham's Beacon of Certainty*, besonders S. 111 ff. Auch Cyrus Stearns, *The Buddha from Dolpo*, SUNY, Albany, 1999, und Paul Williams, *Mahāyāna Buddhism*, New York, Routledge, 1989, S. 105–109.

106 Vergl. Dodrupchen, *rDzogs chen dris lan*, Blatt 4a, Frage 10, S. 569 (Neue Ausgabe).

107 Vergl. *Consciousness at the Crossroads, Conversations with the Dalai Lama on Brain Sciences and Buddhism*, bearbeitet von Zara Houshmand, Robert B. Livingston und B. Alan Wallace, Ithaca, Snow Lion, 1999. Siehe auch Francisco Varela, *Traum, Schlaf und Tod. Grenzbereiche des Bewusstseins. Der Dalai Lama im Gespräch mit westlichen Wissenschaftlern*, München, Eugen Diederichs Verlag, 1998.

108 In *Die Lehre des Buddha vom abhängigen Entstehen* kommentiert Seine Heiligkeit: »Es heißt, dass Eigenschaften, die auf dem Grund beruhen, eine stabile Grundlage haben. Der Grund dafür ist, dass Bewusstsein keinen Anfang und kein Ende hat.« S. 79.

109 Siehe *Highest Yoga Tantra*, Daniel Cozort, Ithaca, Snow Lion, 1986, S. 73–76.

110 Siehe *Traum, Schlaf und Tod*, worin Seine Heiligkeit erklärt: »In den Schriften von Nāgārjuna ist von achtzig Arten von Konzeptualisierungen (Skrt.: Saṃskāra) die Rede, die verschiedene Ebenen energetischer Aktivität anzeigen und mit verschiedenen Gedanken und Emotionen in Verbindung stehen. Sie werden in drei Gruppen eingeteilt, entsprechend höchster, mittlerer und niedriger energetischer Aktivität. In der ersten Gruppe kennt man dreiunddreißig, in der zweiten vierzig und in der dritten sieben Arten von Konzeptualisierung.« S. 151. Für eine vollständige Auflistung der achtzig Konzeptualisierungen und ihre Beziehung zu den drei »Erscheinungen« – das heißt der weißen Erscheinung, dem roten Anwachsen und der schwarzen Vollendung – siehe *Buddhist Ethics*, Jamgön Kongtrul Lodrö Taye, übersetzt und bearbeitet von The International Translation Committee, gegründet von Kalu Rinpoche, Ithaca, Snow Lion, 1989, S. 507–509, sowie *The Mirror of Mindfulness*, Tsele Natsok Rangdrol, übersetzt von Erik Pema Kunzang, Boston, Shambala, 1987, S. 32–34.

111 Über die vier Leeren, siehe *Highest Yoga Tantra*, S. 73.

112 Tikle (*Thig le*), auf Sanskrit »Bindu«, wird oft als »Tropfen« oder »Essenz« übersetzt. Man spricht von zwei Arten, roten und weißen, groben und subtilen, die in den Kanälen vorhanden sind; ihr Schmelzen und Fließen durch die Kanäle lassen die Erfahrung von Glückseligkeit entstehen.

113 Die vier Freuden sind: Freude, höchste Freude, besondere Freude und innewohnende Freude. Siehe *Highest Yoga Tantra*, S. 76.

114 Siehe *Highest Yoga Tantra*, S. 121–131.

115 Siehe unten, S. 232.

116 »Von den ersten beiden heißt es, dass sie mit dem Sūtra-Pfad übereinstimmen. Durch den einsgerichteten Yoga erreicht man Geistige Ruhe,

und durch den von künstlichen Begriffen freien Yoga erlangt man die Erkenntnis der Leerheit. Durch den Yoga des einen Geschmacks wird eine außergewöhnliche Besondere Einsicht erreicht, mit der man alle erscheinenden und sich ereignenden Phänomene in dem Aspekt sieht, dass sie in der Sphäre des angeborenen, fundamentalen Geistes des klaren Lichts von einem Geschmack sind. Wenn dieser Pfad, der ausschließlich im Mantra existiert, an Kraft zunimmt, wird er zum meditationslosen Yoga.« *Die Lehre des Buddha vom Abhängigen Entstehen* S. 137.

117 Takpo Tashi Namgyal, *Mahāmudrā, The Quintessence of Mind and Meditation*, Delhi, Motilal Banarsidass, 1993.

118 Siehe zum Beispiel *Mahāmudrā, The Quintessence of Mind and Meditation,* S. 109–116.

119 S.H. Sakya Trizin erklärt: »Das kausale Kontinuum oder die Ālaya drückt die Kontinuität des Keims für das Erlangen der Buddhaschaft aus – die Buddha-Natur, die in uns allen ist.«

120 Das »Grund-« oder »Speicherbewusstsein« ist das subtilste der acht Arten von Bewusstsein, die in dieser Schule definiert werden. Eindrücke, die von Handlungen erzeugt werden, die wiederum durch negative Emotionen ausgelöst wurden, werden so lange im Ālayavijñāna gelagert, bis die Umstände entstehen, um sie zum Vorschein kommen zu lassen. Seine Heiligkeit bespricht dies in *Traum, Schlaf und Tod,* S. 80–81.

121 Longchenpa sagt in seinem Kommentar zum *Schatz des Dharmadhātu*: »Ati, das Fahrzeug der Vajra-Essenz, nennt man den Gipfelpunkt; es ist erhaben über alle anderen Fahrzeuge, wie der König der Berge, der sich hoch über alle vier Kontinente erhebt, die ihn umgeben. *Das Tantra des großen, natürlich entstehenden Gewahrseins* sagt: ›Der Gipfel aller Sichtweisen wird als Ati erklärt, als Dzogpa Chenpo‹.« *Lung gi gter mdzod*, Kapitel 7, S. 64b in Dodrupchen Rinpoches Ausgabe, bzw. S. 1066 in der von Dharma Publishing veröffentlichten Ausgabe.

122 Im *rDzogs chen skor*, in seinen Gesammelten Werken, Band Cha, S. 231–232, neue Ausgabe, Band Ka, S. 606–607, veröffentlicht von Dodrupchen Rinpoche, Gangtok, Sikkim.

123 Seine Heiligkeit zitiert aus der *Besonderen Belehrung des weisen und glorreichen Königs,* Siehe S. 86–87.

124 Seine Heiligkeit fasst zusammen und zitiert aus Dodrupchens Abhandlung über den Grund und die Erscheinungen des Grundes in dessen Sammlung über Dzogchen, *rDzogs chen skor*, in seinen Gesammelten Werken, Band. Cha, S. 227–228, Blatt 14a5–15a3, bzw. Band Ka S. 602–603 in der neuen Ausgabe.

125 Die vier Visionen sind: manifeste inhärente Realität, Anwachsen von Erfahrung, Rigpa, das sein volles Ausmaß erreicht und Erschöpfung der Phänomene jenseits des Geistes.

126 Im *Lung gi ter mdzod*, Blätter 51a–52b, Adzom Chögar Edition, herausgegeben von Dodrupchen Rinpoche, Gangtok, Sikkim, Dharma Publishing, S. 1023.

127 Der Begriff *rTsal* wird als Energie oder innere Kraft übersetzt. *Lung gi gter mdzod*, Blatt 54a, S. 1032.

128 *Lung gi gter mdzod*, Blätter 54a und 55a, S. 1033 und 1035.

129 Siehe unten S. 96–97.

130 *Yogāchāracatuḥśhataka*, rNal 'byor spyod pa'i bzhi brgya pa, Kapitel 14, Vers 25. Siehe *Yogic Deeds of Bodhisattvas, Gyel-tsap on Āryadeva's Four Hundred*, Kommentar von Geshe Sonam Rinchen, übersetzt und bearbeitet von Ruth Sonam, Ithaca, Snow Lion, 1994, S. 275.

131 Das *Samantabhadranāmasādhana*, Kun tu bzang po zhes bya ba'i sgrub pai thabs, von Buddhaśhrījñāna, erscheint im Tengyur: bsTan 'gyur rgyd 'grel, Ti 33b–42b. Siehe *A Complete Catalogue of the Tibetan Buddhist Canons*, bearbeitet von Prof. Hakuju Ui, Eingabe Nr. 1855.

132 *Śhrī-samantabhadra-sādhana-vṛitti*, dPal kun tu bzang poi sgrub thabs kyi 'grel pa, von Thagana, in bsTan 'gyur rgyud 'grel Ti, S. 224a–274b. Siehe *A Complete Catalogue of the Tibetan Buddhist Canons*, bearbeitet von Prof. Hakuju Ui, Eingabe Nr. 1868.

133 *rDzogs chen skor*, S. 299, Neue Ausgabe S. 662. Siehe auch *rDzogs chen thor bu*, S. 194–195, 555–556.

134 In seiner Einführung zu *The Precious Treasury of the Way of Abiding* zum Beispiel zitiert Tulku Thondup Rinpoche Dodrupchen aus dessen *rDzogs chen skor*, Blatt 7b/4, S. 592: »Benutze innewohnendes Gewahrsein als den Weg [die Meditation]. Halte nur dieses Gewahrsein aufrecht. Verwende keinerlei Konzepte, denn Konzepte sind Geist [und nicht die Natur des Geistes]. Meditiere [über innewohnendes Gewahrsein], nachdem du zwischen Geist und innewohnendem Gewahrsein unterschieden hast.« Vergleiche auch *rDzogs chen thor bu*, S. 194–195, Neue Ausgabe, S. 555–556.

135 Kap. 12, Blatt 178b, S. 1438–1439. Der Vers aus Nāgārjunas *Madhyamakamūlakārikā* ist Kapitel 24, Vers 19.

136 *Der Widerhall des Klangs – sGra thal 'gyur rtsa ba'i rgyud* – ist das »Grund-« oder »Wurzeltantra« unter den siebzehn Tantras des geheimsten, unübertroffenen Zyklus der Kernanweisungen im Dzogchen.

137 *Lung gi gter mdzod,* Kapitel 9, Blatt 83a, S. 1126.

138 *Lung gi gter mdzod*, Kapitel 9, Blatt 83b, S. 1126.
139 Siehe S. 77.
140 *Lung gi gter mdzod*, Kapitel 10, 107b, 112a–117a.
141 Zum Beispiel in *rDzogs chen skor*, S. 229 und 662
142 Die Quelle der »zwölf Arten von Vajra-Gelächter«, die von Longchenpa zitiert wird, ist *Das Tantra der angehäuften Juwelen* (Rin chen spuns pa'i rgyud) *Lung gi gter mdzod*, Kapitel 12, 161a–161b.
143 *Lung gi gter mdzod*, Kapitel 12, S. 167a, 1400–1401.
144 Patrul Rinpoche, *Die Worte meines vollendeten Lehrers*, Freiamt, Arbor Verlag, 2001.

Schreibweise und Aussprache der tibetischen und Sanskrit-Wörter

Der Buddhismus hat im Lauf seiner Entwicklung eine reiche Terminologie hervorgebracht. Da in den westlichen Sprachen ein entsprechendes Vokabular fehlt, werden in diesem Buch um der Begriffsklarheit willen viele Schlüsselbegriffe in Tibetisch oder Sanskrit wiedergegeben.

TIBETISCH

Für die exakte Transliteration der tibetischen Begriffe (im Glossar und in einigen Anmerkungen) wird das System von Turrell Wylie verwendet, das die eindeutige Identifizierung des tibetischen Wortes ermöglicht. Im laufenden Text werden tibetische Begriffe in phonetischer Transkription dargestellt, um die Lesbarkeit zu erleichtern. So wurde zum Beispiel das weichgesprochene »s«, das nach dem Wylie-System mit »z« transliteriert wird, im Text durch »s« ersetzt (z.B. zang thal – sangthal). In Namen von zeitgenössischen Tibetern und in der Transliteration wurde das »z« jedoch beibehalten.

SANSKRIT

Im Sanskrit wurden die diakritischen Zeichen der akademischen Transliteration bei den »sch«-Lauten »s« und »s«, um ein »h« ergänzt, um sich so der Aussprache dieser Laute anzunähern (z. B. Śhākyamuni, śhrī). Auch das »c« wurde mit einem »h« erweitert, damit es nicht mit einem »k« verwechselt werden kann (z. B. Bodhicharyāvatāra, Vairochana). Das vokalische r (ri ausgesprochen) wurde mit einem »i« versehen (z. B. Prakṛiti).

AUSSPRACHE

Wie im Sanskrit ist auch bei den tibetischen Worten das »cha« als »tscha« und »ja« als »dscha« zu lesen. Diese Schreibart wurde aufgrund der Kürze und Übersichtlichkeit der eindeutigeren »tscha«/»dscha«-Variante vorgezogen.

GESCHLECHT

Für Sanskrit-Begriffe wurde weitgehend das im Sanskrit gebräuchliche Geschlecht beibehalten. Da es im Tibetischen keinen Genus gibt, wurde das Geschlecht der tibetischen Substantive in Anlehnung an den übersetzten deutschen Begriff gewählt.

GLOSSAR

Einige der Begriffe, die in diesem Buch Verwendung finden, sind im Folgenden aufgelistet. Wörter, die mit einem Sternchen versehen sind, haben mehrere deutsche Entsprechungen.

acht Pforten spontaner Präsenz	lhun grub kyi sgo brgyad
achtzig Arten von Konzeptualisierung/suggestiven Vorstellungen	kun rtog brgyad bcu
affirmative negative Phänomene	ma yin dgag
affirmative Phänomene	sgrub pa
Ālaya	kun gzhi
alles-durchdringend*	zang thal
alles-durchdringender Vajra-Raum	mkha' khyab mkha'i rdo rje
alles-durchdringendes Leid der Bedingtheit	khyab pa 'du byed kyi sdug bsngal
analytische Meditation	dpyad sgom
angeboren	lhan cig skyes pa
Anwachsen	mched pa
Auflösung aufgrund von Befreiung	grol stobs kyis thim pa
Auflösung aufgrund von Verwirrung	'khrul stobs kyis thim pa
ausgeglichen und alles-durchdringend	phyal ba
ausschlaggebender Punkt*	gnad
äußere Lichtheit	phyi gsal
außergewöhnliche vorbereitende Praktiken	thun min gyi sngon 'gro
Autorität der Schriften und logische Schlussfolgerung	lung rigs
Beendigung, Erlöschen	'gog pa
Befreiung im Entstehen	shar grol

Befreiung ohne Nutzen oder Schaden	phan med gnod med du grol ba
Behinderungen des Wissens	shes bya'i sgrib pa
Bewusstsein	shes pa, rnam shes
bewusst wahrnehmende Natur des Geistes*	rang rig
Daseinskreislauf	'khor ba
der Pfad einschließlich seines Resultats	lam 'bras
Diamantsplitter	rdo rje gzegs ma
dreifaches Tantra	rgyud gsum
drei höhere Schulungen	bslab pa gsum
drei Unbewegte	mi gyo ba gsum
dualistisches Denken	gzung 'dzin gyi rnam rtog
durchscheinend klar*	zang thal
Wesen, Essenz	ngo bo
einfältige(r) Dumpfheit, Qualität von	rmongs cha
Einführung	ngo sprod pa
Ein Geschmack	ro gcig
Eins-Gerichtetheit	rtse gcig
Einsicht*	shes rab
emotionale Verdunklungen*	nyon mongs pa'i sgrib pa
endgültige Wahrheit	don dam bden pa
Energie*	rtsal, thugs rje
Entfaltung, Spiel*	rol pa
Erscheinung	snang ba
erscheinendes Objekt	snang yul
Erscheinungen/Manifestationen des Grundes	gzhi snang
Erstaunen, gebannt vor Verwunderung, verblüfft und betroffen	had de ba
subtile Energien	rlung
essentielles Gewahrsein/Rigpa	ngo bo'i rig pa
Essenzen	thig le
ethische Disziplin	tshul khrims
Fahrzeug der Alleinverwirklicher	rang sangs rgyas kyi theg pa
Fahrzeug der Hörer	nyan thos kyi theg pa
Fahrzeuge aus der Richtung des Ursprungs des Leids	kun 'byung 'dren pa'i theg pa

Fahrzeuge, die Bewusstsein durch Entbehrungen gewinnen	dka' thub rig byed kyi theg pa
Fahrzeuge der überwältigenden Mittel	dbang sgyur thabs kyi theg pa
Fluss	yo langs
formelle Meditation	mnyam gzhag
frei von Fabrikation	spros bral
fremdbestimmt	gzhan dbang can
fünf erhabene Pfade zur Buddhaschaft ohne Meditation	ma bsgom sangs rgyas chos lnga'i lam mchog
Gedanke	rnam rtog
Geist, gewöhnlicher Geist	sems
geschickte Mittel	thabs
gewöhnlichen Geist und Rigpa unterscheiden	sems rig shan 'byed
gewöhnliches Bewusstsein	blo
gewöhnliches Gewahrsein	tha mal gyi shes pa
gewöhnliche vorbereitende Praxis	thun mong gi sngon 'gro
gleichzeitig aufsteigende große Glückseligkeit	lhan cig skyes pa'i bde ba
Glückseligkeit, Klarheit und Abwesenheit von Konzepten	bde gsal mi rtog
Greifen nach Dingen als wahrhaft existent*	bden 'dzin
großes Mitgefühl	snying rje chen po
Grund, Urgrund	gzhi
grundlegender, angeborener Geist klaren Lichts	gnyug ma lhan cig skyes pa'i 'od gsal gyi sems
grundlegender Raum	dbyings
grundlegender Raum des reinen Zustands klaren Lichts	dag pa 'od gsal gyi dbyings
Grund von Allem*	kun gzhi
Grund-Rigpa	gzhi'i rig pa
gültige Erkenntnis	tshad ma
Hängen an Erfahrung	nyams zhen
höchster Nirmāṇakāya	mchog gi sprul sku
Höchstes Yogatantra	sngags bla na med pa

Ignoranz, Unwissenheit/fehlerhaftes Wissen	ma rig pa
Illusions-Körper	sgyu lus
immanente Natur der Wirklichkeit, Dharmata	chos nyid
innere Kraft, Strahlkraft	rtsal
innere Lichtheit	nang gsal
innewohnende Kraft der Weisheit	ye shes kyi rang rtsal
innewohnendes Rigpa	rig pa ngang gnas
karmische Gestaltungskräfte	'du byed kyi las
Kategorie des Geistes	sems sde
Kategorie der Kernanweisungen	man ngag sde
Kategorie des Raumes	klong sde
keine feste Basis oder Ursprung	gzhi med rtsa bral
Kernanweisung	man ngag
klares Licht	'od gsal
klares Licht des Todes	chi'i 'od gsal
Kleingeistigkeit	gti mug
kognitive Verdunklungen*	shes bya'i sgrib pa
kontemplative Meditation	'jog sgom
konventionelle Wahrheit	kun rdzob bden pa
Konzentration*	ting nge 'dzin
kostbarer Geist	rin chen sems
leere Form	stong gzugs
Leerheit	stong pa nyid
Leerheit, ausgestattet mit allen Aspekten geschickter Mittel	rnam kun mchog ldan
Leerheit von Anderem	gzhan stong
Leiden an Leid	sdug bsngal gyi sdug bsngal
Leiden an Veränderung	'gyur ba'i sdug bsngal
leidverursachende Emotion*	nyon mongs pa
liebende Güte, Liebe	byams pa
logisches Denken, das letztliche Realität untersucht	don dam dpyod pa'i rigs pa
lösen*	grol ba
Mahāmudrā	phyag rgya chen po
Materie	bem po
Meditation	sgom pa
Meditation des Sich-Setzen-Lassens*	'jog sgom

meditative Stabilisierung/Versenkung*	ting nge 'dzin
Mensch, der in allmählichen Stufen voranschreitet	rim gyis pa
Mensch, der in unmittelbaren Sprüngen voranschreitet	cig car ba
Methode der Befreiung	grol lugs
mitfühlende Energie*	thugs rje
müheloses Yāna	rtsol bral gyi theg pa
Mutter-klares-Licht, als Grund gegenwärtig	gzhi gnas ma'i 'od gsal
Mutter-Tantra	ma rgyud
Nach-Meditation	rjes thob
nackt und frei/nackte Befreiung	cer grol
natürliche und echte Achtsamkeit	rang babs gnyug ma'i dran pa
natürlich innewohnende Weisheit	rang gnas ye shes
Natur	rang bzhin
negierende Phänomene	dgag pa
nicht aus einzelnen Komponenten hergestellt	ma bcos
nicht bestätigende negative Phänomene	med dgag
nicht-duales Tantra	gnyis med rgyud
nicht-Dualität*	spros bral
nicht-Meditation	sgom med
nicht-zusammengesetzt	'dus ma byas pa
Nur-Geist-Schule	sems tsam pa
Objekt des Begreifens	'dzin yul
Pfad-klares-Licht der Praxis	nyams len lam gyi 'od gsal
philosophische Grundsätze/Lehrsätze	grub mtha'
produzierte Phänomene	'dus byas
Raum-Teilchen	nam mkha'i rdul
reflexives Gewahrsein*	rang rig
reine Vision	dag snang
Rigpa als Energie	rtsal gyi rig pa
Rigpa der all-umfassenden, spontanen Präsenz	lhun grub sbubs kyi rig pa
ruhige, stabile Ālaya	kun gzhi brtan po
Samādhi der überragenden Unmittelbarkeit	thog babs kyi ting nge 'dzin

Samādhi des alles-durchdringenden Siegels	rgyas 'debs kyi ting nge 'dzin
Samādhi des großen, natürlichen Verweilens	rang gnas kyi ting nge 'dzin
Schlüsselpunkt*	gnad
Schlussfolgerung	rjes dpag
schnelle Vermehrung von Verblendung	'khrul 'byams
sechs Arten von Bewusstsein	rnam shes tshogs drug
Selbst-Befreiung	rang grol
selbst-entstehende Weisheit des Rigpa	rang 'byung rig pa'i ye shes
Śhrāvakas	nyan thos
Sicht	lta ba
spirituelle Falle	chos kyi gzeb
spontane Präsenz	lhun grub
spontane große Glückseligkeit	lhan cig skyes pa'i bde ba
Stabilität	brtan pa
Strahlung	gdangs
subtile und grobe Zustände der Energien und des Geistes	phra rags kyi rlung sems
Suche nach dem verborgenen Makel des Geistes	sems kyi mtshang btsal ba
Trainieren des Geistes	blo sbyong
transzendente Weisheit großer Glückseligkeit*	bde ba chen po'i ye shes
Treffen von Mutter- und Kind-klarem-Licht	'od gsal ma bu 'phrod pa
Überlagerung und Übertreibung	sgro skur
unbehindert*	zang thal
unrein	zag bcas
Untrennbarkeit von Raum und Rigpa	dbyings rig gnyis dbyer med
Untrennbarkeit von Saṃsāra und Nirvāṇa	'khor 'das dbyer med
ursächliches Kontinuum	rgyu'i rgyud
Ursprünge des Leids	kun 'byung
ursprüngliche Materie	gtso bo
ursprüngliche Weisheit	ye shes
ursprüngliche Weisheit großer Glückseligkeit*	bde ba chen po'i ye shes
ursprünglich gegenwärtige Achtsamkeit	ye babs kyi dran pa
Vater-Tantra	pha rgyud

Verblendungen*	nyon mongs
Vereinigung von Leerheit und Klarheit	gsal stong zung 'jug
Vereinigung von Rigpa und Leerheit	rig stong zung 'jug
Verwirklichung	rtogs pa
vier Arten, den Geist in seiner natürlichen Einfachheit zu lassen*	cog bzhag bzhi
Vier Edle Wahrheiten	bden pa rnam bzhi
vier Grundsätze/Axiome oder Siegel des Buddha-Dharma	chos kyi sdom bzhi/lta ba bka' btags kyi phyag rgya bzhi
vier Leeren	stong pa bzhi
vier Maṇḍalas	rten dkyil 'khor bzhi
vier Siegel	phyag rgya bzhi
vier Verlässlichkeiten	ston pa bzhi
vier Visionen	snang ba bzhi
vier Zustände unerschütterlicher Ruhe*	cog bzhag bzhi
Visionen des Vajrakāya	rdo rje sku'i snang ba
Vollendung	thob pa
Vollkommenheits-Fahrzeug	phar phyin theg pa
voll zum Vorschein kommen*	mgon du byed pa
wahre Beendigung	'gog bden
wahrer Pfad	lam bden
Wärme erlangen	drod 'thob
Weisheit	ye shes, shes rab
Weisheit durch Kontemplation	bsam pa'i shes rab
Weisheit durch Meditation	sgom pa'i shes rab
Weisheit durch Zuhören	thos pa'i shes rab
Weisheitsgeist, Absicht*	dgongs pa
Wiedererkennen	ngo shes pa
zehn Fallen	gzeb bcu
zu einer definitiven Schlussfolgerung gelangen	gtan la 'bebs pa
zugeschriebene Phänomene*	btags yod
zwei Wahrheiten	bden pa gnyis
zwölf Arten von Vajra-Gelächter	rdo rje gad mo bcu gnyis
zwölf Glieder abhängigen Entstehens	rten 'brel bcu gnyis

BIBLIOGRAPHIE

»NPG« steht für *Collected Tantras of the Nyingmapa*, Thimpu, Jamyang Khyentse Rinpoche, 1973, 36 Bände. Katalog von E. Kaneko, Tokyo 1982.
»P« bezieht sich auf den japanischen Nachdruck der Peking-Ausgabe des tibetischen Kanons: *The Tibetan Tripitaka* (Tokyo und Kyoto, Tibetan Tripitaka Research Foundation, 1956).
»Toh« bezieht sich auf *A Complete Catalogue of the Tibetan Buddhist Canons* (Sendai, Tohoku Imperial University Press, 1934), Index zur Derge-Ausgabe des *bKa' 'gyur* und *bsTan 'gyur*.

QUELLEN

Von Seiner Heiligkeit zitierte oder erwähnte Quellen:

SŪTRAS UND TANTRAS

Sūtra der Essenz der Buddhaschaft, Tathāgatagarbhasūtra, De bzhin gshegs pa'i snying po'i mdo, P 924, Band 36, Toh. 258

Sūtra vom Reiskeimling, Śalistambasūtra, Sa lu'i ljang po'i mdo, P 876, Band 34

Sūtra über die zehn Ebenen, Daśabhūmikasūtra, mDo sde sa bcu pa, P 761.31, Band 25

Transzendente Weisheit in achttausend Zeilen, Aṣṭasāhasrikāprajñāpāramitāsūtra, 'Phags pa shes rab kyi pha rol tu phyin pa brgyad stong pa'i mdo, P 734, Band 21, Toh. 12

Guhyasamāja-Tantra, Guhyasamājanāmamahākalparāja, gSang ba 'dus pa zhes bya ba brtag pa'i rgyal po chen po, P 81, Band 3

Hevajra-Tantra, Hevajratantrarāja, Kye'i rdo rje zhes bya ba rgyud kyi rgyal po, P 10, Band 1

Kālacakra-Tantra, Śrīkālacakranamatantrarāja, dPal dus kyi 'khor lo'i rgyud kyi rgyal po, P 4, Band 1

Wurzel-Tantra des Widerhalls des Klangs, sGra thal 'gyur rtsa ba'i rgyud, NGB Band 10, Nr. 155

Vajra-Zelt-Tantra, Ḍākinīvajrapañjaramahātantrarājakalpa, mKha' 'gro ma rdo rje gur zhes bya ba'i rgyud kyi rgyal po chen po'i brtag pa, P 11, Band 1

ABHANDLUNGEN UND KOMMENTARE

Āryadeva, *Vierhundert Verse über den Mittleren Weg,* Catuḥśatakaśāstrakārikā, bsTan bcos bzhi brgya pa zhes bya ba'i tshig le'ur byas pa, P 5246, Band 95

Buddhajñāna, *Mittel der Vollendung mit dem Titel »Allumfassend-Gut«,* Samantabhadranāmasādhana, Kun tu bzang po zhes bya ba'i sgrub pa'i thabs bstan 'gyur, 65 rgyud 'grel 39, Nr. 2718, Ti, 33b–42b

Candrakīrti, *Das Betreten des Mittleren Weges,* Madhyamakāvatāra, dBu ma la 'jug pa, P 5261, Band 98; P 5262, Band 98, Toh. 3861

Dharmakīrti, *Kommentar zur »gültigen Erkenntnis«,* Pramāṇavārttikakārikā, Tshad ma rnam 'grel gyi tshig le'ur byas pa, P 5709, Band 130, Toh. 4210

Maitreya, *Das Erhabene Kontinuum des Großen Fahrzeugs,* Mahāyānā-uttaratantraśāstra, Theg pa chen po rgyud bla ma'i bstan bcos, P 5525, Band 108, Toh. 4020

Die Unterscheidung der Mitte von den Extremen, Madhyāntavibhāga, dBus dang mtha' rnam par 'byed pa, P 5522, Band 108

Das Ornament der Klaren Erkenntnis, Abhisamayālaṃkāra (Nāmaprajñāpāramitopadeśaśāstra), mNgon par rtogs pa'i rgyan, Dg. T. Shes phyin, Band Ka, Toh. 4020

Nāgārjuna, *Grundlegende Abhandlung über den Mittleren Weg,* Mūlamadhaya-makakārikā, dBu ma rtsa ba'i tshig le'ur byas pa, P 5524, Band 95

Śantideva, *Der Weg des Bodhisattva,* Bodhicaryāvatāra, Byang chub sems dpa'i spyod pa la 'jug pa, P 5272, Band 99

Thagana, *Kommentar über die Mittel der Vollendung des glorreichen »Allumfassend-Guten«*, Śrīsamantabhadrasādhanavṛtti, dPal kun tu bzang po'i sgrub thabs kyi 'grel pa bsTan 'gyur, 65 rgyud 'grel 39, Ti, 224a–274b

Vasubandhu, *Schatz des Wissens,* Abhidharmakośhakārikā, Chos mngon pa'i mdzod kyi tshig le'ur byas pa , P 5590, Band 115, Toh. 4089

WERKE TIBETISCHER AUTOREN

Dakpo Tashi Namgyal, *Licht des Mondes,* Nges don phyag rgya chen po'i bsgom rim gsal bar byed pa'i legs bshad zla ba'i 'od zer

Dodrupchen Jikme Tenpe Nyima, *Aus den Gesammelten Werken des Dodrupchen JikmeTenpe Nyima Pal Zangpo*, rDo grub chen 'jigs med bstan pa'i nyi ma dpal bzang po'i bka 'bum, veröffentlicht vom Chorten Kloster, Deorali, Gangtok, Sikkim, von Dodrupchen Rinpoche

Über Dzogchen, rDzogs chen skor, Band Cha, S. 201–314, Neuauflage Band Ka, S. 581–675

Dzogchen-Sammlung, rDzogs chen thor bu, Band Cha, S. 179–200, Neuauflage Band Ka, S. 539–561

Fragen und Antworten über Dzogchen, rDzogs chen dris lan, Band Cha, S 493–513, Neuauflage Band Ka, S. 563–579

Jikme Lingpa, *Der Schatz erleuchteter Eigenschaften,* Yon tan rin po che'i mdzod, Gesammelte Werke, 'Jigs gling bka' 'bum (Adzom), Band Ka: Yon tan mdzod und bDen gnyis shing rta, Band Kha, rNam mkhyen shing rta, veröffentlicht für Dodrupchen Rinpoche von Pema Thinley, Sikkim, 1985

Longchen Rabjam, Aus den *Sieben Schätzen*, mDzod bdun, herausgegeben von Dodrupchen Rinpoche, Gangtok, Sikkim

Der Schatz des Dharmadhātu, Chos dbyings rin po che'i mdzod, 1964, S. 1–26

Der Schatz der schriftlichen Übertragung, Lung gi gter mdzod, 212 Blätter

Der Schatz der Wunsch-Erfüllung, Yid bzhin rin po che'i mdzod, 44 Blätter, nummeriert S. 1–87

Weißer Lotus, Pad ma dkar po (Kommentar zu den Quellen-Versen) in zwei Bänden: Band I, 250 Blätter, nummeriert 89–589, Band II, 196 Blätter, nummeriert S. 1–391

Milarepa, *Hunderttausend Gesänge,* Mi la ras pa'i mgur 'bum: die gesammelten Gesänge der spirituellen Erfahrung des Jetsun Milarepa, herausgegeben von Tsang Nyön Heruka. Reproduktion der Kokonor Edition 1980, Gangtok, Sherab Gyaltsen, 1983, 874 Seiten

Mipham, *Kommentar über das Erhabene Kontinuum,* Theg pa chen po rgyud bla ma'i bstan bcos kyi mchan 'grel mi pham zhal lung, Gesammelte Werke, sDe dge mgon chen Edition, herausgegeben von Dilgo Khyentse Rinpoche, Kathmandu, Dilgo Khyentse, 1990, Band Pa

Patrul Rinpoche
Die Besondere Belehrung des weisen und glorreichen Königs, mit seinem Kommentar
mKhas pa sri rgyal po'i khyad chos 'grel pa dang bcas pa, Gesammelte Werke, dPal sprul bka' 'bum, herausgegeben in fünf Bänden vom Szechuan Minority Nationalities Institute, Tibetische Abteilung, 1984, Band 4, S. 737–753. Auch in den Bänden seiner gesammelten Werke, veröffentlicht von Si khron mi rigs dpe skrun khang, 1987–1988

AUSGEWÄHLTE LITERATUR-EMPFEHLUNGEN

Von Seiner Heiligkeit dem Dalai Lama

Die Lehren des tibetischen Buddhismus, Dalai Lama, Hamburg, Hoffmann und Campe, 1998

The Gelug/Kagyü Tradition of Mahāmudrā, S.H. der Dalai Lama und Alexander Berzin, Ithaca, Snow Lion, 1997

Logik der Liebe, Dalai Lama, München, Goldmann Verlag, 1991

Einführung in den Buddhismus. Die Harvard Vorlesungen, Dalai Lama, Grafing, Aquamarin Verlag, 1991

Die Lehre des Buddha vom Abhängigen Entstehen, der XIV. Dalai Lama Tenzin Gyatso, Hrsg. Tibetisches Zentrum e.V., Hamburg, dharma edition, 1996

The Kālachakra Tantra, der Dalai Lama und Jeffrey Hopkins, Boston, Wisdom, 1989

Das Kālachakra Tantra, der Dalai Lama und Jeffrey Hopkins, Berlin, Theseus Verlag, 2002

Der Friede beginnt in dir, Dalai Lama, Bern, München, Scherz Verlag für den O.W. Barth Verlag, 1999

Tant que durera l'espace, Dalai Lama, aus dem Tibetischen übersetzt von Marie-Stella Boussemart, unter Anleitung von Dagpo Rinpoche, Paris, Albin Michel, 1996

Pacifier l'esprit, Dalai Lama, transkribiert von Jigme Khyentse Rinpoche, aus dem Tibetischen übersetzt von Patrick Carré, Paris, Albin Michel, 1999

Die vier edlen Wahrheiten, Dalai Lama, Frankfurt am Main, Krüger Verlag, 1999

Ohne Anfang, ohne Ende, Dalai Lama, Bern, München, Wien, Scherz Verlag für den O. W. Barth Verlag, 2001

ÜBER DZOGCHEN

Chökyi Nyima Rinpoche, *The Union of Mahāmudrā and Dzogchen*, übersetzt von Erik Pema Kunsang, bearbeitet von Marcia B. Schmidt, Hongkong, Rangjung Yeshe, 1989

Dilgo Kyentse Rinpoche, *Das Herzjuwel der Erleuchteten*, Berlin, Theseus Verlag, 1994

Drubwang Tsoknyi Rinpoche, *Carefree Dignity*, zusammengestellt und übersetzt von Erik Pema Kunsang und Marcia Binder Schmidt, bearbeitet von Kerry Moran, Boudhanath, Rangjung Yeshe, 1998

Düdjom Rinpoche, *The Nyingma School of Tibetan Buddhism*, übersetzt und bearbeitet von Gyurme Dorje und Matthew Kapstein, Boston, Wisdom, 1991

Khenpos Palden Sherab und Tsewang Dongyal, *The Lion's Gaze*, übersetzt von Sarah Harding, Boca Raton, Sky Dancer, 1998

Longchen Rabjam, *The Precious Treasury of the Way of Abiding*, übersetzt unter Anleitung S. E. Chagdud Tulku Rinpoche von Richard Barron (Chökyi Nyima) und bearbeitet vom Padma Translation Committee, Junction City, Padma Publishing, 1998

Namkhai Norbu, *Dzog Chen – Der ursprüngliche Zustand*, Frankfurt am Main, Oddiyana Edition, 1989. Eine überarbeitete Fassung ist enthalten in: Chögyal Namkhai Norbu, *Spiegel des Bewußtseins – Essenz des tibetischen Buddhismus*, Hrsg. G. Manusch und J. Winkler, Eugen Diederichs Verlag, München, 1998

Nyoshul Khenpo, *Natural Great Perfection*, übersetzt von Lama Surya Das, Ithaca, Snow Lion, 1995

Padmasambhava, *Advice from the Lotus Born*, übersetzt von Erik Pema Kunsang, Boudhanath, Rangjung Yeshe, 1994

Patrul Rinpoche, *Die Worte meines vollendeten Lehrers*, Freiamt, Arbor Verlag, 2001

John Whitney Pettit, *Mipham's Beacon of Certainty*, Boston, Wisdom, 1999

John Reynolds, *Golden Letters*, Ithaca, Snow Lion, 1996

Sogyal Rinpoche, *Dzogchen und Padmasambhava*, Berlin, Rigpa e.V. und Ratnakosha Publikationen und Veranstaltungen, 1990

Sogyal Rinpoche, *Das tibetische Buch vom Leben und vom Sterben*, Bern, München, Wien, Scherz Verlag für den O.W. Barth Verlag, 1993

Tsele Natsok Rangdrol, *Circle of the Sun*, übersetzt von Erik Pema Kunsang, Boudhanath, Rangjung Yeshe, 1990

Tulku Thondup, *Buddha Mind*, Ithaca, Snow Lion, 1989, Titel der Neuauflage: *The Practice of Dzogchen*, Ithaca, Snow Lion, 1998

Tulku Thondup, *Masters of Meditation and Miracles*, bearbeitet von Harold Talbott, Boston, Shambhala, 1996

Tulku Urgyen Rinpoche, *As it is*, Band 1 und Band 2, übersetzt von Erik Pema Kunsang, Boudhanath, Rangjung Yeshe, 1999

Tulku Urgyen Rinpoche, *Rainbow Painting*, übersetzt von Erik Pema Kunsang, Boudhanath, Rangjung Yeshe, 1995

ÜBER BUDDHISMUS UND TIBETISCHEN BUDDHISMUS IM ALLGEMEINEN

Āryadeva, *Yogic Deeds of the Bodhisattvas*, Gyel-tsap on Āryadeva's Four Hundred, Kommentar von Geshe Sonam Rinchen, übersetzt und bearbeitet von Ruth Sonam, Ithaca, Snow Lion, 1994

Daniel Cozort, *Highest Yoga Tantra*, Ithaca, Snow Lion, 1986

Deshung Rinpoche, *The Three Levels of Spiritual Perception*, übersetzt von Jared Rhoton, Boston, Wisdom, 1995

Jeffrey Hopkins, *Meditation on Emptiness*, Boston, Wisdom, 1983

Jeffrey Hopkins (Hrsg.) *Tantra in Tibet. Das Geheime Mantra des Tsong-ka-pa,* eingeleitet vom Dalai Lama, München, Eugen Diederichs Verlag 1980

Maitreya, *Maitreya on Buddha Nature*, eine Neu-Übersetzung von Asangas Mahāyāna uttara tantra śāstra von Ken und Katia Holmes, Forres, Altea, 1999

Nāgārjuna, *The Fundamental Wisdom of the Middle Way, Nāgārjuna's Mūlamadhyamakakārikā*, Übersetzung und Kommentar von Jay L. Garfield, New York, Oxford University Press, 1995

Ngorchen Konchog Lhundrub, *The Beautiful Ornament of the Three Visions*, übersetzt von Lobsang Dagpa, Ngawang Samten Chophel und Jared Rhoton, Singapur, Golden Vase, 1987, Ithaca, Snow Lion, 1991

Śhāntideva, *The Way of the Bodhisattva*, übersetzt von der Padmakara Translation Group, Boston, Shambhala, 1997

Takpo Tashi Namgyal, *Mahāmudrā: The Quintessence of Mind and Meditation*, übersetzt und mit Anmerkungen versehen von Lobsang P. Lhalungpa, Vorwort von C. Trungpa, Delhi, Motilal Banarsidass, 1993

R. A. F. Thurman, *The Central Philosophy of Tibet: A Study and Translation of Jey Tsongkhapa's Essence of True Eloquence,* Princeton University Press, 1991

DIE ›MIND AND LIFE‹-KONFERENZEN

J. Hayward/F. Varela (Hrsg.), *Gewagte Denkwege – Wissenschaftler im Gespräch mit dem Dalai Lama*, München, Piper Verlag, 1996 (Mind and Life I, 1987)

Consciousness at the Crossroads, bearbeitet von Zara Houshmand, Robert B. Livingston und B. Alan Wallace, Ithaca, Snow Lion, 1999 (Mind and Life II, 1989)

Daniel Goleman (Hrsg.) *Die heilende Kraft der Gefühle – Gespräche mit dem Dalai Lama über Achtsamkeit, Emotion und Gesundheit*, München, dtv Verlag, 1998 (Mind and Life III, 1991)

Francisco Varela, *Traum, Schlaf und Tod. Grenzbereiche des Bewusstseins. Der Dalai Lama im Gespräch mit westlichen Wissenschaftlern*, München, Eugen Diederichs Verlag, 1998 (Mind and Life IV, 1992)

INDEX

abhängiges Entstehen 46, 83, 115, 159, 160, 277, 297. *Siehe auch* zwölf Glieder des
Achtsamkeit 56, 93, 232, 286, 295, 296
achtzig Arten der Konzeptualisierung 200, 202, 223, 285
Ālaya 77, 128, 129, 203, 204, 209, 210, 231, 277, 287, 291. *Siehe auch* Dzogchen
Alleinverwirklicher, Fahrzeug der 173, 292
alten Übersetzungsschulen 27, 148, 215, 276. *Siehe auch* Nyingma, frühe Übersetzungsschule
altruistische Haltung 123, 141, 143, 180, 265
Analysieren des Geistes in drei Stufen 164
analytische Meditation 226, 227, 291
Anuttarayoga 65. *Siehe auch* Höchstes Yogatantra
Anuyoga 62, 184, 199, 276
Arhat 174, 241
Arten /Formen von Befreiung 97, 220–221
Āryadeva 221, 288, 299, 306
Atiśha 178
Atiyoga 53, 62, 145, 184, 199, 278. *Siehe auch* Dzogchen, Dzogpa Chenpo
Auflösung 54, 74, 93, 94, 167, 197, 205, 227, 291
schrittweiser Verlauf 54
Wiederentstehen 54
äußere Lichtheit, der spontanen Präsenz 36, 102, 291
äußere Tantras 63, 182, 199
Austauschen mit anderen 178
sich Gleichsetzen und 178
Avalokiteśhvara 11, 28, 31, 240
Baron C. G. Mannerheim 109, 279
Bedingungen, drei Arten von 159–161
Befreiung 87, 88, 91–93, 123, 145, 155, 158, 162, 197, 198, 220–221, 273, 285, 291
Erlangen der 62, 63, 72, 76, 145, 149, 173, 174
gleichzeitiges Entstehen und 68, 94–95, 97–99, 220–221, 292
Selbst- 98, 296
durch Kontakt oder Berührung 16, 47, 52, 58
Besondere Belehrung des weisen und glorreichen Königs, Die 20, 48, 50, 66–106, 277, 278, 287, 301
Betreten des Mittleren Weges, Das 35, 171, 178, 300
bewusste Wahrnehmung 151, 281
Bewusstsein 35, 40, 53, 54, 56, 63, 65, 85, 118, 120, 124, 127–129, 133, 145, 151, 153, 161, 181, 192, 197–198, 204, 208–211, 213, 219, 223, 224, 227–230, 243, 244, 246,

276, 280, 281, 283, 284, 286, 287, 292, 293, 296
gewöhnliches 36, 40, 53, 56, 60, 63, 145, 197, 224
visuelles 63
Bodhicharyāvatāra 49, 50, 65, 66, 193, 274, 281, 300
Bodhichitta 40, 49, 50, 58, 174–176, 178, 179, 193, 235, 274, 285
erzeugen von 174, 178, 235
Bodhisattva 40, 52, 65, 66, 69, 72, 102, 113, 125, 126, 136, 178, 179, 180, 182, 190, 193, 240, 241, 284, 288, 300, 305
Bohm, David 45
Buddha-Natur 32, 33, 59, 71, 127, 142, 287
Buddhajñāna 222, 299
Buddhaschaft 32, 33, 37, 59, 60, 62, 64, 72, 73, 91, 103, 104, 105, 127, 147, 176, 178, 195, 287, 293, 298
Buddhas der fünf Familien 33
Buddha Śhākyamuni 241, 283
Chandrakīrti 35, 150, 171, 178, 272, 299
Changter 52, 274. *Siehe auch* Nördliche Schatz-Tradition
Charyātantra 182
cher drol, nackt und frei 61
Chetsün Senge Wangchuk 138
Chirac, Jacques 24, 29
Chittamātra 147, 155, 156, 163, 204, 272, 281
Chokshyak 56, 202, 232
Chöying Rinpoche Dzö 138
Dak nang 30, 57. *Siehe auch* reine Visionen
Dakpo Tashi Namgyal 203, 300
Dalai Lama
der Fünfte, Ngawang Lobsang Gyatso 10, 12, 16, 25–27, 30, 110, 147, 270, 271
der Dreizehnte 110, 139, 282
Daseinskreislauf 155, 158, 162, 176, 177, 190, 247, 277, 292. *Siehe auch* Saṃsāra
Dekan von Westminster, Edward Carpenter 42
Dharmakāya 32, 37, 67–69, 77, 78, 79, 80–83, 88, 89,90, 94–99, 102, 138, 204, 217, 220–221
Dharmakāya-König 68, 95. *Siehe auch* Rigpa
Dharmakīrti 199, 299
Diamantsplitter 164, 292
Dilgo Khyentse Rinpoche 12, 19, 24, 51, 146, 168, 274, 303
Dodrupchen Jikme Tenpe Nyima 13, 16, 18, 19, 51, 55, 106, 140, 148, 206–208, 211–216, 225, 228, 232, 274, 275, 278, 280, 281, 285, 287, 288
Dohās 65
Do Khyentse 48
Dorje Drolö 28, 271
drei Arten/Formen von Befreiung. *Siehe* Arten/Formen von Befreiung
drei Ebenen oder Arten von Leid 116. *Siehe auch* Leid
dreifaches Tantra. *Siehe* drei Kontinuen
dreifache Weisheit 62, 64
Drei Juwelen 39, 142, 167
drei Kategorien des Dzogchen. *Siehe Semde, Longde, Mengakde,* Geist-, Raum-, Kernanweisungen
drei Kontinuen, im Lam Dre 203
drei Samādhis 232
drei Übertragungs-Linien 52, 57, 69, 104. *Siehe auch* Übertragung
drei Unbewegte der Meditation 128, 202
drei Visionen 54
drei Worte. *Siehe Tsik Sum Ne Dek, »Das Treffen der Essenz in drei Worten«*

drei Wurzeln 26, 31
Dreyfus, Georges 272
dualistisches Denken 219, 292
dualistische Wahrnehmung 36
Düdjom Rinpoche 12, 24, 25, 270, 271, 282, 283, 303
Duḥkha 176
Dzogchen 9–10, 12, 15–19, 28, 34–38, 53, 55–59, 61–62, 70, 79, 85, 96, 97, 100, 101–103, 111, 112, 114, 127–139, 136–236, 239, 247, 250, 270, 271, 273–281, 285, 288, 300
Einzigartigkeit des 146, 206, 215
Siehe auch Atiyoga, Dzogpa Chenpo, Große Vollkommenheit, Mahāsandhi
Dzogchen Khenpo Pema Dorje 139
Dzogchen Rinpoche
der Erste, Pema Rigdzin 26
der Vierte, Mingyur Namkhe Dorje 48, 139
der Siebte 28
Dzogpa Chenpo 12, 17, 18, 48, 51, 78, 87, 98–100, 137, 184, 219, 239–241, 275, 282, 285, 287. *Siehe auch* Atiyoga, Dzogchen
ehrenwerte Buddha, der 29, 32, 40, 126. *Siehe auch* Buddha Śhākyamuni
Einführung, in Rigpa 28, 35, 36, 38, 53, 55, 58, 67, 70, 74, 78, 79–81, 84–85, 88, 93, 104, 129, 197, 211–214, 225–235, 292. *Siehe auch* Rigpa, Sechs Arten von direkter Einführung
Einsichts-Praxis 71. *Siehe auch* Śhamatha, Vipaśhyana
endgültige/letztendliche Bedeutung 56, 168
Energie, von Rigpa 62, 79, 84, 95–96, 101–102, 127, 203, 206–207, 212, 219–220, 224, 288, 292, 295
Engle, Adam 133
Entfaltung 54, 79, 95, 232, 292. *Siehe auch* Rolpa, Spiel
Entsagung 123
entstehende Gedanken 74, 76, 93, 96, 127, 211. *Siehe auch* Gedanken
Erhabenes Kontinuum des Großen Fahrzeugs 65, 91, 147, 167, 175, 188, 194, 195, 200, 279, 299, 301
Erkenntnis. *Siehe* gültige Erkenntnis
Erkenntnis/Erkennen. *Siehe* Rigpa
Erkenntnistheorie 149, 151, 199, 281
Erkenntnis und Befreiung, gleichzeitige 62, 63, 145
Erleuchtung 14, 32, 66, 114, 135, 142, 174, 178, 180, 198, 242. *Siehe auch* Buddhaschaft
Ermächtigung. 10, 11, 14, 16, 23–34, 40, 47, 50, 52, 58, 63, 74, 90, 184, 185, 193, 194, 271, 273
erste 184
zweite 184
dritte 184
vierte 90, 184.
Siehe auch Wang
Erscheinung, Anwachsen und Vollendung 200, 209. *Siehe auch* drei Visionen
erwachter Zustand 91
Essenz, von Rigpa 16, 34, 47, 55, 62, 64, 70, 71, 101, 129, 208, 216, 218, 224
Erzeugungsphase 222
Erzeugungsstufe 184. *Siehe auch* Mahāyoga
frei von Fabrikation 71, 90, 218, 293. *Siehe auch* Buddha-Natur
Frucht 16, 28, 34, 37, 54, 100, 127, 165, 178, 217, 218, 232, 241, 242, 250, 251
Frühe Übersetzungsschule 38, 53. *Siehe auch* Nyingma, alte Übersetzungsschule

fünf Arten von Sinnesbewusstsein 57, 208, 209, 276
fünf Familien, Buddhas der 33
Garab Dorje 13, 19, 47, 69, 104, 274
Gefäß, empfängliches 87, 225
Gefäß, geeignetes/passendes 225
Gedanken. *Siehe* wesensfremde, flüchtige, zeitweilige Gedanken, entstehende Gedanken, Namtok
Geheimes Mantra-Fahrzeug 29, 34, 37, 74, 90, 146, 211
geheime Visionen 28, 271. *Siehe auch* reine Visionen
Geist, als Kategorie des Dzogchen 234, 296. *Siehe auch Semde*
Geist, gewöhnlicher 18, 35, 36, 53–55, 77, 128, 145, 189, 209, 229, 249, 293. *Siehe auch Sem*
Geist klaren Lichts 33, 53–55, 59, 61, 91, 101, 128, 137, 147, 148, 165, 166, 183, 185, 189, 191–193, 195, 203–223, 275, 277, 284, 287, 293
Geistes, Natur des 32, 33, 74, 147, 154, 157, 169, 188–204, 276
Gelehrten, Tradition der 235
Gelug 277, 281, 282, 283, 303
Geluk 11, 17, 60, 65, 126, 139, 202, 204, 205, 242
geschickte Mittel 86, 55, 71, 86, 174, 175, 180, 293. *Siehe auch* Methode, Upāya
geschickte Mittel und Weisheit. *Siehe* Vereinigung von
Gesänge der Erfahrung. *Siehe* Dohās
Glückseligkeit 33, 67, 75, 76, 85, 86, 197, 205, 207, 226, 227, 232, 286, 293, 296
Gottheiten-Yoga 113, 181, 182, 222. *Siehe auch* Prāñayoga, Tummo, Yogatantra
Graham, Dom Aelred 44
große Glückseligkeit 197, 205, 226, 232, 293, 296. *Siehe auch* Glückseligkeit
großes Mitgefühl 100, 175, 176, 293. *Siehe auch* Mitgefühl
Großes Siegel. *Siehe* Mahāmudrā
große Vollendungs-Stufe 184. *Siehe auch* Atiyoga
Große Vollkommenheit 15, 138, 139, 240, 282. *Siehe auch* Dzogchen
Grund 34, 78, 83–85, 101, 102, 127, 128, 148, 165, 166, 187, 197, 198, 208, 209, 217, 225, 249, 250, 286, 292, 293
Grund-klares-Licht 84, 233
Grund, Pfad und Frucht 16, 18, 28, 34, 53, 165
Grund-Rigpa 85, 103, 148, 187, 208, 217, 225, 293
Grundlegende Abhandlung über den Mittleren Weg, »Weisheit« genannt 34, 171, 300
grundlegender, angeborener Geist klaren Lichts 37, 54, 55, 59, 61, 91, 101, 128, 137, 147, 148, 166, 168, 183, 185, 189, 191–193, 204–212, 215, 223, 275–277, 285, 287, 293. *Siehe auch* Rigpa, Klare-Licht-Natur des Geistes
Grundlegendes Fahrzeug 113, 124–126, 162, 173, 241, 247, 249
grundlegende Unwissenheit 157
Guhyasamāja-Tantra 54, 139, 165, 167, 201, 204, 270, 271, 299
Guru Chöwang 27
Guru Rinpoche. *Siehe auch* Padmasambhava
Guru Yoga 194, 235
gültige Erkenntnis 149–151, 199, 293, 299
Gute am Anfang, Gute in der Mitte und Gute am Ende, Das 50

Gyachen Nyer Nga 25
Gyalse Shyenpen Thaye 48
Gyalwe Nyugu/Handlung 66, 71, 72
Handlung 56, 66, 67, 69–73, 99, 100, 102, 202, 232, 262, 274, 283. *Siehe auch* Sicht, Meditation
Hayagrīva 28, 31
Hevajra–Tantra 61, 299
Hingabe 33, 70, 80, 230
History of the Nyingmapas 25, 270
Höchstes Yogatantra 28, 35, 37, 53, 54, 85, 124, 125, 137, 139, 147, 164–166, 182–185, 194, 196, 197, 199, 200, 226, 227, 275, 281, 284, 293
Hopkins, Jeffrey 46, 281, 284, 302, 304
Illusionskörper 166, 184, 195, 196, 201
innere Lichtheit, der ursprünglichen Reinheit 37, 102, 294
innere Strahlung 189. *Siehe auch* Tsal
innere Tantras 53, 182, 199, 284
Jamgön Kongtrul 139, 285, 286
Jamyang Khyentse Chökyi Lodrö 10, 12, 18, 19, 135, 136, 140, 146, 280
Jamyang Khyentse Wangpo 10, 138, 139
Jikme Gyalwe Nyugu 19, 48, 51, 70, 104, 105, 236
Jikme Lingpa 18, 19, 48, 51, 70, 105, 139, 147, 196, 239, 280, 285, 300
Jikme Tenpe Nyima, der dritte. *Siehe* Dodrupchen Rinpoche
Jikme Trinle Öser 139
Jñānasūtra 47
Kadak 34, 36. *Siehe auch* ursprüngliche Reinheit
Kagye 28, 30, 31, 271, 275
Kagyü 11, 60, 65, 126, 139, 202, 203, 204, 278, 282, 283, 302
Kālachakra-Tantra 61, 139, 160, 167, 201, 263, 273, 284, 299
Kama 30, 57
Karma 54, 57, 93, 161, 233, 272
Kernanweisung 13, 55, 62, 64, 90, 99, 100, 103–105, 210, 212, 234, 235, 239, 278, 280, 285, 288, 294
Khenpo Ngakchung 143, 148, 239, 280
Khöntön Paljor Lhundrup 26, 270
Khunu Lama Tenzin Gyaltsen 49, 50, 66
Khyentse Öser/Meditation 66, 71–72
Kind-klares-Licht 67, 84, 296
Klare-Licht-Natur des Geistes 38, 54, 55, 59, 60, 67, 71, 75, 78, 83–85, 91, 102, 128, 137, 147, 148, 166, 183–185, 187, 191, 192, 195–223, 233, 275, 277, 281, 284, 285, 287, 293–296
gemäß dem Sūtra 35, 286
objektive 192, 199
subjektive 183, 197, 199, 205
Klarheit 67, 75, 76, 86, 95, 128, 199, 200, 204, 209, 211, 212, 227, 293, 296
klares Licht, Wiedervereinigung von Mutter- und Kind-klarem-Licht 67, 84
Kommentar zur »gültigen Erkenntnis« 199, 299
konzeptfreier Zustand, Abwesenheit von Konzepten 5, 71, 75, 76, 85, 129, 164, 169, 219, 233, 293
kostbare Schatz des Dharmadhātu, Der 137, 301
Kriyātantra 182
Kunkyong Lingpa 127
Kunsang Lame Shyalung 48, 236
Kuntu Sangpo 143, 250. *Siehe auch* ursprünglicher Buddha, Samantabhadra
Kusuli 234
Ladrup 27
Lam Dre 203
Langlebens-Höhle, Dzogchen-Kloster 49

leere Form 200–201, 234, 294
Leerheit 68, 71, 84, 95, 98, 101, 121, 122, 124, 163, 167–169, 172–175, 180–183, 186, 190, 193–197, 199–201, 204–206, 218, 224, 226, 227, 232, 234, 249, 257, 272, 282, 283, 287, 294, 297. *Siehe auch* Vereinigung
Leerheit von Anderem 168, 195–196, 294. *Siehe auch* Shyentong
Leid/Leiden 112–123, 133, 140, 149, 153, 154, 156–158, 175–177, 179, 190, 234, 244, 246, 247, 250, 265, 279
- an Veränderung 116–118, 158, 294
- in allem Bedingten 116–118, 123, 158
- an Leid 116, 158, 294
- Wahrheit des 81, 114, 159, 176
- Ursprung des 114, 115, 119, 120, 157, 158, 284, 296
- Beendigung des 114, 115, 157

leidvolle Emotionen 157, 172, 173. *Siehe auch* negative Emotionen
Lerab Lingpa 14, 139
Lhundrup 34, 36. *Siehe auch* spontane Präsenz
Lichtheit 37, 102, 218. *Siehe auch* innere Lichtheit und äußere Lichtheit
liebende Güte 176, 236, 294
Linie 13, 19, 26, 30, 47, 50, 51, 57, 70, 90, 104, 239, 280
Lobpreisung des Dharmadhātu 65, 200
Logik, buddhistische 74, 100, 148, 161, 164, 169, 199
Lojong 193, 280
Longchen-Nyingtik 13, 48, 239, 280
Longchen Rabjam/Longchenpa 13, 18, 19, 48, 51, 70, 71, 104, 138, 143, 147, 163, 165, 196, 218, 219, 228–230, 235, 239, 242, 279, 282, 289, 301, 303
Longchen Rabjam/Sicht 66, 71, 73
Longde, Kategorie des Raums 234
Lotos-Halter 28
Lung rig 74, 277
Madhyamaka 79, 83, 101, 126, 129, 148, 155, 156, 163, 164, 168, 171, 204, 226, 247, 249, 272, 282, 283, 288
Mahāmudrā 59, 184–186, 203–205, 247, 249, 277, 283, 284, 287, 294, 302, 305
Mahāsandhi. 247, 250 *Siehe auch* Dzogchen
Mahāyāna 40, 46, 113, 123, 126, 142, 146, 162, 163, 173, 179, 241, 273, 280, 283, 285, 299, 305
Mahāyoga 62, 184, 199, 276,
Maitreya 65, 147, 167, 188, 195, 200, 276, 279, 285, 299, 305
Mangtö Ludrup Gyatso 77, 276
Mañjuśhrīmitra 47, 104, 277
Marigpa 129, 187, 222
Marpa 186
Meditation 33, 49, 55, 56, 66–96, 126, 138, 142–146, 170, 179, 181, 185, 189, 193, 203, 206, 213, 214, 222, 226, 232, 234, 248, 249, 273, 274, 285, 287, 293–295, 297, 304
- analytische 185, 226–229, 291
- über klares Licht 185, 213
- über Leerheit 181, 185, 226
- über Liebe und Mitgefühl 185
- in formellen Sitzungen 86–87, 293
- tantrische Praxis der 181

meditative Erfahrungen 30, 57, 149. *Siehe auch* Nyam
Mengakde, Kategorie der Kernanweisungen 234, 239
Methode (als geschicktes Mittel) 63, 92, 97, 102, 123–125, 174, 178, 181, 220, 234, 273, 274, 276, 295
Milarepa 82, 186, 242, 278, 301

Mingyur Namkhe Dorje,
Siehe Dzogchen Rinpoche, der Vierte
Minling Terchen Gyurme Dorje, Terdak Lingpa 26, 271
Mipham Rinpoche 139, 163, 196, 281–283, 285, 301
Mitgefühl 11, 17, 23, 45, 57, 70, 71, 101, 102, 113, 130, 133, 144, 174–178, 185, 190, 240, 258–261, 263, 268, 295
entwickeln von 113, 175–177.
Siehe auch großes Mitgefühl
Mittel der Vollendung mit dem Titel »Allumfassend-gut« 222, 300, 301
Mittlerer Weg 34, 35, 139, 163, 167, 171, 178, 204, 221, 249, 300, 305.
Siehe auch Madhyamaka
Motivation/altruistisches Bestreben 141, 142, 174, 177
Mutter-klares-Licht 83, 84, 295
Mutter-Tantra 184, 201, 206, 214, 295
Nach-Meditation, Zustand der
nackt und frei/cher drol 63, 295
Nāgārjuna 34, 65, 150, 171, 173, 200, 286, 288, 300, 305
Namshe. *Siehe* Bewusstsein, gewöhnliches
Namtok 222. *Siehe auch* Gedanken
Nanam Dorje Düdjom 240
Natur des Geistes. *Siehe* Geist
Negative Emotion(en) 82, 99, 119, 121, 122, 124, 125, 142, 157, 236, 286
Negative Handlung(en) 119, 157, 160.
Siehe auch Karma, negative Emotionen
neue Kadam-Tradition 203, 203
neue Übersetzungsschulen 28, 137, 139, 148, 165, 183, 184, 189, 197, 201, 202, 207, 211, 215, 226, 227
neun Fahrzeuge oder Yānas 100, 146, 182, 206, 284
Ngawang Lobsang Gyatso. *Siehe* Dalai Lama, der Fünfte
Ngöndro 235. *Siehe auch* vorbereitende Praktiken
nicht-duales Tantra 184, 207, 295
nicht-Meditation 78, 82, 87, 203, 295
nicht-zusammengesetztes klares Licht 59. *Siehe auch* Sugatagarbha
Nirmāṇakāya 104, 166, 283, 285
Nirvāṇa 59, 104
Nördliche Schatz-Linie/-Tradition 26, 52, 271. *Siehe auch* Rigdzin Gödem, Changter
Nur-Geist-Schule. *Siehe* Chittamātra
Nyam 30, 293, 295. *Siehe auch* meditative Erfahrungen
Nyangral Nyima Öser 27
Nyingma 9, 10, 16, 18, 26, 29, 31, 34–36, 38, 57, 60, 65, 126, 137, 139, 145, 182, 194, 195, 199, 201, 205, 227, 270, 271, 275, 276, 283, 284, 298. *Siehe auch* alte Übersetzungsschule, frühe Übersetzungsschule
Nyingtik Yabshyi 138, 235
Nyoshul Khen Rinpoche 12, 13, 16, 17, 29, 136, 239, 240, 280, 303
Ornament der Klaren Erkenntnis, Das 59, 275, 299
Padmasambhava
und seine acht Manifestationen 10, 12, 19, 25, 27, 194, 239, 270, 279
Ermächtigung des 16, 25, 27, 194, 270
Vertiefen der Herzensverbindung 189
Paṇḍita, Tradition der
Siehe Gelehrten, Tradition der
Pāramitās 102, 227. *Siehe auch* sechs Vollkommenheiten oder Pāramitās
Patrul Rinpoche 13, 16, 19, 48–50, 65, 66, 70, 71, 84, 86, 97, 99, 100, 138,

193, 236, 239, 274, 277, 278, 280, 301, 303
Pema Ledrel Tsal 138
Pema Rigdzin. *Siehe* Dzogchen Rinpoche, der Erste
Pema Trinle 27, 270
Pfad 18, 34, 36, 37, 48, 53–55, 62, 63, 73, 74, 78, 83, 87, 94, 96, 98–102, 113–115, 123, 125–127, 145, 146, 156, 158, 166, 173, 178, 190, 193, 198, 203, 225, 246, 251, 278, 285, 296
Pfad-klares-Licht 83
Phänomene 35, 53, 54, 59, 71, 79, 104, 117, 152–156, 165, 169, 218, 229, 232, 249, 277, 282, 288
  flüchtige, wesensfremde, zeitweilige 165, 166
  affirmative 171, 292
  als Bezeichnungen 155
  bedingte 117, 118, 170, 171
  unreine 117, 119–121
  leere 117, 121–122, 249
  äußere 63, 122, 155, 156
  auferlegte 156, 297
  Natur der 123
  negative 171, 291, 295
  zum Bereich der Erfahrung gehörige 160
  fremdbestimmte 118
  produzierte 192, 295
  zwei Klassen von 152, 153
  unbefleckte oder unbelastete 155
Phäṭ 67, 76, 77, 86, 231
Prahevajra. *Siehe* Garab Dorje
Prajñā. *Siehe* Weisheit
Prajñāpāramitā 63, 140, 280, 299. *Siehe auch* Weisheit.
Prāñayoga 37. *Siehe auch* Gottheiten-Yoga, Tummo, Yogatantra
Prāsaṅgika 155, 156, 163, 164, 168, 169, 228, 233, 280, 281
Pratyekabuddha 53, 182, 204
rang drol, selbst-befreiend 61
rang rig 151, 292, 295. *Siehe auch* bewusste Wahrnehmung
Ratna Lingpa 27
Raum, als Kategorie des Dzogchen. *Siehe Longde*
Regenbogenkörper 195, 196, 242
reine Motivation 141
reines Gewahrsein 28, 35–38, 53, 54, 59, 61, 67, 75, 78, 127. *Siehe auch* Rigpa
reine Visionen 10, 13, 16, 25, 26, 29, 30, 57, 167. *Siehe auch* Dak nang, geheime Visionen
Retreat 28, 31, 32, 72, 186, 240
Rigdzin Gödem 26, 270
Rigpa 19, 28, 35, 38, 55–70, 74–103, 127–130, 148, 166, 187–189, 195–197, 204, 207, 233, 276, 280, 281, 284, 288, 292–295
  essentielles Rigpa 189, 209, 216, 217, 292
  strahlendes Rigpa 85, 166, 189, 209, 213, 214, 216, 217, 224, 292.
  Natur von 83, 93, 95, 197
  des Grundes 187, 217
  Erkenntnis/Erkennen von 76, 85, 187, 217
  selbst-entstehendes Rigpa 59–61, 64, 70, 74, 75, 78, 79, 90, 92, 93, 95, 218, 219, 296
Rolpa 189. *Siehe auch* Entfaltung, Spiel
Rūpakāya 37
Sakya 11, 18, 60, 65, 126, 139, 186, 202–205, 242, 276
Sakya Paṇḍita 242, 276
Samādhi 33, 34, 92, 232, 248, 295, 296.
Samantabhadra 51, 90, 143, 193, 194, 198, 250, 287, 299, 300. *Siehe auch* ursprünglicher Buddha, Kuntu Sangpo

Sambhogakāya 102
Sammlung von Lobpreisungen 65, 200
Saṃsāra. *Siehe* Daseinskreislauf
Samye 26, 274
sangthal 61, 86, 274
Sangwa Gyachen 16, 26–32, 50, 52
Sangye Lingpa 27
Sarma 37
Sautrāntika 126, 148, 280
Schatz-Lehren. *Siehe* Terma
Schatz erleuchteter Eigenschaften 18, 147, 302
Schatz des Wissens 168, 300
Schatz des Höchsten Fahrzeugs 138, 234, 281
Schatz der Wunsch-Erfüllung 165, 281, 282, 301
sechs Arten direkter Einführung 230
sechs Arten von Bewusstsein 123, 198, 204, 208, 209, 213, 276, 296
sechs Pāramitās oder Vollkommenheiten 72, 102, 113, 123, 174, 180
Sechs Sammlungen der Beweisführung 64
selbst-entstehendes Rigpa. *Siehe* Rigpa
selbst-entstehende Weisheit 61, 83, 218, 296. *Siehe auch* Rigpa
Sem 35, 53, 187. *Siehe auch* Geist, gewöhnlicher
Semde, Kategorie des Geistes 234
schweifende Gedanken 74, 89, 206
Śhamatha 90, 113, 203
Śhāntideva 65, 178, 280, 300, 305
Śhīla, Ethik 248
Śhrāvaka 53, 182, 204, 296
Śhrī Siṅgha 47
Shyentong, Leerheit von Anderem 101, 168, 194, 281
Sicht 28, 46, 56, 58–106, 163, 168, 183, 192–196, 204, 232, 283, 296. *Siehe auch* Handlung, Meditation
siebenfache Methode von Ursache und Wirkung 178, 192–193
Sieben Punkte des Geistestrainings 193
Sieben Schätze 137, 235, 279
Spiegel, Beispiel der Reflexion in einem 191, 219
spirituelle Fallen 233, 296
spontane Präsenz 34–37, 101, 102, 195, 217, 218, 291, 295, 296
subjektive Erfahrung der Leerheit 183, 199
Sugatagarbha 59. *Siehe auch* Buddha-Natur
Strahlkraft, innere 37, 54, 166, 189, 206, 213, 236, 294. *Siehe auch* Tsal
Surchen Chöying Rangdrol 26, 270
Sūtra der Essenz der Buddhaschaft, Das 147, 195, 292, 298
Sūtra über die zehn Ebenen, Das 35, 298
Sūtra vom Reiskeimling, Das 159, 298
Svābhāvikakāya 33, 271
Takdrol 47, 52, 272
Taktra Rinpoche 31, 271
Tantra. *Siehe* äußere Tantras, innere Tantras
Tantra, das Befreiung durch Kontakt bewirkt, Das 52, 58
tantrische Meditations-Praxis 181
Tashi Topgyal 26
Tathāgatagarbha. *Siehe auch* Buddha-Natur 32, 65, 127, 195
Terdak Lingpa. *Siehe* Minling Terchen Gyurme Dorje
Terma 14, 25–27, 30, 57, 136, 138
Tertön 25, 57, 69, 103
  Tertön des Dharmakāya, der 69, 103
Thagana 222, 287, 301
Thamal gyi Shepa 61, 197
Tögal 36, 37, 58, 62, 101, 102, 127, 166, 201, 202, 284. *Siehe auch* vier Visionen
Trango Sherab Öser 27
Traumzustand 124

Treffen der Essenz in drei Worten, Das 46–106, 272
Trekchö 36, 37, 48, 58, 62, 102, 127, 129, 225, 284
Trisong Detsen, König 26, 139, 241, 242
Tsal, innere Strahlkraft 187, 189, 283, 287, 292, 294, 295
Tsik Sum Ne Dek. Siehe Treffen der Essenz in drei Worten, Das
Tsongkhapa 110, 242, 283
Tukdrup Yang Nying Kundü 29
Tummo 37, 206. *Siehe auch* Gottheiten-Yoga, Prāñayoga, Yogatantra
Übertragung 25, 30, 31, 34, 48, 49, 52, 104, 194, 271, 277
von Mund zu Ohr 103, 104
Zeichen 104
drei Übertragungen 69, 104
durch reine Visionen 30–32, 57
Unterscheidung des Mittleren Weges von den Extremen 167
Untrennbarkeit von Saṃsāra und Nirvāṇa 204, 296
Unwissenheit 83, 96, 121–123, 129, 157, 159, 173, 187, 222, 280, 294
Upāya. *Siehe* geschickte Mittel
Ursache(n) und Bedingungen 59, 115–120, 152, 158–161, 165, 171, 192, 193, 276, 279
für Materie 118–120
für Glück 115, 118, 156, 158, 159, 161, 258
des Leids 115, 116, 157, 158.
Siehe auch Leid.
wesentliche 117, 118, 159
mitwirkende 117, 159
Ursprung des Leids. *Siehe* Leid.
ursprünglicher Buddha. 51, 143, 194, 198, 239, 250
Siehe auch Kuntu Sangpo, Samantabhadra
ursprüngliche Reinheit 34–37, 48, 64, 71, 72, 78, 100–102, 104, 195, 218, 224, 281.
Siehe auch Kadak
ursprüngliche Weisheit 62, 149, 187, 205, 223, 296
Vairochanābhisaṃbodhi 195, 284
Vajra-Herz-Essenz des Nyingtik 102
Vajrakīlaya 14, 31, 270
Vajra-Meister 32, 33, 58
Vajrayāna 38, 40, 46, 59, 65, 70, 71, 90, 113, 124–126, 227, 241
Vajra-Zelt-Tantra 61, 299
Varela, Francisco 133, 278, 279, 286, 305
Vater-Tantra 184, 201, 206, 207, 296
Verblendung 68, 73, 82, 91, 93, 94, 98, 99, 149, 150, 151, 157, 173–175, 190, 192, 207, 271, 206, 297
Verdunklungen
wesensfremde, flüchtige, zeitweilige 33
emotionale 174, 292
kognitive 174, 175, 294
Vereinigung aller innersten Essenzen, Die 29, 31, 52
Vereinigung von geschickten Mitteln und Weisheit 36, 58, 72, 180–182
Vereinigung von Klarheit und Leerheit 186, 204–206, 297
Vereinigung von Leerheit und Form 101
Vereinigung von Leerheit und Mitgefühl 71
Vereinigung von Methode und Weisheit 123, 124, 180–182, 278
Vereinigung von Śhamatha und Vipaśhyana 90
Vereinigung von Rigpa und Leerheit 95
Vergänglichkeit 117
Vidyādhara 12, 27, 31, 47, 51, 104, 270

vier Axiome oder Siegel 16, 111, 112, 116
vier Edle Wahrheiten 16, 111–115, 147, 162, 278, 297
vier Freuden 201, 285
Vierhundert Verse über den Mittleren Weg 221, 299
vier Leeren 167, 200, 285, 297
vier Maṇḍalas, in Lam Dre 203, 297
Vier Verlässlichkeiten 36, 40, 272, 297
vier Siegel, des Yogatantra 182. *Siehe auch* vier Axiome
vier Visionen 62, 64, 217, 287, 297. *Siehe auch* Tögal.
vier Yogas 203
Vipaśhyana 90, 113, 203
Visionen 48, 57, 62–66, 217, 288, 297
  Erscheinung, Anwachsen, Vollendung 54
  Vajrakāya 166, 297. *Siehe auch* reine Visionen, geheime Visionen, Tögal
Vollendung der Weisheit 63, 139, 297
Vollendungsphase 165, 184. *Siehe auch* Anuyoga
Vollkommenheiten. *Siehe* sechs Vollkommenheiten
Vollkommenheits-Fahrzeug 181, 297
vorbereitende Praktiken 127, 163, 164, 194, 224, 235
  gewöhnliche 163, 194
  außergewöhnliche 164, 194. *Siehe auch* Ngöndro
vorbereitende Untersuchung 221, 225
wahrer Pfad 156, 173, 297
Wahrheit, konventionelle 34, 162, 163–168, 282, 294
Wahrheit, endgültige 34, 163–166, 234, 282, 292
Wahrnehmung 54, 56, 90, 95, 124, 219
  dualistische 35, 36
  reine 36
  unreine 36
Wahrnehmung(sweisen) 40, 150, 169–173, 197, 213, 248
Wang 32. *Siehe auch* Ermächtigung
Wärme erlangen 214, 297
Weisheit 12, 30, 33, 36, 48, 58, 62, 65, 66, 69, 71–106, 123, 145, 146, 157, 162, 166, 174, 181–185, 187, 188, 192–196, 201, 205, 207, 212, 217, 218, 223, 248, 279, 281, 282, 294–297. *Siehe auch* Prajñā, ursprüngliche Weisheit, Vereinigung von Methode und Weisheit
wesensfremde, flüchtige Gedanken 75
Widerhall des Klangs 228, 287, 299
Worte meines vollendeten Lehrers, Die. Siehe *Kunsang Lame Shyalung*
Wunschaspekt des Bodhichitta 179
Yeshe 36, 187, 223. *Siehe auch* ursprüngliche Weisheit
Yeshe Lama 29, 194, 284
Yeshe Tsogyal 27
Yogāchāra-Schule 147, 280
Yogatantra 182, 195. *Siehe auch* Gottheiten-Yoga, Prāñayoga, Tummo, Höchstes Yogatantra
Yogin- oder Kusuli-Tradition 234
zehn spirituelle Fallen. *Siehe* spirituelle Fallen
Zeichen-Übertragung 104
Zenkar Rinpoche 20, 49, 50, 273, 274, 319
Zuflucht 38–40, 70, 142, 143, 167, 180, 135
zweifacher Pfad 36. *Siehe auch* Trekchö und Tögal
zwei Wahrheiten 186–171
zwölf Arten von Vajra-Gelächter 233, 288, 297
zwölf Glieder abhängigen Entstehens 46, 159, 276, 297

DANKSAGUNG

In erster Linie gilt unser Dank Seiner Heiligkeit dem Dalai Lama für seine Großzügigkeit, mit der er diese einzigartigen Belehrungen gegeben hat. Als Nächstes möchten wir Sogyal Rinpoche dafür danken, dass er Seine Heiligkeit 1982, 1984 und 1989 einlud, diese Belehrungen zu geben, und für seine anhaltende Inspiration. Dank auch an Geshe Thupten Jinpa für seine Übersetzung und Beratung und Richard Barron (Chökyi Nyima) für seine Übersetzung und unschätzbare Hilfe bei diesem ganzen Unterfangen.

Gleichermaßen gebührt unsere tiefe Dankbarkeit Alak Zenkar Rinpoche und Tulku Thondup Rinpoche für ihre spontane Freundlichkeit und die fachmännische Klärung vieler Punkte. Für ihre vielen maßgeblichen Vorschläge und Verbesserungen des Textes schulden wir E. Gene Smith und Steven D. Goodman Dank. Wir möchten auch Dzogchen Rinpoche und den Mönchen des Dzogchen-Klosters in Kollegal in Indien dafür danken, dass sie einige der Belehrungen auf Tibetisch transkribiert haben.

Zu denen, die eine Schlüsselrolle bei der Organisation der Belehrungen gespielt haben, die in diesem Buch vorgestellt werden, und denen wir hier danken möchten, zählen in chronologischer Abfolge: Tsering Dorjee, Kalön Tashi Wangdi, Phuntsog Wangyal, Kalön Tempa Tsering, Kazur Tenzin Geyche, Kazur Lodi Gyari Rinpoche, Rinchen Dharlo und Kazur Tenzin N. Tethong. Für seine Hilfe rund um die Belehrungen in Paris möchten wir Dagpo Rinpoche danken. Wir möchten dem finnischen Tibet-Komitee Dank für die freundliche Genehmigung aussprechen, die Belehrung Seiner Heiligkeit aus Helsinki in diesem Buch aufnehmen zu dürfen. Dank auch an Antti Tihveräinen und den Direktor des Mannerheim-Museums.

Viele Mitglieder von Rigpa auf der ganzen Welt waren direkt oder indirekt an den Vorbereitungen für dieses Buch beteiligt, im besonderen Susie Godfrey, Sue Morrison, Jeannie McSloy, Janine Philippou, Adam Pearcey, Dominique Side, Andreas Schulz, Michael Pope, Susan Oliver, Alex Leith, Graham Price und Sebastien Reggiany. Viele andere spielten bei der Organisation der Belehrungen Seiner Heiligkeit in Paris, London und San José eine Rolle, speziell Claire Michaud, Babette Bridault, Philip Philippou, Sandra Pawula und Mary Ellen Kelleher. Unser Dank gebührt Jeffrey Cox und Sidney Piburn von Snow Lion sowie Martin Schofield für seinen äußerst wertvollen Rat.

Die Veröffentlichung dieses Buches wurde durch die Großzügigkeit von Kris Yao und Pei-Lan Shen ermöglicht.

Sollten sich Ungenauigkeiten oder Fehler in diese Arbeit eingeschlichen haben, sind sie einzig und allein dem Herausgeber zuzuschreiben.

Die Bearbeitung und Zusammenstellung dieses Buches für die Veröffentlichung geschah in der Absicht, dem Wunsch Seiner Heiligkeit des Dalai Lama zu entsprechen und diese Belehrungen zugänglich zu machen, damit sie so vielen Menschen wie möglich von Nutzen sein können.

Patrick Gaffney
Rigpa International

Herzlichen Dank auch an alle, die am Erscheinen der deutschen Ausgabe dieses Buches mitgewirkt haben, vor allem an Doris Wolter und Martje Belka sowie Mark Hall, Ulla Meinke, Jakob Winkler und Ursula Richard, Christina Kruschwitz und Ingeburg Zoschke.

Rigpa

RIGPA ist ein tibetisches Wort und bezeichnet »die innerste Natur des Geistes«. Rigpa ist auch ein internationales Netzwerk buddhistischer Zentren, die von Sogyal Rinpoche in verschiedenen Ländern der Welt gegründet wurden und einen stufenweisen Pfad des Studiums und der Praxis des Buddhismus anbieten.

– Im Laufe der Jahre wurden viele bedeutende Meister aller Traditionen des Buddha-Dharma eingeladen, in Rigpa-Zentren und -Retreats zu lehren. Darunter befinden sich Kyabje Düdjom Rinpoche, Kyabje Dilgo Khyentse Rinpoche, Kyabje Sakya Trizin, der sechzehnte Gyalwang Karmapa und Kyabje Ling Rinpoche. Rigpa hatte die Ehre, viele Belehrungen und Ermächtigungen Seiner Heiligkeit des Dalai Lama auszurichten, in London (1981, 1984 und 1988), Paris, (1982 und 1986), Santa Cruz und San José (1989), Amsterdam (1999) und Südfrankreich (2000).
– Neben regelmäßigen Studien- und Praxis-Kursen sowie Retreats in den jeweiligen Ländern finden internationale Retreats in Lerab Ling in Südfrankreich sowie längere Retreats in Dzogchen Beara im Südwesten Irlands statt.
– Rigpas »Ausbildungsprogramm für spirituellen Beistand« macht die buddhistischen Lehren – im Geiste des *Tibetischen Buchs vom Leben und vom Sterben* – Menschen in medizinischen und sozialen Berufen zugänglich, die mit Sterbenden oder Hinterbliebenen zu tun haben.
– In Asien unterstützt Rigpa die Aktivität der großen Meister und Klöster und half zum Beispiel beim Aufbau des Dzogchen-Klosters in Kollegal, Südindien, das 1992 von Seiner Heiligkeit dem Dalai Lama eingeweiht wurde.

SOGYAL RINPOCHE erhielt seine Ausbildung zunächst in Tibet von einem der größten Lamas des zwanzigsten Jahrhunderts, Jamyang Khyentse Chökyi Lodrö. Er setzte seine Studien unter Kyabje Düdjom Rinpoche, Kyabje Dilgo Khyentse Rinpoche und Nyoshul Khen Rinpoche fort. Er besucht regelmäßig die Rigpa-Zentren auf der ganzen Welt, nimmt an großen Konferenzen teil und lehrt in Europa, Nordamerika, Australien und Asien. Seine Gabe, die höchsten Wahrheiten der Lehren des Buddhismus Menschen inmitten ihres modernen, geschäftigen Lebens zu vermitteln, hat Rinpoche, Autor des *Tibetischen Buchs vom Leben und vom Sterben*, welches bereits heute schon zu den Klassikern gezählt wird, zu einem der führenden Interpreten des tibetischen Buddhismus unserer Zeit werden lassen.

Für weitere Informationen wenden Sie sich bitte an:

Rigpa Deutschland
Verein für tibetischen Buddhismus e.V.
Soorstraße 85
14050 Berlin
www.rigpa.de